村镇土地利用评价与可持续利用技术集成研究与示范

张鹏岩　秦明周　著

地理学河南省优势学科重点建设学科
河南省高校科技创新团队支持计划资助（编号：16IRTSTHN012）
河南省哲学社会规划项目（编号：2014CJJ016）　　　　　　联合资助
河南省基础与前沿技术研究计划（编号：152300410067）
中原经济区"三化"协调发展河南省协同创新中心

科学出版社

北　京

内 容 简 介

　　本书主要针对我国新农村社区建设过程中村庄整治、土地节约集约利用、村镇空间规划和土地利用规划等方面的需求，以村镇和土地为研究对象，重点开展小尺度土地利用评价技术研究的不足，提出针对中原地区村镇自然地块的耕地质量评价和村庄建设用地适宜性评价的指标体系和评价模型，构建了土地利用评价数据库的标准和规范，研发了村镇土地利用评价信息系统，通过在示范点的技术应用，表明该集成技术的可行性和科学性，可以为基本农田的划定、调整以及村镇规划提供技术支撑。

　　本书可供国土资源、生态环境、农业、林业、城乡规划等方面的科研、教学和管理以及有关企事业单位的科技工作者参考；可作为土地资源管理、人文地理与城乡规划、自然地理与资源环境、农业经济管理以及其他相关专业的教材和参考书；也可以供相关学科理论和实际工作者参阅。

图书在版编目（CIP）数据

村镇土地利用评价与可持续利用技术集成研究与示范/张鹏岩，秦明周著.
—北京：科学出版社，2016.12
　ISBN 978-7-03-050186-8

　Ⅰ.①村…　Ⅱ.①张…　②秦…　Ⅲ.①乡镇–土地利用–研究–中国
Ⅳ.①F321.1

　中国版本图书馆 CIP 数据核字(2016)第 240989 号

责任编辑：杨帅英　白　丹 / 责任校对：张小霞
责任印制：张　伟 / 封面设计：图阅社

科 学 出 版 社 出版
北京东黄城根北街 16 号
邮政编码：100717
http://www.sciencep.com

北京厚诚则铭印刷科技有限公司 印刷
科学出版社发行　各地新华书店经销
*
2016 年 12 月第 一 版　　开本：787×1092 1/16
2018 年 6 月第三次印刷　　印张：14 1/4
字数：340 000
定价：98.00 元
（如有印装质量问题，我社负责调换）

前　言

　　土地作为一种资源，对其利用与保护关系国家粮食安全、关系农民的社会保障和农业发展空间。随着我国工业化和城市化进程发展迅速，国民生产总值快速提高，土地利用的重要地位日趋突出。从中央政府提出的十八亿亩[①]耕地红线政策，到2015年把粮食安全首当其冲的中央一号文件再次锁定"三农"，均从宏观层面保障我国的粮食安全和土地利用安全。区域土地利用变化会对区域的生态环境及可持续发展产生较大影响。因此，科学、合理地对区域土地利用情况进行评价，是保障土地可持续利用的重中之重。

　　土地是一切活动赖以生存的基本物质条件，合理规划土地成为村镇可持续发展的重要前提。2015年中央一号文件中提出："中国要强，农业必须强；中国要富，农业必须富；中国要美，农业必须美。"而村镇作为我国最基本的行政单元，其农业发展对地区整体经济平稳快速发展具有重要意义。 中国村镇人口数占全国人口数的80%，其人口众多、经济社会发展滞后是我国村镇当前发展的一个基本特征。我国的经济社会发展总体上已经进入以工促农、以城带乡的新阶段。在这个阶段，只有实行统筹城乡经济社会发展的方略，加快建设生产发展、生活宽裕、乡风文明、村容整洁、管理民主的社会主义新农村，我们才能如期实现全面建设小康社会和现代化强国的宏伟目标，实现中华民族的伟大复兴。农村现有土地开发大多以乡村为单位，形成独特的"出租土地、出租厂房、收取租金"的农村工业房地产模式及农村以宅基地为基础的乡村私宅开发模式。导致土地开发不经济、零乱及水平层次较低，使土地占有率高、利用率低、产出率更低，形成不了开发的规模效益，破坏了村镇土地利用的整体性，造成土地资源严重浪费，从而使村镇在规模扩大时只能在外延空间寻找新的土地资源。在寻找新土地资源的过程中多以大量占用耕地为主要发展途径。这样一来则出现了镇区中的不少"城中村"，造成村镇未发展已无用地，同时又形成较多旧城（村）改造工程工作的难点地区。镇区外围地区的自然村建设用地松散分布，经济发展不平衡，阻碍村镇未来的可持续发展。农业作为村镇的基础支柱产业，土地又作为农业发展必不可少的关键性环节，其科学有效利用对农村又好又快发展具有极大的推动作用。

　　中原地区是我国重要的粮食生产基地、粮食主产区和国家粮食战略工程核心区域，加强基本农田保护、保障国家粮食安全责任重大。在现实情况下，加快推进工业化、城镇化、农业现代化协调发展，各项建设用地的刚性需求也加大了对农业基本农田保护的压力。在此情况下，研究中原地区村镇土地利用评价与可持续利用技术集成，对破解保护基本农田与保障发展难题有重大意义。

---

① 1 亩≈666.67 m^2。

本书主要针对我国新农村社区建设过程中村庄整治、土地节约集约利用、村镇空间规划和土地利用规划等方面的需求，以村镇和土地为研究对象，重点开展小尺度土地利用评价技术研究的不足，提出针对中原地区村镇自然地块的耕地质量评价和村庄建设用地适宜性评价的指标体系和评价模型，构建了土地利用评价数据库的标准和规范，研发了村镇土地利用评价信息系统，通过在示范点的技术应用，表明该集成技术的可行性和科学性，可以为基本农田的划定、调整以及村镇规划提供技术支撑。

　　本书针对中原地区基本农田保护急需的关键技术，围绕基本农田质量提升，以提高粮食生产能力为主线，采用实验数据比较、社会经济应用调查分析的方法，凝练出以农田节水灌溉、配方施肥、良种推广等综合实用的技术体系，以期为国家全面推进村镇土地利用规划政策的制定提供建议。

　　本书由张鹏岩、秦明周拟定编写大纲并组织相关人员集体协作而成。具体分工如下：第 1 章，秦明周、何坚坚、周志民执笔；第 2 章，张鹏岩、杨丹、周志民执笔；第 3 章，张鹏岩、李颜颜、周志民执笔；第 4 章，张鹏岩，李颜颜、周志民执笔；第 5 章，张鹏岩、庞博执笔；第 6 章，张鹏岩、康国华执笔；第 7 章，张鹏岩执笔；第 8 章，秦明周、康国华执笔。全书最后由张鹏岩统稿。参与相关研究的还有当时在读的硕士研究生宋香、王佳、孙奇、董亮、白璐等，在此一并谢过。

　　本书编写过程中，参考了诸多专家学者的研究成果及论文著作，使用了大量的统计数据以确保研究成果的真实性和科学性。本书引用部分都已进行了明确的标注，如若有疏漏之处，诚请各位读者包涵。由于土地利用评价和可持续研究覆盖范围较大，书中不足之处恳请各位专家学者进行批评指正，并提出宝贵建议。

作　者

2016 年 5 月于河南开封

目　　录

1 引　言

1.1　研究背景和研究意义

1.1.1　研究背景

土地作为人类赖以生存和发展的重要资源和物质保障，在"人口-资源-环境-发展（PRED）"复合系统中始终处于基础地位（刘彦随和陈百明，2002）。所谓土地是指地球表面的陆地和水面，它是由气候、地貌、土壤、水文、岩石、植被等构成的自然历史综合体，还包括人类活动的成果（陆红生，2007）。土地孕育着人类、塑造着人类，是人类生存和发展的根基，是在长期历史过程中与人类相互作用的矛盾统一体，即没有土地就没有人类的生存和发展（毕宝德，2005）。村镇土地作为村镇空间体系的核心要素主体，其范围涵盖村镇生产、生活聚集区和辖区范围内的农村土地（殷继勇，2012a）。村镇土地的利用方式、利用水平、空间布局等直接影响着农村经济的基本发展方向，在整个城镇土地配置利用过程中发挥着至关重要的引导和协调作用，实现村镇土地可持续利用对国家经济社会的可持续发展具有重要的意义（殷继勇，2012b）。

我国社会经济正处于高速发展的阶段，随着人们物质文化生活水平不断提升，对于生活质量的要求越来越高，因此，土地的需求量也越来越大。有限的土地资源是制约社会经济发展的关键因子，而社会经济的可持续发展是以土地资源的可持续性为支撑的。因此，为保证我国社会经济的稳定有序发展，对于土地资源的可持续利用具有至关重要的作用。加之，应社会发展的需要，环境污染、气候变异等一系列全球性生态问题日趋激化。人口增长、粮食短缺，人类正在以空前的速度和深度影响着土地生态环境，促使土地利用方式和效率发生了巨大的变化，这种变化对土地系统的自我修复与完善产生着深刻的影响。我国村镇土地资源利用存在着以下问题。

（1）人均耕地资源占有量比较少，后备资源不足

耕地是农业最重要的生产资料，是国民经济的基础，在我国经济发展中具有不可替代的重要作用。耕地资源的持续有效利用是实现社会经济稳定发展的关键。我国以不足世界 1/10 的耕地养育着约世界 1/5 的人口，人口多，耕地少，质量差，后备土地资源不足是我国目前土地资源利用状况的真实写照。

（2）土地资源低效粗放利用，建设用地供需矛盾突出

我国正处在社会发展和经济转型的关键时期，由于工业化和城市化迅速推进，村镇用地规模和非农业人口不断扩张，社会需要的增长性和土地供给的稀缺性之间存在长期的失衡，盲目扩大用地范围，导致土地利用效率低下，土地资源的利用方式和用地结构之间的矛盾日益突出。

（3）土地撂荒现象加剧，居民点建设用地严重超标

随着城镇化、工业化的迅速发展，村镇建设用地规模迅速扩张，建筑容积率较低，用地严重超标。农村建房热衷于弃旧建新，批量建设住宅基地，村庄逐渐向外扩张，大量农业人口向非农业人口转变，导致以闲置为主要特征的农村"空心化"加剧，呈现出"农村人口减少，建设用地反增"的局面。

（4）土地生态环境恶化，单位面积生产力锐减

为追求短期经济效益，促进村镇建设的发展和经济的转型，村镇建设面积日益增加，具有生态服务价值的耕地面积逐渐减少，耕地超负荷作业导致土地生态承载能力下降，自我修复功能减弱，土地生态环境恶化，生态系统呈现负向发展状态，土壤肥力下降，单位面积土地生产力减弱。

土地是人类赖以生存和发展的物质基础，是一切社会经济活动和休养生息的基本场所。对一个城市来说，土地既是其经济发展不可或缺的有形资源，又是社会进步必不可少的物质基础，土地利用与社会发展是相互依存、相互制约的。村镇土地是村镇建设的物质基础和空间支撑，在村镇经济和社会发展中占据着至关重要的地位，其开发方式和利用水平影响着村镇土地可持续利用的程度，从而在一定程度上决定着村镇经济、社会发展质量和基本走向。村镇土地资源开发的利用效率和合理程度直接关系到城市的长远发展和历史兴衰，在某种程度上决定着村镇土地利用效益的高低。我国村镇土地利用长期处于低效粗放利用状态，人均耕地面积少、建设用地供需矛盾突出、土地质量降低、生态环境恶化等，加剧了我国村镇土地资源低效率利用的问题。农村土地利用结构中突出的问题主要是村庄内部居住建筑用地比例较高，基础设施用地严重缺乏，使土地资源在时间和空间上未得到合理安排。现实的发展为土地评价提供了改革的机遇。基于国家土地政策收紧、建设用地管理严格、切实保护耕地等相关政策，土地质量、生产力、生态环境日益成为主导国家粮食安全、土地可持续利用的核心内容。农村用地涉及数据类型多、数量大，在以往的研究中评价体系受到人为因素的影响程度比较大，缺乏科学的理论支持，在实际操作中存在许多困难，不利于大尺度的推广应用。迫于追求短期经济效益，现有评价体系主要集中于土地的经济价值，对其开发利用的方式和程度受到经济目的的影响，这在一定程度上会忽视其生态效应和社会效益的有效发挥，致使经济、环境、社会的和谐统一失衡。从可持续发展的高度来审视我国村镇土地利用现状，如何协调区域土地利用-经济发展-社会进步-生态环境之间的矛盾，开展村镇土地利用战略研究和可持续长远评价使自然生态系统与人类生态系统实现和谐共生与永续发展，一直是有待解决的重要科学问题。基于土地利用效率及可持续发展的重要性，本研究从不同角度出发对我国村镇土地可持续利用问题进行了探讨和研究。

1.1.2 研究目的和意义

土地作为一个开放系统，与气候、水文、生物之间相互联系、相互作用，是地理环境的重要组成部分，是人类环境的重要组成要素，是人类生产和生活的支撑空间和物质基础。本研究以村镇土地为研究对象，进行村镇土地利用评价与可持续利用关键技术集成研究与示范；分析可持续利用的关键因子对土地利用的支撑作用；构建土地利用评价

因子数据库文档；建设村镇土地利用数据库标准与规范；研究可持续利用集成技术在样点村镇的示范效果；探明村镇土地利用对全国土地利用的意义；针对村镇土地利用现状，采取有效措施加以防范和治理。

（1）分析村镇土地利用理论对土地可持续发展的支撑作用

可持续发展是一种新的社会发展方式，要求人类在生产发展中不仅讲求经济效益，还要关注生态效益，同时追求社会公平正义，将可持续的理念融汇于资源开发和环境保护之中，渗透到经济生活和社会生活中去。村镇土地本身是一个生态系统，这一系统在村镇土地利用过程中与村镇自然、经济、社会各要素相互作用、相互制约，形成自然系统和人工系统相结合的动态、综合的系统整体。可持续利用关键因子对于土地利用的支持力主要从两个方面推动，其一体现在土地的生产力方面，为人类社会提供生存和发展的物质基础；其二体现在社会关系方面，在土地利用过程中合理调节人与人、人与地之间的各种关系。准确分析村镇土地可持续利用系统的结构和特征，以及各个要素彼此之间的相互联系，促进系统内部各要素和外部要素之间的良性互动，从而在村镇土地利用过程中实现经济效益、社会效益和生态效益的协调统一。

（2）研究村镇土地集成技术在小尺度地区的示范效果

依据我国村镇土地利用现状，建立村镇土地利用数据库，提出规范统一的村镇土地利用规划，构建土地利用评价因子数据库文档，建设村镇土地利用数据库标准与规范，为村镇基本农田保护、土地利用可持续性评价提供基础资料支撑。我国村镇土地利用存在着"建设用地极度紧张和部分村落闲置"的现象，土地资源浪费和粗放利用的问题同时并存。围绕我国土地利用中推广或研发的各类技术，凝练集成符合村镇管理、方便农民使用的土地利用、监测、管护技术框架与技术体系，针对在示范区调查存在的问题，归纳现实中已经使用的先进的可持续利用技术，与当地相关方面的人员沟通讨论，结合动态检测技术，对试点区土地利用状况和影响土地可持续利用的问题进行分析，研究可持续利用集成技术在村镇土地利用过程中的示范效果，为实现我国土地可持续利用、稳定社会经济发展提供技术支撑。

（3）探明村镇土地利用模式对全国土地利用的积极意义

村镇土地包括农用土地和农村集体建设用地两种。村镇土地利用是指在一定的经济、社会和环境条件的约束下，通过设计与规划，将村镇有限的土地资源进行合理的分配，以期实现村镇经济的快速发展和土地资源的高效利用。土地利用是将某区域内的土地资源按照以实际状况调查的数据为基础编撰的土地利用规划方案，对该类型或区域内土地的利用方式和土地结构进行深入研究，以求达到土地利用的最优化，实现经济效益、社会效益、生态效益的有机结合。村镇土地作为土地利用类型中的一种，其开发方式和利用效果对于各种类型的土地开发具有一定的示范意义。村镇土地生态系统是土地生态系统中的一个子系统，各个系统的有序运转保障着整个系统的稳定和谐。通过研究我国村镇土地利用的方式和方法，探索土地利用结构演变的一般规律，从而为我国土地利用规划提供科学指导。

（4）明确村镇土地利用方法对现有土地利用问题的解决措施

村镇土地利用是土地利用活动的重要组成部分，是在村镇特定的经济、社会、生态条件下综合作用的产物。由于受到各种因素的影响，在村镇土地利用过程中经常出现经济、社会、生态三者利益相冲突的现象，尤其是伴随经济的迅速发展和人口的快速增长，三者之间的冲突愈加激烈，威胁到村镇乃至整个社会的可持续发展。村镇土地利用结构失衡及其人口和生产力不匹配，不仅是我国广大村镇地区土地退化、生态破坏和用地紧张的重要因素，也是阻碍村镇产业发展和城镇化进程的关键桎梏。针对我国村镇土地利用和可持续发展过程中存在的问题，本研究依据村镇土地利用数据库，结合动态监测技术，运用值能评价方法，采取积极有效的措施对现有问题进行预防和治理，实现土地的最优化利用和土地利用可持续发展，实现自然和经济的无缝结合。

1.2 研 究 内 容

本研究在我国社会经济快速发展的大背景下，以中原示范区为典型案例区，探讨村镇耕地的利用类型、发展模式，以村镇土地利用评价和构建土地利用数据库为重点，以软件系统开发与实现为手段，在基于集成技术的土地可持续性利用评价软件的基础上，从理论来源、数据获取及处理分析、评价指标体系的建立、模型的选择和系统建设等方面，研究中原区村镇土地的可持续利用。具体研究内容如下。

1.2.1 村镇土地利用评价的理论基础

众所周知，村镇土地利用中存在的各种问题与不合理利用是相伴而生和相辅相成的。村镇土地利用评价理论基础研究在引导未来村镇土地利用活动和规划等方面具有举足轻重的作用，选择正确的理论对相关研究进行指导，有利于增强研究的系统性、针对性和科学性，并使其在促进村镇土地实现高效、合理、持续利用过程中发挥积极作用，对村镇土地的可持续利用具有十分重要的意义。本研究首先对村镇土地利用评价所涉及的相关概念和理论进行了回顾和概述，并结合国内外研究的现状和特点，且考虑到河南省的实际情况，选择土地利用能值评价、土地利用生态风险评价、土地利用可持续评价、土地利用综合经济评价这 4 种评价理论作为本研究的理论基础，并对其进行梳理，以此对本研究所阐述的内容进行理论指导。通过对村镇土地可持续利用评价进行深入而系统的研究，以期完善和丰富村镇土地利用评价理论。

1.2.2 村镇土地利用数据库标准化建设与管理

在 20 世纪 80 年代，我国开始开展国土资源信息化工作，并在 1987 年成立了国土资源标准化技术委员会，2009 年制定了《国土资源标准化管理办法》。同年，组织并编制完成了国土资源标准体系表。目前，土地利用数据库标准、市县乡三级土地利用总体规划数据库标准、基本农田数据库标准等数据库标准项是我国现有的土地行业标准项，这些基本包含了有关土地资源的所有工作领域。数据库标准化建设和管理也是为了更好地保存历史数据和现有的数据资料，因为只有在掌握和了解历史数据和充分利用现在成熟的计算机技术手段的基础上，才能建立土地利用历史数据库，使之与现状数据库进行比较，从而分析并总结出村镇土地利用的真实状况和变化规律，不仅可以为土地管理部门提高监管力度，而且还能为制定土地管理政策提供更有力的证据，为村镇的土地合理利用以及土地利用总体规划修编提供更加可靠、真实的数据，朝着更加有利于村镇土地的可持续方向发展。

村镇土地利用数据库的建立，不仅便利了对未来的各种比例尺图件和用途不一的专题地图的制作和输出，而且也促进了村镇集体土地的管理、建设用地审批等日常工作，极大地提高了各级村镇土地管理部门的效率水平。数据库完成后，不仅可以对土地利用规划、农业用地和估价工作提供真实、准确的基础数据，而且还可以提供现实性较强的土地利用基础数据和地图资料；更为重要的是，可以为土地利用遥感动态监测、耕地和基本农田保护、土地利用规划、农业用地分等定级和估价等相关的土地业务工作提供基本的数据材料。研究探索建立村镇土地利用数据库，提出规范统一的村镇土地利用数据格式、编码、分类、结构等，构建符合国土信息化规范的数据库，为村镇基本农田管护、土地利用评价等提供了基础资料的支撑。

1.2.3 集成研究中原村镇土地利用评价系统

村镇土地可持续利用评价是村镇土地可持续利用研究由理论转向实践的必要环节和关键过程，开展村镇土地可持续利用评价对于明确中原区村镇土地是否粗放、低效、掠夺式的不可持续发展具有重要作用，不仅可以更全面地揭示村镇土地的数量、质量、分布状况以及配置方式，而且还有助于人们认清当前村镇土地可持续利用水平现状，实现村镇土地集约、节约、高效的可持续利用转变，促使人们达成村镇土地可持续利用的目标共识，同时，也增强了村镇土地可持续利用目标的可实现性，将大大提高村镇土地的规模效益。这就要求我们必须建立科学有效且可行的村镇土地管理制度、制定科技创新村镇土地可持续利用对策措施、制定科学合理的村镇土地利用规划、制定严格的建设用地控制标准和加强耕地保护、完善相关财税政策、鼓励和促进村镇土地整理现代化、完善相关法律法规，为村镇土地保护的可持续利用提供法律支持等。

对于土地利用评价系统的构建，则需要 GIS 的二次开发技术支持，其中，GIS 的组件式开发技术尤为重要，它作为当今软件技术的潮流之一，GIS 软件也像其他软件一样，正在发生着巨大的变化，在过去，全部系统或者具有二次开发功能的软件都是由开发者的软件公司所提供的，而现在则过渡到朝着提供组件由用户自己二次开发的方向发展，组件式技术不仅适应了当今的潮流，而且也将给整个技术体系和应用模式带来巨大的影响。把 GIS 的各个功能模块划分为若干控件，每个控件完成不同的功能是组件式 GIS 的基本思路。另外，把 GIS 控件集成到可视化开发环境中是一个有效可行的途径，这也是组件式开发允许用户做的，这样就可以使各个控件之间以及与其他非 GIS 控件之间通过各种程序设计语言集成起来，最终形成 GIS 应用评价系统。研究基于国产 MapGIS 二次类库开发设计的中原村镇土地利用评价信息系统，实现基层行政单元-村镇土地利用可持续利用评价、生态风险评价、能值转化、综合经济评价等类型，为村镇土地可持续利用，合理布局建设用地、基本农田等决策提供技术支持。

1.2.4 集成开发中原地区耕地可持续利用集成技术

围绕河南省耕地利用中推广或研发的各类技术，凝练集成符合基层村镇管理、方便农民使用的耕地利用、监测、管护技术框架与技术体系，为实现村镇耕地可持续利用，稳定粮食生产核心区的地位提供技术支撑。中原地区的耕地可持续利用集成技术主要包括耕地的动态检测技术、农田可持续利用技术、农田利用管护集成技术和基本农田科学利用技术等。其中，耕地的动态检测技术主要是对耕地的面积边界测定和质量水平高低的监测，农田可持续利用技术主要是采用可持续性评判技术和基本农田生态保护技术对基本农田的数量、质量、属性和类型等进行评判和保护，农田利用管护集成技术主要利用现代高效管理技术系统和现代基层管护系统对中原地区的耕地进行管理，基本农田科学利用技术主要有科学施肥技术、灌溉节水技术、土地综合整治技术和良种选育推广技术等，通过这些技术对中原区的耕地做出合理的利用和规划，使中原区的耕地得到可持续发展。耕地的可持续利用集成技术的实现，对中原区的经济发展、生态环境保护、社会主义新农村的建设等具有重要的现实意义。

1.3 国内外研究进展

1.3.1 国外研究进展

1.3.1.1 国外研究进展

从 20 世纪 60 年代以来，美国、英国、荷兰、澳大利亚等国均开展了土地评价方面的研究，联合国粮食和农业组织经过几年的实践和经验总结，于 1976 年颁布了《土地评价纲要》，该纲要从土地的适宜性角度出发，分为纲、类、亚类和单元四级，曾广泛应用于世界各国的土地评价。土地利用评价研究的发展过程可大致划分为：土地分类定级阶段、土地潜力评价阶段、土地适宜性评价阶段、土地资源可持续利用评价阶段。进入 20 世纪 90 年代，国际上一些土壤学家和土地评价专家将可持续发展的概念引申到土地利用中，土地持续性利用的思想被提出，土地持续利用评价的研究与区域实践逐渐在各国开展。

1.3.1.2 国外土地资源评价研究

（1）土地资源评价内涵研究

土地资源是由地球表面一定范围立体空间的气候、地貌、地质、土壤、水文、生物等自然要素组成的，同时又是时刻受到社会经济条件影响的一个复杂的自然、经济综合体（常庆瑞，2002）。土地资源评价又称土地评价，是继土地资源调查，解决了土地资源的类型、数量和分布后，进而解决土地资源的质量问题，是土地在一定的用途条件下评定土地的质量高低。其目的是为了确定土地生产能力和农业生产中最有效的利用途径（David，1996；Wang，2006），包括土地评价区划、土壤质量评价和土地经济评价 3 个部分。土地资源评价是战略性土地规划的一个工具，是协调土地资源开发利用与土地资源保护之间的关系，从而达到土地资源的合理、有效利用的目的，也是实现土地资源可持续利用的基本前提。

（2）土地资源评价多样性研究

对土地资源评价的研究已经有 2000 多年的历史。针对自然土地类型的分类，国外一些地理学家早期就提出了有关土地类型和评价的思想，例如，苏联著名地理学家 Berg 在《苏联景观地理地带》一书中给出了自然景观的定义和实例，指出："自然景观是这样的地区，在这里地形、气候、植被和土壤的特征汇合成为一个统一的、和谐的整体，典型地重复出现于地球上的一定地带内"。美国学者惟奇（1937）在《自然土地类型的概念》一文中，更明确地提出了自然土地类型的概念，认为理想的土地类型应由一切具有人类环境意义的自然要素组成。留学加拿大的我国学者李春芬在《西安大略格兰德河谷地中游的土地利用》一文中，依据土壤和地形将格兰德河中游地区的土地分为 10 个土地类型。英国学者 Bowrne 是研究现代土地分级系统的先驱，他在《区域调查和大英帝国农业资源估计的关系》一文中，提出自然界存在的三种等级不同的土地单位。此外，英国学者 Wooldridge 和 Wnstead 等在 30 年代初期从地形学角度也划分了土地类型，并提出了土地分级的一些术语。德国学者 Passarge 发表的《比较景观学》等重要著作，从综合观点把景观划分为大小不同的等级，对土地的研究也有深刻的影响。

国外早期的土地评价研究主要用于课税（Groenemans et al.，1997）。例如，美国在 1933 年提出的"斯托利指数分等"（STR）（Pieric et al.，1995）、德国在 30 年代提出的土地指数分等（Brown and Brian，1998）。苏联第一次明确提出了土地经济评价的概念。"全苏土地评价方法"认为：土地经济评价是在土壤质量评价划分的农业土壤组上，用经济指标来表示土地的质量。通常以基数产量和基数费用的比较来反映土地质量的高低，是一种简单的投入和产出分析法。评价的结果按主要作物编制各经济单位和行政区的土地评价等级图和等级表。苏联的土地经济评价仅限于对产量和生产费用的简单计算。此后，有关土地经济评价内容的土地综合评价蓬勃发展起来（傅伯杰，1990；傅伯杰等，1997）。土地评价是土地综合利用的理论前提，也是最终为实现土地的可持续利用提供建议的重要途径。

1.3.1.3 国外土地可持续利用研究

（1）土地可持续利用内涵研究

针对土地可持续利用而言，由于研究内容侧重的差异性，不同学者对土地可持续利用的内涵有不同的理解。FAO（1993）颁布的《可持续土地利用评价纲要》中对土地可持续利用的定义是："将技术、政策和旨在同时关心社会经济原理与环境的活动理念结合在一起，即同时考虑保持和提高生产力（生产性）、降低生产风险（安全性）、保护自然资源和潜力及防止土壤与水质的退化（保持性）、经济可行性（可行性）和社会可接受性（接受性）"；Hart 和 Sand 从系统科学角度出发，将土地资源可持续利用定义为"利用自然和社会经济资源，生产当前社会经济环境价值超过商品性投入的产品的同时，能维持将来的土地生产力及自然资源环境"（唐华俊等，2000）。美国 Rodale（1992）在"国际土地可持续利用系统研讨会"上提出，土地可持续利用应看成是由两部分组成，即由人类可持续利用土地资源的"人-地关系"和由于利用土地而产生的"人-人关系"组成，他强调利用和保护并重。土地资源可持续利用不仅包括土地资源本身的持续性，还包括社会效益、生态效益、经济效益的可持续性等方面。

（2）土地可持续利用评价研究

1991 年 9 月在泰国清迈举行了"发展中国家持续土地利用评价国际研讨会"，1993 年 6 月在加拿大莱斯布里奇大学举行了"21 世纪持续土地管理国际学术讨论会"，两次会议都强调了土地持续利用评价指标的建立，其间，许多学者从自然、环境、经济和社会等各个方面探讨了土地可持续利用评价的指标和方法。在此基础上，1993 年 FAO 正式颁布了《可持续土地利用评价纲要》，该文件确定了土地可持续利用的基本原则、程序和 5 项评价标准，即土地生产性（productivity）、土地的安全性或稳定性（security）、水土资源保护性（protection）、经济可行性（viability）和社会接受性（acceptability），并初步建立了土地可持续利用评价在自然、经济和社会等方面的评价指标。该文件为各国各地区制定土地持续利用评价指标体系奠定了基础。其提出的 5 条评价标准，更是成为建立土地可持续利用指标的纲领。

根据《可持续土地利用评价纲要》提出的土地可持续利用评价的基本思想和原则，以及五项评价标准，很多学者研究探讨了适合本国土地可持续利用评价的指标体系和方法。1994 年，杜曼斯基（Dumanski）以"FESLM"为依据，评价了加拿大萨斯喀彻温省的农业土地利用的可持续性（Dumanski，1994）。Pieri 等（1995）倡导和推行土地质量指标（LQI），如水土流失、土壤肥力下降、林地退化、地下水位下降、盐渍化等。该指标是建立在压力-状态-反应框架下的对土地"健康"的总体评价。John 等对肯尼亚摩卡科斯地区 1930～1990 年间的土地可持续利用情况进行了评价（English et al.，1994）。Tisdell（1996）认为，土地资源可持续利用在经济评价方面的因素很难确定，因为一个农业生产系统的经济可行性取决于很多因素，包括土地的自然因素。Bouman 等（1999）不仅考虑养分平衡与温室气体排放等自然因素，还把土地投入、产出与效益等经济因素考虑进来，综合分析土地利用可持续性。Hurni（2000）认为只有包括各级地权所有者的综合参与式评价方法才有可能发展有效的地方土地持续；还有 Gameda 等（1997）对加拿大农场水平利用生产性、安全性、保护性、可行性和接受性 5 个方面的评价指标进行的可持续土地利用管理的研究；Lefroy 等（2000）在对农户调查的基础上对Vietnam、Indonesia 和 Thailand 等的研究都对持续土地利用评价的指标体系和方法进行了实证研究。

2000 年以后，土地可持续利用问题依然受到专家学者的关注，并从不同角度对土地可持续利用进行研究。针对不同类型生态系统的土地可持续评价，Reebts 等（2008）通过建立有机综合农业系统的方法来研究土地可持续利用问题。针对生物及生态安全视角的土地可持续评价；Cousins 等（2007）综合社会和生物角度，对 Namaqualand 的土地可持续利用情况进行展望；Karman 和 Duwez（1950）利用化学物危害评价和风险管理（CHARM）模型对石油天然气生产平台的废水排放进行了动态的风险评价。Sydelko 等（2001）对动态信息结构（DIAS）在综合风险评价中的应用进行了介绍。QWASI 模型被用于模拟湖泊中污染物的运移归宿等（Mackay，1999）；Naito 等（2001）利用综合水生系统模型（CASM-SUMA）评价了水生生态系统的化合物生态风险评价。

1.3.2 国内研究进展

1.3.2.1 我国土地利用评价研究回顾

我国是世界上最早研究土地分类的国家，对土地资源有计划地进行科学考察和研究始于新中国成立后。1951年，为确定农业税率，开展了土地自然条件和经营条件等评价工作。这一时期的土地评价处于起步和尝试阶段。系统的土地评价工作始于20世纪50年代的荒地资源考察研究，到60年代前期形成了两套比较成熟的荒地评价分类系统：一个是当时的农垦部荒地勘测设计院1962年拟定的全国荒地分类系统；另一个是中国科学院综考会于1963年提出的土地类-土地亚类-土地等-土地组的四级分类系统。

20世纪70年代，土地评价进入一个新的发展时期。一方面引入国外土地评价方法和系统进行研究性的评价工作，另一方面积极筹备建立适合中国国情的土地评价系统，评价范围也由荒地发展到整个农用地。70年代到80年代形成了两个全国性的土地评价系统：一个是全国第二次土壤普查所采用的土地评价系统，主要仿照美国的土地潜力分类而拟定，但分级标准略有修改，只有粗略的定性描述，在这一评价体系的指导下，完成了全国第二次土壤普查任务；另一个系统是中国科学院综考会为编制《中国1：100万土地资源图》而拟定的土地资源分类系统，这是参照联合国粮食和农业组织的《土地评价纲要》，结合我国实际情况拟定的。80年代初，我国进行了大规模的资源调查和农业区划工作，《中国1：100万土地资源图》编委会参照国际上比较成熟的土地评价经验，结合我国实际，拟订了1：100万土地资源分类系统，分土地潜力区、适宜类、质量等、限制型和资源单元，原农牧渔业部有计划地开展了大比例尺土地评价工作，重点在于评定农业用地的质量等级，为农用土地分等定级奠定了理论和方法基础。《1：100万中国土地利用图集》《中国土地利用》和土地资源研究文集相继出版。这一时期，我国与联合国粮食和农业组织合作进行了中国土地承载力研究，区域性的土地人口承载力研究广泛开展。

80年代中后期，随着土地利用规划和耕地保护工作在全国范围的开展，土地评价在理论、方法和研究手段上都有很大突破：在定性土地评价框架体系基础上发展了半定量土地评价方法，主要标志是利用数学和决策模型对土地评价因子、各因子权重和土地等级划分等环节的定量或半定量处理。另外，遥感和地理信息系统等高新技术以及景观生态理论、区域经济学理论和土地持续利用理论在土地评价中的应用使我国土地评价理论全面深化，评价手段和对象多样化。同时，我国开始运用系统论、计算机等先进技术和方法来开展土地评价，特别是有关县级土地质量和经济评价的试点研究获得了较大进展，并于1986年制定了《县级土地评价技术规程》（试行草案），这标志着我国土地评价工作已经进入定性定量相结合的综合评价阶段。

最初的土地利用研究工作主要集中于分类、分区，以及开发、管理等方面。景贵和先生1986年发表了《土地生态评价与土地生态设计》一文，拉开了我国土地生态利用研究的序幕。国家社会科学基金2002年项目指南中，经济理论部分把"中国西部地区水土资源开发和生态安全的历史与现状研究"列为重点研究项目；郑度和陈述彭（2001）将"土地利用和土地覆盖变化"和"土地利用与农林牧业的结构与布局"列为地理学的前沿领域。

近来的趋势是将景观生态学理论引入到具体的土地研究中，并出现了关于土地生态景观重建的研究，如北京大学的蔡运龙（1996）通过全球气候变化对农业生产影响的研究对土地利用所引起的社会经济领域问题和如何实现土地利用可持续发展问题进行了探讨以及对退化土地生态重建的研究；中国科学院系统承担的国家自然科学基金重大项目"中国陆地生态系统对全球变化响应的模式研究"；中国科学院的重大项目"东亚季风变迁和全球变化研究"；北京师范大学资源科学研究所承担的国家重大研究项目"土地利用/土地覆盖变化及其对农业生态系统影响机理的研究"与"NTEC 样带土地利用/土地覆盖变化研究"等。

对国外土地利用的介绍、引进方面也有许多成果，如丁荣晃翻译印度学者曼德尔的《土地利用理论与实践》；原国家土地管理局土地规划司翻译 Mather 的《土地利用》；王万茂教授翻译了俄罗斯的《土地规划设计》等。1992 年世界环境与发展大会后，我国制定了《中国 21 世纪议程》，许多学者在理论研究的基础上从自然、社会经济、生态 3 个方面提出了各种土地可持续发展的指标体系，人们已不再局限于认识土地目前的质量状况，而是更加重视土地质量状况在未来的利用改良过程中将如何变化，这使得土地评价由静态转向动态。

1.3.2.2　我国土地利用评价的阶段划分

国内土地评价大致分为 3 个阶段。

第一阶段：新中国成立后至 20 世纪 60 年代

新中国成立后，为摆脱贫穷落后的国民经济、提高工农业生产，土地评价主要是为各类农作物、工业生产原材料，如粮食、橡胶等的合理布局提供决策。重点开展了针对特定作物的土地适宜性分析评价，如海南、云南橡胶适宜基地的选择；东北水稻的生产北界、新疆农作物垦区等，这些评价为我国开展大规模农业生产、东北新疆等荒地开发作出了重大贡献。但是，"文化大革命"的开始使该项工作陷于停顿。

第二阶段：开放后的 80 年代到 90 年代

土地资源大调查与评价阶段。开放后，面对资源家底不清的实际，农业部 1980~1984 年主管开展了"农业资源调查与区划"，其中，局部地方从合理用地、因地制宜的指导思想出发，开展了土壤普查、土地适宜性评价；全国范围内开展了土地生产潜力估算。1986 年国家土地局成立后，首先开展了全国第一轮土地资源调查与规划，其中，强调以土地的适宜性为主，合理布局用地。其实质仍未脱离农业为主导的用地设想，直到 1992 年基本完成。

第三阶段：90 年代后的土地经济评价

开放后，由于社会主义市场经济的发展，城市土地市场的建立，土地评价中心转向了土地经济价值的估算。国家土地主管部门指定规划的中心转向了"耕地保护""严控建设用地"等，土地评价以"城市基准地价评估"为标志，土地评价彻底转型，重点由农业转向城市，适宜性由农作物生长转向建设用地的适宜性。即将进入 21 世纪时，考虑到农村土地市场改革以及土地流转等，又在全国范围内开展了"农用地分等定级"，探索农业土地质量及其与地价的空间分布，目的在于为农村土地征用或其他流转提供决策参考。

现实的发展为土地评价提供了再次改革探索的机遇。在国家土地政策收紧、严管建设用地、保护耕地的高压政策下，基本农田的监管成为最现实的问题。其质量、面积、生态环境问题，日益成为国家粮食安全、土地可持续利用的核心内容。

2005 年后，在国家科技为决策服务的大背景下，土地科技界也开始了为保护耕地国策提供技术支撑的研究，土地评价进入了新阶段。

1.3.2.3　现有评价体系的特点

总结以往的评价，我们发现当前已经完成的评价都是复杂的大型项目。限于研究要求，我们仅对农用地分等定级估价项目进行总结，对照村镇土地评价研究，它具有以下特点。

第一，评价区域尺度大，一般在县级以上区域。

现有评价系统与类型主要集中在县以上层面，属于大尺度区域，对于农作物的宏观布局具有非常好的指导作用。

第二，集中于土地经济价值。

农用地分等定级目的是土地综合质量、经济价值的鉴定与评估。评价因素与指标包含了几乎所有的土地自然、经济、社会等属性。

第三，数据需求量大。

调用了大量人力物力，非一般科研项目能及的政府工程，收集使用了土壤普查数据、农业资源调查数据、气候及水资源数据，组织健全、保障有力。

第四，投入资金庞大。

农用地分等定级准备工作的收集资料阶段，室内进行耕地地力分等定级环节，野外补充调查，实地取样验证阶段都需投入大量的人力物力，耗费的资金庞大。

第五，时间跨度大

农用地分等定级从准备工作、建立耕地地力分等定级体系、具体操作步骤等环节程序，工作周期长，时间跨度大。

1.3.2.4　基于不同视角下的土地评价研究

土地评价的研究，与土地利用现状研究、土地规划和管理一起，已构成一门重要的综合性学科——土地科学的主要内容。

（1）土地质量评价研究

对土地的评价主要是指对土地质量的评价，国家重点基础发展规划项目"土壤质量演变规律与持续利用"正式启动标志着我国土地质量评价步入了一个新阶段，随着有关土地质量评价研究的进一步深入，必定会对我国土地研究起到实践性意义（黄勇和杨忠芳，2008）。我国土地质量评价工作从整体上处于半定量评价阶段，另外，尽管土地评价方法和手段已经接近或达到国际先进水平，但土地质量评价深度、土地质量评价结果的针对性和精确性与国外同类研究尚有一定的差距（孙波等，1995）。因此，我国在对土地质量评价理论和方法进行研究的同时，一定要注意与土地质量评价相关的自然、环境和人文基础资料的积累和完善，才能使土地质量评价为土地利用和土地规划提供更好的服务（陈利顶和傅伯杰，2000）。

（2）土地经济评价研究

中国土地经济评价把土地资源学、经济学、地理学以及其他相关学科结合起来研究，以此来探讨土地资源的空间属性、时间属性和经济属性，以便更好地为社会经济建设服务（徐中春等，2008）。傅伯杰（1990）在土壤质量评价划分的农业土壤组上，用经济指标来表示土地的质量。蒙吉军等（2004）运用经济指标对土地质量进行评价和评定，即对土地进行投入和产出分析。胡星池（1984）为了摸清农用土地的利用状况，为农用地的合理利用与规划提供依据，采用了农用土地经济评价。黄裕婕等（2000）以福建省为例，通过计算土地生产率、土地投入强度和土地集约度等，对土地经济的可行性做出评价。焦叶芬（2006）通过选取投入类指标、产出类指标构建了城市土地经济效益评价的指标体系，并采用 AHP 法对重庆市土地的经济效益进行了深入分析。邱道持等（2001）构建了一套小城镇土地利用经济评价的指标体系，并采用多因素综合评价的方法进行了分析，从而对小城镇土地利用经济评价的方法进行了有益的探索。周介铭（1995）对内陆地区城镇土地经济评价方法进行了研究。

（3）土地可持续利用内涵研究

我国学者从不同角度对土地可持续利用的定义和内涵进行了研究和探讨。余海鹏等（1998）认为土地可持续利用是不断提高人类的生活质量和环境承载能力的、能满足当代人需求又不损害子孙后代满足其需求的能力，高效、持久的土地资源利用方式。刘书楷（2000）认为是"在特定的时期和地区条件下，对土地资源进行合理的开发利用、治理、保护和管理。并通过一系列的合理利用组织，协调人地关系及人与资源、环境的关系，以期满足当代人与后代人生存发展的需要"；张光宇和刘永清（1998）认为人类利用土地满足自身需要，一方面是为了创造财富以满足人类生产和生活的需要，另一方面指改善环境以满足人类生存的需要，所以土地可持续利用包含了土地开发、利用、整治和保护的内涵；姜志德（2001）在深入研究土地利用与可持续发展关系的基础上，提出土地资源可持续利用概念的新定义，即"土地资源可持续利用是能够不断满足人类可持续发展需要的土地利用"，进而以土地利用生态经济系统为分析框架，对土地利用可持续内涵作出合理解释；彭里（2006）认为，土地可持续利用虽然没有统一、成熟、明确的概念，但内涵包括 4 个方面的内容：其一是在一定的时空范围，土地资源保持动态稳定，扩大或保障土地资源可利用的基本存量；其二是实现土地资源的合理开发；其三是完成土地资源内部的结构优化、质量和功能优化；其四是在地球生态系统中土地与其他复合系统的整体功能协调、融洽生存与发展；曲福田等（2000）在其所著的《可持续发展的理论与政策选择》一书中将土地资源持续利用定义为："在特定的时期和地区条件下，对土地资源进行合理的开发、使用、治理、保护，并通过一系列的合理利用组织，协调人地关系及人与资源、环境的关系，以期满足当代人与后代人生存发展的需要"。

（4）土地可持续利用指标体系研究

很多学者认为土地可持续利用评价的核心在于评价指标体系的构建，我国许多专家学者在借鉴国际土地资源可持续利用评价研究成果的基础上，结合中国实际，对中国土地可持续利用评价的指标体系和方法作了更深入的研究。我国学者构建的土地可持续评价指标体系总结起来有 3 个框架，即"生态-经济-社会"体系、依据 FAO 提出的"生产性-安全性-稳定性-经济可行性-社会可接受性"体系、"资源-环境-经济-社会"体系。①"生态-经济-社会"方案为目前比较普遍使用的土地利用系统分解方案。1997年，傅伯杰等（1997）在分析土地利用系统和可持续利用特点的基础上，建立了"生态-经济-社会"土地可持续利用评价的指标体系，此外，徐梦洁等（2001）以此体系评价了耕地可持续利用，还有田冰等（2001）、倪绍祥和刘彦随（1999）都依据该体系设计了土地可持续利用评价指标体系；②以"生产性-安全性-稳定性-经济可行性-社会可接受性"设计评价指标体系的有张凤荣、张梅等，张凤荣（2000）认为土地持续利用评价的理论结构应以"土地利用目标-土地利用方式-影响土地利用的要素-持续利用的评价指标-评价标准"为主线，突出土地利用对生态经济社会过程的影响，并从土地利用分区、主要土地利用系统、典型区域三方面，制定土地可持续利用指标体系及其阈值；张梅等（2002）以此方案构建区域土地可持续利用评价指标体系框架，对河北省的土地资源可持续利用进行综合评价；③还有学者从土地可持续利用的内涵出发，从"资源-环境-经济-社会"这 4 个方面构建土地可持续利用评价指标体系，如尹君（2001a）、刘彦琴和郝晋珉（2003）对黄淮海平原典型县域的比较研究、张前进和周孝（2003）对蒙城县县域土地可持续利用的评价等。此外，王克强等（1998）从农地总量动态平衡和农业永续利用两个方面建立指标体系对可持续发展农业土地利用进行评价；蔡运龙和李军（2003）运用生产力、稳定性、恢复力、公平性、自立性和协调性 6 个综合指标对山东莱西市土地利用状况进行评价；陈百明和张凤荣（2001）在借鉴中国土地资源可持续利用指标体系的理论与方法的基础上，指出土地可持续利用指标与评价中心，必须从 3 个方面进行深入探讨：第一是土地利用分区及制定区域性土地可持续利用指标体系；第二是研究制定主要土地利用系统的指标体系及其阈值；第三是研究制定典型区域土地可持续利用指标体系及其阈值。我国土地可持续利用评价指标的研究发展迅速，为我国土地可持续利用评价奠定了基础。在构建指标体系的基础上，我国学者也采用不同方法来进行土地可持续利用评价研究。例如，利用 PSR 模型（周炳中等，2002）、BP 神经网络模型（李红礼等，2009）、熵值法（刘一苏和刘喜广，2006）、"3S"技术等，本研究主要讨论能值分析法和生态风险评价法这两种典型的土地可持续利用方法。

1.4 总体设计与技术路线

本书以村镇土地利用评价与土地可持续利用为核心，在分析研究土地利用评价的基础上，归类出中原村镇土地利用评价 4 种类型：土地利用能值评价、土地利用生态风险评价、土地利用可持续评价、土地利用综合经济评价。建立了集遥感影像、土地权属、土地利用、土地质量、土地利用相关经济指标等为一体的村镇土地利用数据库。基于土地利用评价对计算机技术的需求，通过工具型 GIS 软件的二次开发实现对土地利用评价的专业 GIS 应用，使其辅以设计并开发出村镇土地利用评价信息系统。本书以对中原村镇示范区新野县、内黄县、孟州市、永城市土地利用评价的探讨为基础，总结得出河南省村镇耕地可持续利用集成技术与示范效果评价。最后在以上研究的基础上归纳出村镇土地利用与可持续利用存在的问题，并提出相应的解决对策。本书通过理论分析与实地示范调研相结合，创新研究思路：以小尺度耕地利用研究为基点；引进新的理论方法；创新耕地管理理论的发展方向，以期为国土管理部门合理制订土地利用规划，确保粮食播种面积稳定，严格保护耕地、确保粮食生产能力提供理论基础；对当前乃至今后村镇耕地利用、基本农田保护提供有力的技术支持。

遵循科学研究规律与范式，本书采用"发现问题—研发解决方案—示范检验—完善修改"的思路，对研究任务合理分解，制订工作计划，逐步推进。通过对研究背景的归纳和文献梳理分析，提出了总体技术路线（图 1-1）。在此基础上，利用查阅文献资料、统计资料以及实地示范调研等手段搜集相关资料，采用先进的科学技术，将计算机、MapGIS、数据库和网络等技术相结合，集成村镇土地利用评价信息系统，并将其进行示范与推广。最后，在农田土地利用工程技术与管护政策相结合的基础上，从可持续性评价的角度，对村镇耕地可持续利用（基本农田保护）集成技术进行归纳总结，提出了土地可持续利用集成技术体系（图 1-2）。

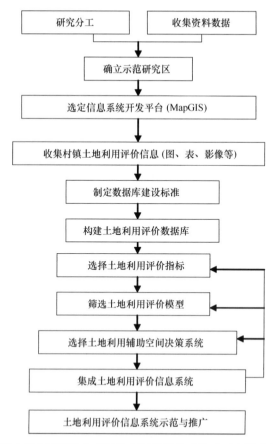

图 1-1　村镇土地利用评价与可持续利用关键技术集成研究技术总体路线图

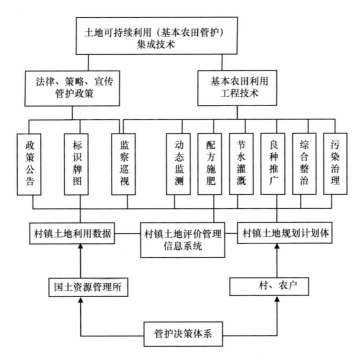

图 1-2　土地可持续利用集成技术体系

2 村镇土地利用评价的理论基础

2.1 村镇土地利用评价的类型

针对本研究需求，确立了围绕"土地可持续利用"这一核心，为基本农田保护与利用提供技术支撑。考虑河南省的实际情况，在这次评价中分别选择了 4 种新的不同的评价主题，引进学科前沿理论，开展针对"基本农田保护与可持续利用"应用的评价研究。选择了以下 4 种类型开展新的研究：土地利用能值评价、土地利用生态风险评价、土地利用可持续评价、土地利用综合经济评价。各类型及主要内容论证说明如下：

2.2 土地利用能值评价

2.2.1 研究目标

能值分析为生态经济系统过程的分析提供了一个新的工具，不仅使我们进一步加深对生态系统能量流动、转化和储存的认识，而且提供了一个衡量和比较各种能量的共同尺度。

在实际应用中，能值分析理论有助于正确分析自然与人类、环境资源与社会经济的价值和相互关系，有助于全面分析全球和区域可持续发展战略的态势。判定资源承载力、土地可持续性等重要指标，从而为合理制订土地利用规划、技术服务。

2.2.2 研究综述

能值分析理论是 20 世纪 80 年代以 Odum 和 Arding（1991）为首的生态学家在能量系统研究的基础上正式创立的。该理论将系统中的经济、资源环境等要素以太阳能值为统一标准，来衡量和表达环境资源与经济活动的价值以及它们之间的关系，突出了环境在生态经济复合系统中的重要地位，这为环境资源的合理利用和评价提供了一个重要的度量标准。

国外能值分析研究进展：能值理论创立于美国，所以美国是世界上最早展开能值研究的国家。随后意大利、瑞典、澳大利亚、日本也于 20 世纪 90 年代迅速开展，亚非拉发展中国家，如印度、墨西哥、厄瓜多尔、泰国等也有愈来愈多的学者投入到研究当中。能值分析理论发展至今，许多国家和地区的学者运用其进行研究的尺度已从全球发展到国家与地区，州与城市，各种具体生态经济系统等，同时还在能值指标体系的运用和改进方面进行了深入研究。这些研究成果促进了能值理论与分析方法的完善和应用，更重要的是为政府等有关机构的决策提供了有价值的依据。

能值分析方法的前身是生态能量学（国内常称为"能量生态学"）。能量生态学是研究生态系统的能流与其他生态流（物质流、生物流、信息流等）的数量变化和相互之间的关系以及系统结构功能变化规律的科学。它还被认为是研究生命系统与环境系统之间能量关系及其能量运动规律的科学，是生物能量学和生态学相互渗透而形成的一门交叉学科。

Forbes（1984）首次描述了美国伊利诺伊湖的能量动态。Transeau（1926）对植物群落的能量动态进行分析，提出"能量积累"的概念。Kleiber（1934）等提出了"能量代谢"的概念。Lindeman（1942）提出著名的能量转化的"十分之一定律"。Odum（1955，1971）对佛罗里达州银泉（Silver Spring）生态系统能流的研究是生态系统水平上能量流动分析的典范。完成的《人与自然的能量基础》可称为能量研究的经典著作。Macieira-Coelho 等（1966）明确提出"生态能量学"这一术语，对生态学中能量学研究成果进行概括和总结，从此生态能量学作为一门独立的学科在生物能量学和生态学的相互渗透中应运而生。20 世纪 70 年代，生态能量学研究的论文和著作开始增多。Odum 等（1971）发表的名著 *Fundamentals of Ecology*，深刻阐述了生态能量学的原理，同时提出了种群能量学、群落能量学和生态系统能量学等概念，对系统能量学的研究层次进行了初步划分。

（1）国家与地区尺度的评价

最早的研究是 Odum（1975）尝试运用能值分析方法对密西西比河进行的连续评价，结果表明，把发展用水、沉淀物和湿地等原始环境的贡献合在一起是比较好的评价途径。Woithe 和 Robert（1996）运用能值分析理论，假设多种能量对历史带来的影响，评价了美国及其内战总体影响。Brown 和 Mc Clanahan（1996）运用能值理论对泰国环境经济和在湄公河上修建大坝的生态经济影响进行了能值分析。Ulgiati 和 Brown（2002）对意大利的环境压力和可持续性进行了能值评价。Guillen（1998）运用能值理论分析可持续发展的替代模式——生态旅游，发现生态旅游并不是最有效的维护森林生态系统的活动。Nelson 等（2001）从能值的角度比较了传统处理废水与湿地系统处理废水的差异，并得出湿地系统具有更高的可持续性的结论。Tilley（1999）运用能值分析方法评价了森林生态系统的自然财富。Bakshi（2000）探讨了能值分析方法与生命周期评估法（LCA）结合起来应用的可行性，他认为，两者的结合不仅可以提高 LCA 对资源消耗、废弃物的环境影响评价，还可以克服 LCA 不能直接评价生态服务间接功能的缺点。Odum 和 Arding（1991）对厄瓜多尔海岸地区进行的能值分析和资源能值评价表明，潮汐、河流、排放物和海浪能产生非常高的能值价值。Campbell（2000）认为能值分析方法是能够定义、测度和解析生态完整性和生态系统健康的一种方法，可以用于量化环境系统的结构与性能，有助于环境决策。Martin 等（2002）对密西西比河三角洲河水改道的效益进行了能值评价，结果表明改道后可以增加净能值产出率等。Agostinho 和 Ambrósio（2010）采用能值分析和地理信息系统结合的方法对圣保罗的茂木瓜苏和帕尔多的分水岭流域进行评价，认为这一流域不同区域系统更新能力减弱。

（2）州和城市及具体生态经济系统的能值评价

Zucchetto 和 Jansson（1985）是最早进行城市能值分析研究的，他们首先对佛罗里达州的迈阿密市的能量——能值进行了分析研究。Whitfield（1994）对佛罗里达州的

Jacksonville 市生态经济系统的能值进行评价。Huang 和 Odum（1991）对中国台北市的生态经济系统进行了能值的评价研究。对城市生态经济系统的能值研究表明，将能值流密度和能值转换率绘制成图，有利于确定城市地区等级，帮助城市管理者确定城市各项设施的科学位置。Meillaud 等（2005）采用太阳能值对瑞士联邦理工学院洛桑（瑞士）科技园区建设建筑物每年能值消费/生产进行了评价。Cavalett 等（2006）运用能值分析方法评估了环境因素对巴西南部农场的粮食、猪、鱼的综合生态系统的影响，研究结果有助于制定公共政策和农民采取更好的管理方法。Cuadra 和 Rydberg（2006）对尼加拉瓜咖啡（小粒种咖啡壶）制品的加工和出口系统进行能值评价，评估了环境资源对贸易产品的贡献，丰富了关于公平贸易的讨论。Vassallo 等（2007）对意大利西北部拉斯佩齐亚的鲷鱼养殖系统对环境的影响进行了评价，并与鲑鱼和罗非鱼两个密集养殖生产系统进行了比较，结果表明渔业养殖系统强烈依赖外部能值投入和自然环境资源，严重影响了系统环境的可持续性。

（3）能值指标体系方面的研究

根据实际研究需要，学者们对 Odum 和 Arding（1991）建立的原有能值指标加以调整、补充和优化。Brown 和 Ulgiati（1997）首次提出了能值可持续指标 ESI，将其定义为系统能值产出率与环境负载率之比，即 EYR/ELD，并通过实证确定了 ESI 的量化标准，即 ESI<1 为发达国家，1<ESI<10 为发展中国家，初步填补了能值理论中评价系统可持续发展的综合评价指标的空缺，在系统可持续发展的能值评价方面前进了一大步。Buranakarn（1998）利用能值理论对建筑材料的循环利用进行评价，主要确定了判断再循环利润的最佳指标。在环境影响分析方面，针对能值分析方法重成本结构分析而轻排污影响分析的缺陷，Ulgiati 和 Brown（2002）提出用稀释污染物所需的生态系统服务能值来评价污染物排放对环境的影响。Tilley 和 Swank（2003）除了选用环境负载率来度量土地利用强度的可持续性外，还新建生态循环负载指标，用来评价生态系统的生物地理化学循环的可持续性；新建生态系统管理的能值反馈能值指标，用来评价管理方面的可持续。Bastianoni 和 Marchettini（2000）对系统不同产出情况区别的评价，提出了联合转换率和权重转换率的概念，经过案例分析，发现联合转换率可更便捷地用于对比分析各种复合产出生态系统和单一产出系统。Marchettini 等（2003）选用太阳能值转换率、能值产出率、环境负载率和能值密度 4 个指标，分别以意大利 Chianti 地区的农场和 4 个著名葡萄园为例，评价了系统发展的可持续性。Lei 和 Wang（2008）运用能值对澳门近 20 年来旅游业的贡献进行综合评价，并将各种能值分成积极、消极和敏感三类基础指标，评价结果具有积极的政策指导意义。Franzese 等（2009）对总能量需求和能值合成方法进行了比较分析，认为能值合成的方法可以高效利用更广泛的使用空间和时间范围内的自然和经济资源。

国内能值分析研究进展：蓝盛芳（1992）在《当代生态学博论》一书中首次把能值理论、方法和有关研究介绍到中国。同年在北京出版了涉及能值分析的《能量、环境与经济：系统分析导论》一书，并于 2002 年出版了我国第一本能值专著《生态经济系统能值分析》。2004 年 5 月，蓝盛芳等参加了澳门大学科技学院的学术研讨会，分别对国内与国际能值分析的研究进展、能值综合分析的原理和方法、城市可持续发展的能值模型做了汇报（University of Macau，2004）。近20年来，国内学者开展了国家与地区、农业生态系统、海涂湿地自然保护区、城市复合生态系统等方面的能值理论和分析方法研究。十多年来，国内学者主要开展了国家与地区、城市复合生态系统、具体生态经济系统、能值指标等方面的研究。这些研究成果对于科学评价我国不同地区、不同类型生态经济系统的发展态势具有重要参考意义。

（1）国家和地区尺度

严茂超和Odum（1998）运用能值理论和分析方法对西藏生态经济系统内的主要资源的能值指标进行系统研究，并与其他国家的有关指标进行比较，提出了开发西藏资源、实现可持续发展目标的政策建议。张耀辉等（1998）运用能值分析法对海南省1994年的资源环境、经济特征、农业可持续发展的相关因素和经济发展现状及趋势进行了综合评价。严茂超等（2001）分析评估了全国各省区市农林牧渔主要产品的能值及其宏观经济价值，并对各省区的相关指标进行了比较分析和排序。李双成和蔡运龙（2002）构建了基于能值的标定土地可持续利用态势的若干指数，并利用这些指数对中国1978年后近20年的农用土地的可持续性进行评价，结果表明过度使用石化能量引起的环境负面效应将严重影响农用土地生态系统的可持续性。李海涛等（2003）对新疆、江西等省市区生态经济系统的演替和可持续发展作了能值分析。刘继展和李萍萍（2005）运用能值分析方法对江苏省农业生态系统的能值投入产出状况、环境承载情况和系统运行效果进行了定量分析。周建等（2007）运用能值理论对河南省生态经济系统进行定量分析与评估。舒帮荣等（2007）通过计算，对比江苏省1996~2005年耕地生态经济系统能值评价指标，分析了江苏省耕地生态经济系统的能值投入产出结构及发展变化情况。段七零（2008）运用能值分析方法，在考虑不同地区的土地利用效率的基础上，计算了江苏省不同地区的耕地生态承载力。

（2）城市生态经济系统评价

在城市生态经济系统方面，有对台湾（黄书礼，1993，1996）、香港、广州（隋春花和蓝盛芳，2003）以及北京（李占玲等，2005）等城市的研究，特别提出了香港和广州可以进行优势互补，以促进共同发展，为城市规划者提供了科学的参考。隋春花等通过对广州城市复合生态系统进行能值分析，评价了广州城市生态经济系统的自然环境和社会经济发展状态（隋春花和蓝盛芳，2001）。李加林和张忍顺（2003）对宁波市的生态经济系统进行了能值分析研究，评价了宁波市生态经济系统的整体状态，并提出了建议。陈理和杨中平（2003）又将能值分析方法引入到城市废弃物处理系统中，详细分析了北京市固态废弃物处理的能值流动，提出合理的废弃物处理方法。陆宏芳等（2005）系统阐述了城市复合生态系统能值分析的基本概念原理与方法步骤，总结了城市可持续发展综合能值评价指标体系，并讨论了能值研究方法的城市生态系统研究中的应用前景和发展方向。汪殿蓓等（2006）以湖北省大悟县为例运用能值分析方法对小城镇复合生态系统进行了评价。吴玉琴等（2009）有关运用能值理论进行城市代谢研究的进展进行了总结分析，并指出了未来研究的4个方向。曹明兰和李亚东（2009）基于PSR模型，运用能值分析方法对唐山市生态安全状况进行了评价。

（3）农业生态经济系统与具体生态系统的能值评价

在生态系统类型扩展方面，蓝盛芳等将能值分析拓展到农业生态经济系统中，并同以往在农业上运用的能量分析方法进行了比较（Lan et al.，1995）。陆宏芳等（2000）以海南农业生态系统为例，阐述农业生态系统能值分析主要指标的建立方法和涵义。钦佩等（1999）对香港红树林湿地保护区的研究与万树文等（2000）对盐城自然保护区进行的能值分析，为海涂管理者和利用者提供了决策参考。张晟途等（2000）对江苏省射阳河口的 3 种治理方案——海滨潮间带盐沼湿地、互花米草湿地和互花米草生态工程进行了能值计算和评价，从能值效益的角度研究了湿地资源的最优配置。陈东景和徐中民（2002）以黑河流域中游张掖地区为例，对干旱区农业生态经济系统的投入产出情况进行能值分析，结果发现张掖地区的农业发展中存在环境负载率不断增加和能值持续性指数下降的问题。李海涛等（2005）以天山中段北坡的森林区生态系统为研究对象，对系统生态资本的能值流量、资本存量进行了初步的研究，并对生态系统服务价值和系统的生态安全性进行了延伸研究，结果表明该区域生态系统处于较为安全的状态，但面临的挑战也很大。张雪萍等（2005）运用能值分析方法对泰来县生态经济系统中能量、资源流动及系统的状况进行了系统分析。林慧龙等（2005）将能值分析的方法、基本步骤和评价指标引入草地农业生态系统中，提出了草地农业生态系统能值分析方法中的难点和建议。刘自强等（2007）对干旱半干旱区的城郊农业生态系统进行研究，通过比较显示，在这一地区城郊农业生态系统具有低能值投入、高能值产出的特点和较强的可持续发展能力。周连第等（2006）利用能值分析方法定量描述了密云县生态经济格局和发展状况的总体特征。姬瑞华和康文星（2006）对南方丘陵区县域农业生态经济系统进行了能值的定量评价。王红红等（2008）应用能值分析理论与方法，以黄土高原中南部延安市的两个村农户为研究对象，定量分析农户农果复合生态系统的自然资源以及系统投入产出特征。张希彪（2004）、董孝斌和高旺盛（2004）则对黄土高原的农业系统做了能值分析，为该地区的可持续发展提供科学指导。粟娟和蓝盛芳（2000）利用能值理论评价了森林生态系统的综合效益。舒帮荣等（2008）引入能值理论在传统评价方法基础上建立新的指标体系，对南京市近 10 年的耕地利用进行评价，与传统方法相比，评价结果更能全面、客观地反映耕地利用的可持续状况。刘玉振（2008）在能值分析基础上，建立开封市农业生态系统投入产出生产函数模型，并进行定量分析与评价。张雪妮等（2010）通过典型能值分析指标的计算，研究了尉犁绿洲 1995～2006 年农业生态系统能值的动态变化。

（4）理论探索与评价指标方面的研究

Odum 提供的能值指标体系中，部分指标间存在明显的相关关系，按照指标体系各分指标间要相互独立的原则，应予以归并简化。蓝盛芳等（2001）认为能值投资率与能值产出率及能值自给率之间存在直接的相关关系，对于系统评价有重复作用，建议保留能值产出率（EYR），而对环境负载率和可更新能源投入率，鉴于环境承压程度评价的直观性和明确性，则建议保留环境负载率（ELR）。隋春花和蓝盛芳（1999）在分析当时的环境质量效益换算评估法、环境资源定价评估法、总经济价值评估法的基础上，得出结论认为能值评估法人为影响因素很小，可以从本质上揭示自然资源所具有的真实价值。汪殿蓓（2002）对以前财富价值的衡量方法分析后，认为能值分析理论是衡量环境-经济系统财富较为科学合理的方法之一。陆宏芳等（2002）指出了 ESI（emergy sustainable indices）指标的两点不足，并提出了改进意见：认为可持续发展既要促进社会经济发展，又要使生态环境持续，即系统能值产出率（EYR）与其能值交换率（EER）的乘积要高，环境负载率（ELR）要低，将三者合并，得到了一个兼顾社会经济效益与生态环境压力的复合评价指标 EISD（评价系统可持续发展性能的能值指标），即 EISD=EYR×EER/ELR。EISD 值越高，意味着单位环境压力下的社会经济效益越高，系统的可持续发展性能越好。陆宏芳等（2003）考虑到系统的基本功能不仅体现为能量流动，还体现为系统的物质循环、货币流通和信息传递，陆宏芳等又进一步优化 EISD，建立了新的评价系统可持续发展性能的综合指标 SDI，SDI=EB/EI，EB 表示经济效益，EI 表示环境压力，实现了能值分析与经济分析和物质分析的耦合，并以我国著名的基塘农业生态工程模式——珠江三角洲瓜菜基鱼塘模式为例进行了案例分析。李双成等（2001）提出了以能值分析（EMA）为理论支撑的区域性可持续发展评价指数，并对中国 1978～1998 年经济系统的可持续发展指数 ESI 进行计算的结果表明，以经济系统能值流来衡量，中国经济发展的可持续性处于下降状态。万树文等（2000）基于人工湿地生态系统可持续发展的条件要求，建议从基础能值改变（Bec）和净经济效益（NP）来评判人工湿地生态系统发展的可持续性。正值的基础能值改变（Bec）保证了系统被持续利用的能力，正值的净经济效益（NP）保证了系统再次接收足够反馈的可能。一个系统的发展只有具有正的 Bec 和 NP，才是可持续的，并以盐城自然保护区的人工湿地为例进行了分析评价。陆宏芳等（2005）针对城市农业生态系统具有集约化程度高、开放性和经济性突出的特点，运用能值交换率（EER）评价系统在市场交换中所处地位的同时，引入环境经济学评价方法构建能值效益率指标（EBR）；同时，还引入区域经济学评价思路，构建产出的本地影响率（LER），用来度量系统产出对当地和外地的影响，揭示农业系统产出满足本地需求的程度及其区域影响。

国内外比较：总体上，国外能值研究注重能值理论的完善和指标的优化，同时运用能值分析方法进行研究领域也较为具体全面，更侧重于研究成果的实际应用等，因此，在很多方面还值得我们进一步学习。而与国外的研究相比，国内相关研究还存在一定的差距。国内的能值研究虽然也有少部分学者进行了能值指标优化方面的深入研究，并取得了有价值的成果，但是大部分学者的研究还主要是将能值分析方法与具体区域系统结合进行评价，宏观研究较多而成果的应用性较为缺乏。

研究内容上，国内研究大致可以分为城市生态经济系统和农业生态经济系统两个方面，其中，又以对农业生态经济系统的研究居多。从研究尺度上来看，由于受研究数据的局限，对全国和区域性的研究居多，而通过实地调查进行较小尺度的研究则较少。

此外，从能值分析方法自身来看，能值评价指标还缺乏统一的、区域性的评价标准，这给不同研究成果之间的比较分析带来了一定的困难。由此可见，对现有指标体系进行完善和建立统一的评价标准以及进行更小尺度的评价等具有实际应用意义的研究，将是国内能值研究今后需要努力的方向。

2.2.3 能值评价的基本概念与意义

20 世纪 50 年代，能量分析先驱 Odum（1955）就对生态系统能量学进行了系统而深入的研究，并提出了一系列概念和开拓性的重要观点，其中，包括 20 世纪七八十年代提出的能量系统（energy system）、能质（energy quality）、能质链、体现能（embodied energy）、能量转化率及信息等观点。第一次将能量流、信息流与经济流的内在关系联系在一起。20 世纪 80 年代后期和 90 年代初创立了"能值"（emergy）概念以及太阳能值转换率（solar transformity）等概念与理论，并于 1996 年出版了世界上第一本能值专著 *Environmental Accounting*: *Emergy and Environment Decision Making*，系统地阐述了能值理论的科学内涵、换算方法、运动机理和概念模型体系。能值分析方法是通过把不同种类、不可比较的能量转换成同一标准的能值，来评价其在系统中的作用和地位，综合分析系统的能流、物流以及其他生态流，得出一系列反映系统结构、功能和效率的能值综合指标，并用这些指标定量分析系统的功能特征和生态、经济效益，体现了自然与人的不同作用和贡献。

能值计算分析为衡量环境资源对经济发展的贡献提供了客观标准，是生物能量学和生态学相互渗透而形成的一门交叉学科，是生态学中的一个分支学科（祖元刚，1990），被认为是连接生态学和经济学的桥梁。

（1）能值（emergy）

Odum 等（1987）将能值（emergy）定义为：一种流动或储存的能量所包含另一种类别能量的数量，称为该能量的能值。并进一步解释能值为：产品或劳务形成过程中直接或间接投入应用的一种有效能（available energy）的总量，就是其所具有的能值，实际上就是体现能量（embodied energy）。可见，能值本质上与我们熟悉的能量（物体做功的能力；单位常用释放的热来度量）不同。

由于任何能量均始于太阳能，所以在实际应用中以"太阳能值"（solar emergy）衡量某一能量的能值。某种资源、产品或劳务所含的太阳能值就是其形成过程中直接或间接应用的太阳能的总和。太阳能值的单位为太阳能焦耳（solar emjoules；缩写为 sej）。此能值概念能让我们以同一种能量类别（太阳能值）单位，同时比较系统中流动或储存的不同类别、不同等级的能量及其在该系统中的贡献。

（2）能值转换率

Odum 和 Arding（1991）从生态系统食物链概念与热力学原理，引申出又一新的概念——能值转换率，即每单位某种类别的能量（单位：J）或物质（单位：g）所含能值的量。用以表示能量等级系统中不同类别能量的能质（energy quality）。在实际应用中通常使用的是太阳能值转换率（solar transformity），即单位能量或物质所含太阳能值的量。单位为太阳能/焦耳（或克），即 sej/J 或 sej/g。

简单而言，太阳能值转换率就是定量表述每焦耳某种能量（或每克某种物质）相当于有多少太阳能焦耳的能值转化量。在能量转化链中，各种生态系统的能流，从量多而能质低的等级（如太阳能）向量少而能质高的等级（如生物质能、电能）流动和转化；能值转换率随着能量等级的提高而增加。能量系统中较高等级者具有较大的能值转换率，需要输入较大量的能量来维持，具有较高能质和较大控制力，起着中心功能作用。人类劳动、科技文化资料、高级技术与设备、复杂的生命等均属高能质、高能值转换率和高能值的高等级阶层能量。

太阳能值转换率有几种计算方法：由地球生物圈能量等级计算地球主要能流的能值转换率；通过环境-经济生产系统能值分析实例研究；通过资源储存再生周期计算；利用能流网络图计算分析；应用计算机处理系统的各种能值来源计算；通过能量系统能源追踪估算；通过能量分布曲线图分析计算；通过能量等级变化周期计算。

（3）能值/货币比率（sej/$）

$$能值/货币比率(sei/\$) = \frac{国家（地区）当年全年的能值投入量}{国家（地区）国民生产总值}$$

它表示能值与货币的数量关系，亦可看作衡量货币实际购买力和劳动力实际能力的标准。通过能值-货币价值解决了在分析评价自然环境资源与经济社会资源中的对接难题。它是从宏观上探讨经济的理想尺度，能够取得能值-货币价值最大的系统必然是具有最大产出的系统，它可以持续发展并具有竞争力。

（4）重要意义

可以说，能值分析为生态经济系统过程的分析提供了一个新的工具，不仅使我们进一步加深对生态系统能量流动、转化和储存的认识，而且提供了一个衡量和比较各种能量的共同尺度。在实际应用中，能值分析理论有助于正确分析自然与人类、环境资源与社会经济的价值和相互关系，有助于全面分析全球和区域可持续发展战略的态势，因而在其创立后的较短时间里，就得到国际生态学界、经济学界和各国政府的关注，其应用和研究几乎已涉及人类生活的各个领域。例如，生态环境承载力的评估、可持续发展评价、环境资源估价等方面。特别是环境资源估价，这是需要我们进行大力开展研究的一个新领域。环境资源价值的计算是一个世界性的难题，能值理论为研究环境资源的定价提供了一个新思路和方法。

2.2.4 常用指标

（1）能值投资率（emergy investment ratio，EIR）

$$能值投资率 = \frac{购买能值（反馈能值）}{来自环境的无偿能值}$$

这个指标既可以衡量开发单位本地区资源而需要的能值投入，也能衡量经济发展程度与环境负载程度。其值越大则表明系统经济发展程度越高；其值越小则表明经济发展水平越低，而对环境资源的依赖越强。低能值投资率也意味着本地区有良好的环境资源条件，有利于吸引外部资金对本地资源的开发。反之，当这一比值较大时，就说明该地区有过大的经济投入，输进大量的能值，几乎所有的投入都是有偿的，价格上涨，系统的竞争能力将降低。因此，某一地区的合理科学发展需要高质量（高能质的科技、劳务、物资等投入）和低质量（环境资源和自然条件）的各种能量的能值合理利用才行。这一指数大小常常受政治或社会经济因素的制约。

（2）净能值产出率（net emergy yield ratio，EYR）

$$净能值产出率 = \frac{系统产出的能量值}{来自经济过程的反馈能量值}$$

它是衡量系统产出对地区经济贡献大小的指标。EYR 值越高，表明系统进行一定的经济投入后，生产出来的产品能值（产出能值）越高，即系统的生产效率越高。因此，通过比较净能值产出率，可以很好地了解某种能源生产是否具有竞争力和经济效益。若一种能源的净能值产出率远低于其他能源，说明开发这种能源所耗费的能量和资金都高，这种能源就无开发利用的竞争力。然而，具有较高净能值产出率的产品在交换时也会处于不利的地位，因为其购买者只支付人类劳动所付出的代价，而不支付环境代价，长期持续的话，产品供应一方就面临自然资源耗尽的危险。

（3）能值/货币比率（emergy dollar ratio，EDR）

$$能值/货币比率(sej/\$) = \frac{国家（地区）当年全年的能值投入量}{国家（地区）国民生产总值}$$

总体而论，欠发达国家或地区，由于直接使用较多免费的本地自然资源，同时国民生产总值较低，具有较高比率。发展中国家和地区往往具有较高的比率，因为在这些国家或地区，大部分环境资源的取得是无需付费、无偿使用的。而发达国家或地区由于GDP 较大、资本循环速度快，并大量从外部购买廉价资源，比率通常较低。

（4）能值自给率（emergy self-suifficiency ratio，ESR）

$$能值自给率 = \frac{本地资源（可更新资源与不可更新资源）能值投入}{外部输入能值}$$

它是用来评价自然环境对系统生产支持能力的指标，其值高低反映了系统自给自足能力的大小。通常情况下，能值自给率越高，则该系统的自给自足能力越强，对内部资源的开发程度也越高。一般而言，系统面积越大，其所蕴藏的不可更新资源就越多，从而使得能值自给率也高，也说明了系统自身资源相对比较丰富。但是，如果对系统不可更新资源过度开发，加上由于购买能值投入不够，可能会造成本地资源得不到最佳利用，也不利于本地经济水平提高。

（5）能值密度（emergy per area）

$$能值密度（又称能值利用强度） = \frac{系统的能值投入总量}{系统占用土地面积}$$

它是评价系统经济发展程度和发展等级的指标。能值密度越大，表明系统经济开发程度越高，发展等级越高；同时也表明系统的环境压力越大。能值密度越低，说明系统经济开发程度较低，也说明系统的环境压力较小，处于可持续发展的水平。

（6）人均能值利用量（emergy per person）

$$人均能值利用量 = \frac{系统内的能值利用总量}{总人口}$$

它是从生态学的角度来评价人民生活水平的指标。它比传统的人均收入更具科学性和全面性，因为个人拥有的真正财富除了可由货币体现的经济能值外，还包括没有被市场货币量化的自然环境等无偿提供的能值、与他人物物交换而未参与任何货币流的能值等，而这些"财富"若仅仅以个人的经济收入就不能得到全面体现。从指标数值来看，这一指标主要受到系统的能值利用总量和人口数量两方面的条件制约。说明人口过多的国家或地区，虽然能值应用总量绝对值较大，但人口多，人均能值占有量就较低，平均生活水平也不高，需要严格控制人口。一般来说，人均能值量相对较高的地区人均生活水平也较高。见表 2-1。

表 2-1　中国生态经济系统 1985～1994 年人均能值用量

年份	人均能值用量/（10^{15} sej/（人·a））	年份	人均能值用量/（10^{15} sej/（人·a））
1985	0.43	1990	0.44
1986	0.44	1991	0.45
1987	0.43	1992	0.45
1988	0.45	1993	0.45
1989	0.45	1994	0.47

资料来源：韩青海，1998

（7）环境负载率（environmental loadid ratio，ELR）

环境负载率为购买的不可更新资源投入能值总量与可更新资源能值（无偿的环境能值）之间的比值。这一指标主要用来表征系统发展过程中能值利用强度的高低，系统科技发展的水平较高，环境所承受的压力也越大。较大的比率数值表明在经济系统中存在高强度的能值利用，同时也说明对环境系统保持着较大压力。环境负载率是对经济系统的一种警示，若系统长期处于较高的环境负载率，将产生不可逆转的功能退化或丧失。从能值分析角度来看，外界大量的能值输入以及过度开发本地非更新资源是引起系统环境恶化的主要原因之一。

（8）可持续发展性能的能值指标（emergy index for sustainable development，EISD）

系统可持续发展性能的能值指标（EISD）是系统净能值产出率与能值交换率的乘积与环境负载率的比值。该指标是衡量社会经济效益与生态环境压力的系统可持续发展性能的复合评价指标。其中，系统净能值产出率和能值交换率的乘积显示系统能值产出的收益，其值越高说明系统越能满足社会经济发展的需要。生态环境的可持续性则要求系统环境承载率应处于较低的水平。因此，这个指标可以综合评价系统的可持续发展状态。该指标值越高，意味着单位环境压力下的社会经济效益越高，系统的可持续性能越好。

2.2.5　能值评价的方法和步骤

Odum and Arding（1991）建立的能值分析理论是从总体经济的角度出发，综合考虑生态系统与经济系统，并以能值为衡量单位建立的一套价值理论体系。它可以对不同尺度、不同类型的系统进行综合研究。能值的应用并不是要取代货币的市场功能，而是用来评估自然资源对生态经济系统的作用，是政策分析和决策研究的有力手段。当然，对于不同类型和尺度的系统进行能值分析研究时，方法有所差别，若以分析对象而言，有国家或地区生态经济系统能值分析方法、亚系统能值分析方法（如农业、林业系统）、具体生产系统（如农作物、工艺品生产）能值分析方法等。若以方法与步骤而言，主要包括能量系统图的绘制、能值分析表的制定、能值计算与评估、能值转换率和能值指标的计算、系统分析等。

能值评价的基本步骤如下。

（1）确定研究对象和系统的边界

根据研究内容不同，研究对象多种多样，可以是单一的系统，或者是多个系统整合成的复合系统。受统计资料所限，系统边界一般以行政区单元而定，大至一个国家，小到一个农户。

（2）资料收集

根据系统的构成确定系统的输入和输出。对于耕地生态经济系统来说，系统的输入成分包括工业能源（化肥、农药、电力、机械等）和生物能源（人力、种子、农家肥等）两部分，输出主要是粮食、经济作物等。

（3）能量系统图的绘制

运用 Odum 的"能量语言"符号图例，绘制详细的能量流动图，以组织上一步收集的资料。形成包括系统主要组分和相互关系及物质流、货币流等流向的系统能量图解，概括研究对象各组分和环境的关系。

（4）能值分析表的编制和数据计算

通过调查收集与研究对象相关的自然环境、地理及经济等原始资料和数据，并确定分析所需的能量折算系数和太阳能值转换率，将各种不同量纲的原始数据转换成统一单位的能量数值。然后，再依据太阳能值转换率，将能量数据换算成能值，并建立系统的能值分析表。

（5）建立能值评价指标体系并评价分析

在完成各类能值分析表构建的基础上，计算一系列反映生态环境与经济特征和效率的能值指标，进行深入的分析评价。Odum 创立的能值指标评价体系虽因所分析系统的具体差异而不同，但整体而言其中几个主要指标是目前各系统分析中常用的，即能值产出率、能值投资率、能值自给率和能值负载率等。

（6）进行系统发展评价和策略分析

根据能值指标分析、系统模拟、系统结构功能能值定量分析的结果对生态系统进行客观评价，提出系统改进和完善的决策建议，为制定正确的系统管理调控措施和发展策略提供科学依据，指导生态系统的良性运转和可持续发展。

2.3 土地利用生态风险评价

2.3.1 研究目标

生态风险评价是伴随着环境管理目标和环境观念的转变而逐渐兴起并得到发展的一个新的研究领域（杨克磊和张建芳，2008）。工业国家一度追求的"零风险"环境管理逐渐暴露出其弱点，从而产生了风险管理的环境政策。生态风险评价是为风险管理提供科学依据的，因而受到国内外学术界和环境管理者的重视，并成为一个研究热点。

生态风险评价工作的开展能够为人类活动对生态系统的影响提供预测；为解决县域环境问题提供理论基础；为今后县域内的风险管理提供决策依据（Hill et al.，2000）。本次评价研究核心是引入生态经济学的生态风险评价理论，目的在于定量评估土地利用过程中旱涝、大风、病虫害等自然生态灾害对土地利用的影响，为土地综合整治提供合理安排的空间方案，为土地利用规划、可持续利用等提供科学依据。

2.3.2 研究综述

所谓生态风险是指一个种群、生态系统或整个景观的生态功能受到外界胁迫，从而在目前和将来一个或多个不良的生态影响发生或正在发生的概率及其严重后果（损失）。它可定量表示为 $R=f(P, C)$。其中，P 为不良事件发生的概率；C 为不良事件可能造成的损失，即生态风险函数（文军，2005）。

生态风险的成因包括自然的、社会经济的和人们生产实践的诸多因素。当前，生态风险问题在自然资源综合开发中尤为突出，如在自然资源的保护性利用中，资源储量耗损率、资源利用方式与对策、资源人格和投资形式等的确定，都是在信息不完全的基础上进行决策，因而需要进行风险决策分析（文军，2005）。

生态风险评价是伴随着环境管理目标和环境观念的转变而逐渐兴起并得到发展的一个新的研究领域（杨克磊和张建芳，2008）。工业国家一度追求的"零风险"环境管理逐渐暴露出其弱点，从而产生了风险管理的环境政策。生态风险评价是为风险管理提供科学依据的，因而受到国内外学术界和环境管理者的重视，并成为一个研究热点。

风险（R）是指不幸事件发生的可能性及其发生后将要造成的损害（Solomon and Sibley，2002）。这里，"不幸事件发生的可能性"称为"风险概率"（P，也称风险度）；不幸事件发生后所造成的损害称为"风险后果"（D）。有关专家对风险定义为两者的积，即风险=风险度×风险后果（$R=P×D$）。

上述的"不幸事件"指能造成伤害、损失、毁坏和痛苦的事件。就风险自身而言，具有二重性。第一，风险具有发生或出现人们不期望后果的可能性。第二，风险具有不确定性或不肯定性（韩丽和曾添文，2001）。

生态风险评价（ecological risk assessment，ERA）是环境风险评价的重要组成部分（李明，2006）。它是指对生态系统及其组分受一个或多个胁迫因素影响后，对不利的生态后果出现的可能性进行的评估。生态风险评价的目的是通过了解各种生态系统及其组分的特点，评估各种生态系统及其遭遇风险的可能性及受到生态危害的大小，确定其抵抗风险的能力，从而为风险管理提供科学依据和技术支持（Efroymson and

Murphy，2001）。

生态风险的评价类型多种多样，其技术程序也具有可变性（Li et al.，2009）。一般说来，有回顾性生态风险评价、多重压力的生态系统风险评价、监视性生态风险评价以及生物安全性风险评价。

具体说来，回顾性生态风险评价是风险事件发生在过去或正在进行，它的特点是：评价毒理学试验数据必须结合污染现场的生物学研究结果，因为现场数据有时会对问题的形成和分析起重要的作用，即评价问题的范围是由事件及已被测定和研究了的被污染的环境所确定。多重压力的生态系统风险评价需要在时间和空间上综合毒性效应，并且往往评价的重点集中在系统的耐性和恢复能力上（鞠强，2005）。监视性风险评价是通过对环境关键组分的监视性监测而分析生态质量的趋势。它不仅可以发现风险，而且有助于防范风险。严格来说，监视性生态风险评价不是一个独立的评价类型，更像回顾性或预测性生态风险评价的前奏曲，即一旦发现风险，应立即进行回顾性或预测性生态风险评价（Boekhold，2008）。生物安全性风险评价起源于外来生物入侵产生的生态学危害的风险评价，现在已扩大为对现代生物技术的环境释放进行分门别类的风险评价。

生态风险评价从不同角度理解可以有不同的定义（李谢辉，2008；李明，2006；李景宜，2008；鞠强，2005；郭青霞，2007；马娅娟和傅桦，2004；何剑刚，2004；韩丽和曾添文，2001；李谢辉，2010；毛小苓和倪晋仁，2005）：①从生态系统整体考虑，生态风险评价是研究一种或多种压力形成或可能形成不利生态效应可能性的过程，也可以是主要评价干扰对生态系统或组分产生不利影响的概率以及干扰作用的效果。②从评价对象考虑，生态风险评价可以重点从评价污染物排放、自然灾害及环境变迁等环境事件对动植物和生态系统产生不利作用的大小和概率上进行，也可以主要评价人类活动或自然灾害产生负面影响的概率和作用。③从方法学角度来看，生态风险评价可以被视为一种解决环境问题的实践和哲学方法，或被看作收集、整理、表达科学信息以服务于管理决策的过程。综上所述，生态风险评价的关键是调查生态系统及其组分的风险源，预测风险出现的概率及其可能的负面效果，并据此提出响应的舒缓措施。

生态风险评价（ecological risk assessment，ERA）是环境风险评价的重要组成部分。它是指对生态系统及其组分受一个或多个胁迫因素影响后，对不利的生态后果出现的可能性进行的评估。

（1）国外研究进展

生态风险评价是近二十几年逐渐兴起并得到发展的一个研究领域。在 20 世纪 70 年代，各工业化国家的环境管理政策目标是力图完全消除所有的环境危害，或将危害降到当时技术手段所能达到的最低水平。随着时间的推移，这种"零风险"的环境管理逐渐暴露出其弱点。在进入 20 世纪 80 年代后，便产生了风险管理这一全新的环境政策。风险管理观念着重权衡风险级别与减少风险的成本，着重解决风险级别与一般社会所能接受的风险之间的关系。生态风险评价正是为风险管理提供科学依据和技术支持的，因而得到了迅速发展。

20 世纪 90 年代，风险评价处于不断发展和完善阶段，评价热点已经从人体健康评价转入生态风险评价，风险压力因子也从单一的化学因子扩展到多种化学因子及可能造成生态风险的事件，风险受体也从人体发展到种群、群落、生态系统、流域和景观水平。20世纪90年代初，美国科学家Lipton等（1993）提出生态风险的最终受体不仅为人类自己，而且包括生命系统的各个组建水平（个体、种群、群落、生态系统乃至景观），并且考虑了生物之间的互相作用以及不同组建水平的生态风险之间的相互关系（即风险级联），这个更广泛的定义被普遍接受，而且进行了大量的风险评价应用。

20世纪90年代末到21世纪初，区域生态风险评价兴起，区域生态风险评价强调区域性，所涉及环境问题的成因及结果都具有区域性。Hunsaker等（1990）联合发表文章，阐明了区域生态风险评价的基本概念和未来发展方向。90年代后期的大尺度（流域或更大尺度）生态风险评价多基于美国环境保护署EPA的指导方针。ORNL研究组对美国田纳西州Clinch River流域进行了生态风险研究，主要评价了化学有毒物质对流域特殊种群的影响。此后，Valiela等（1992）在麻省的Waquoit Bay流域进行了风险评价，说明单个因子可以导致对整个生态系统的影响。

（2）国内研究进展

国内的生态风险评价起步晚，迄今为止还没有国家权威机构发布的诸如生态风险评价技术指南和指导性文件。从20世纪90年代以来，国内学者在介绍和引入国外生态风险评价研究成果的同时，对水环境和自然灾害生态风险评价、重金属沉积物的生态风险评价、区域生态风险评价、农田系统与转基因作物、生物安全以及项目工程等领域的生态风险评价基础理论和技术方法方面进行了一些研究和探讨。这些研究表明国内的生态风险评价经历了从环境风险到生态风险，再到区域生态风险评价的发展历程，同时风险源由单一风险源扩展到多风险源，风险受体由单一受体发展到多受体，评价范围也由局地扩展到区域景观水平。

陈峰等（2006）采用Hakanson潜在生态风险指数法对土壤重金属污染进行了潜在生态风险评价。付在毅和许学工（2001）提出，环境中对生态系统具有危害作用并具有不确定性的因素不仅仅是污染物，还包括各种自然灾害和人为事故，如洪水、地震、滑坡、火灾等也是生态系统的风险源，而且将影响更大、更高层次的生态系统。同时将区域生态风险评价的方法步骤概括为：研究区的界定与分析、受体分析、风险源分析、暴露与危害分析以及风险综合评价等几个部分。

张学林和王金达（2000）提出了区域农业景观生态风险评价的初步构想，提出了区域农业景观生态风险评价框架和方法。李自珍和何俊红（1999）通过建立数学模型，对河西地区土地盐渍化做出风险评价，对该地区石羊河流域水资源管理做出风险决策分析，给出了盐渍化土壤的盐渍风险评价数学模型。孙心亮和方创琳（2006）建立了城市生态风险评价的数学模型，计算出河西走廊7个城市的生态环境风险强度。

中国的生态风险评价研究处于起步阶段，理论技术研究薄弱，缺乏生态风险管理等系统的理论探讨。加上，现行的环境管理体制中对污染物的生态风险控制没有具体、可操作的规定，所以，生态风险评价在建设项目环境保护管理中的应用也很少。但是，中国已进入了环境污染事故的高发期，需要加大生态风险评估和管理研究的力度。

生态风险评价植根于环境影响评价。20世纪70年代，随着《寂静的春天》出版，人们开始关注剧烈的人类活动对生态环境所造成的影响。在这种大背景下，环境影响评价诞生，并在决策评价中被应用得越来越普遍。到了 80 年代后期，由环境影响评价发展而来的生态风险评价的方法与技术开始逐渐兴起，并趋于标准化（殷贺和王仰麟，2009）。具体如下。

（1）从人体健康风险评价到生态风险评价和综合评价

人体健康风险评价大部分是源于美国国家研究委员会 1983 年提出的框架，主要评价环境污染物对人体健康的影响，评价的对象比较单一。生态风险评价的对象是一个复杂系统，需要综合物理、化学和生态过程以及它们之间的相互关系，评价对象不是单一物种（如人类）所遭受的风险，而更多地关注多个物种所遭受的风险。它强调种群和生态系统的过程和功能（贾丹和延庆凤，2009）。

为了提高风险评价的有效性和效率，世界卫生组织（WHO）国际化学安全计划、美国国家环境保护局（USEPA）、欧洲委员会（EC）、经济合作组织（OECD）进行了合作，提出要综合评价人体健康和生态风险，将两者合二为一，并且已经初步形成一个框架，认为两者的综合为评价结果提供了共同的表达方式，将人类和环境融为一体，提高了人体健康和生态风险评价的效率和质量以及预测能力（Yu et al.，2010）。将人体和野生生物的毒理动力学和动态做对比研究，综合风险评价就能判断出环境污染是如何以及在多大程度上对人体健康和野生生物造成风险的。综合的风险评价从健康和环境保护的观点出发，有利于我们更有效地进行环境风险管理。

（2）从单因子到多因子的生态风险评价

在人体健康风险评价和生态风险评价中往往运用生态毒理学进行单一污染物的风险分析，在既定的实验条件下判断生物对某一化合物的反应（张学林和王金达，2000）。但在实际情况中，造成风险的并非单一的化学污染物，即使是单一的化合污染物也可能由代谢物转化为其副产物，结果可能低于环境的风险，并且单一的化学污染物质暴露的途径也并非是单一的。从风险产生的因子看，风险也有可能是由物理因子（由于人类活动导致的生物栖息地丧失或减少等）、生物因子（物种入侵等）和化学因子共同作用造成的，因此在实际情况中，风险可能是由多因子共同造成的。所以，传统的风险评价从单因子的风险评价开始向多因子的生态风险评价转移（USEPA，1990；江业勤，1996）。

（3）评价工具更加模型化

生态风险评价由单纯依靠生态毒理学实验工具向毒理学和模型模拟相结合转化。例如，Naito 等（2002）利用综合水生系统模型（CASM-SUMA）评价了水生生态系统的化合物生态风险评价。Pátzay 等（1998）利用化学物危害评价和风险管理（CHARM）模型对石油天然气生产平台的废水排放进行了动态的风险评价。Sydelko 等（2001）对动态信息结构（DIAS）在综合风险评价中的应用进行了介绍。QWASI 模型被用于模拟湖泊中污染物的运移归宿等（Mackay，2001；Bergman et al.，1986）。

（4）风险评价由定性到定性与定量相结合

我国的生态风险评价起步较晚，迄今为止还没有国家权威机构发布的诸如生态风险评价技术指南和指导性文件（鞠强，2005）。尽管如此，20 世纪 90 年代以后，已经在一些部门的法规和管理制度中明确提出风险评价的内容。1993 年国家环保局颁布的中华人民共和国环境保护行业标准《环境影响评价技术导则（总则）》（HJ/T2.1 93）规定：对于风险事故，在有必要也有条件时，应进行建设项目的环境风险评价或环境风险分析（许学工和林辉平，2001）。1997 年国家环境保护局、农业部、化工部联合发布的《关于进一步加强对农药生产单位废水排放监督管理的通知》规定：新建、扩建、改建生产农药的建设项目必须针对生产过程中可能产生的水污染物，特别是特征污染物，进行风险评价（Li et al.，2009）。2001 年国家经济贸易委员会发布的《职业安全健康管理体系指导意见》和《职业安全健康管理体系审核规范》中也提出"用人单位应建立和保持危害辨识、风险评价和实施必要控制措施的程序""风险评价的结果应形成文件，作为建立和保持职业安全健康管理体系中各项决策的基础"。

与国外生态风险评价的研究相比，国内的生态风险评价研究主要体现在两个方面：其一，是对国外评价理论和方法的综述和分析。例如，曹洪法和沈英娃（1991）撰写的《生态风险评价简述》；赵振华（1992）的《浅谈风险评价与风险管理》；曹希寿（1994）的《区域环境风险评价和管理初探》；付在毅和许学工（2001）的《区域生态风险评价》，以及殷浩文（2001）编著的《生态风险评价》等书籍。其二，是引进国外生态风险理论和方法来研究我国环境中的风险问题。比较成功的个例有：刘文新等（1999）对乐安江沉积物中金属污染的潜在生态风险的评价；付在毅等（2001）学者对辽河和黄河三角洲湿地区域生态风险评价；王小龙（2006）对长山列岛中的南五岛进行了多次现场调查收集有关资料，应用 Landis 和 Wiegers 于 1997 年发展的一种相对风险模型对长岛人类开发利用带来的潜在风险进行了风险评价。

中国的生态风险评价研究处于起步阶段，理论技术研究薄弱，缺乏生态风险管理等系统的理论探讨。加上，现行的环境管理体制中对污染物的生态风险控制没有具体可操作的规定，所以，生态风险评价在建设项目环境保护管理中的应用也很少。但是，中国已进入了环境事故的高发期，需要加大生态风险评估和管理研究的力度。

发展趋势如下。

生态风险评价经历了十几年的发展，评价范围已经扩展到景观和区域尺度，评价内容也更加全面，多风险因子（化学污染、生态事件、人类活动等）、多风险受体、多评价端点已经成为风险评价的一个特点。生态风险评价的关键是确定生态系统及其组分的风险源，定量预测风险出现的概率及其可能的负面效应，并据此提出响应的舒缓措施。根据目前生态风险评价的发展情况可预期以下几种发展趋势（许学工和林辉平，2001）。

1）生态风险评价范围趋向于大流域、大尺度的区域和流域景观生态（Li et al.，2009）。生态风险评价经过 20 多年的发展，其研究热点已由传统的事故和人体健康风险评价逐渐扩展到生态风险评价和大流域、大尺度区域生态风险评价；评价内容趋向于多风险因子、多风险受体、多评价端点。

2）生态风险评价技术趋向于多元化、复杂化。随着生态风险评价范围的不断扩大和评价内容的复杂性不断增强，现存的生态风险评价技术已不能满足需要，人们需要不断地开发新的评价技术，目前正在起步的多层次评价系统将会进一步得到发展。

3）生态风险模型将在区域或流域生态风险评价中发挥重要作用。Solomon 和 Sibley

（2002）以单物种测试和以多物种生态系统模拟为基础的生态风险评价正逐步暴露其弱点，生态风险模型以其独特的优势将在生态风险评价中得到长足的发展。

4）在毒理学测试中融入生态学的观点。以毒理学测试为手段的生态风险评价能否继续占有重要的地位，就要看它对生态学的融入情况。一般认为生态系统需要从数量、质量和稳定性3个方面进行表征，这为毒性测试提供了参考（Ashmore and Nathanail，2008）。目前的生态毒性测试主要只考虑数量这一方面，对生态系统的质量和稳定性却较少表征。怎样在毒理学测试中融入更多的生态学观点，这将是对毒理学者和生态风险研究者的一个挑战，这也体现了增强生态风险评价的科学性和实用性越来越需要多学科的交叉与结合。

2.3.3　生态风险的特点和目标

生态风险除了具有一般意义上"风险"的涵义外，还具有如下（付在毅和许学工，2001）特点。

（1）客观性

任何生态系统无一不是开放动态的，不可能是封闭和静止的，所以必然会受诸多具有不确定性和危害性因素的影响，也就必然会存在风险。由于生态风险相对于生态系统而言是客观存在的。因此，当人们在进行区域开发建设等活动时，尤其涉及影响生态系统结构和功能活动的时候，应充分认识生态风险，在进行生态风险评价时也应保持科学、严谨的态度（Hall and Anderson，1999）。

（2）危害性

生态风险评价所关注的是因自然或人为原因造成的灾害性事件，危害性是指这些事件发生后的作用效果对风险承受者（这里指生态系统及其组分）具有的负面影响。这些影响将有可能导致生态系统结构和功能的损伤，主要包括生物多样性的减少、植被演替过程的中断或改变、生态系统内物种的病变等。尽管某些事件发生以后对生态系统或其组分可能具有有利的作用，例如台风带来降水从而缓解了旱情等。但是，进行生态风险评价时将不考虑这些正面的影响（Sorvari et al.，2009）。

（3）内在价值性

生态风险评价的目的是评价具有危害和不确定性事件对生态系统及其组分可能造成的影响，在分析和表征生态风险时应体现生态系统自身的价值和功能。这一点与通常经济学上的风险评价以及自然灾害风险评价不同，在这些评价中，通常将风险用经济损失来表示，但针对生态系统所做的生态风险评价是不可以将风险值用简单的物质或经济损失来表示的。因此，分析和表征生态风险一定要与生态系统自身的结构和功能相结合，以生态系统的内在价值为依据（陈辉等，2006）。

（4）不确定性

生态系统具有哪种风险和因这种风险受到的损害（即风险源）是难以确定的。人们事先难以准确预料灾害性事件是否会发生，以及发生的时间、地点、强度和范围，最多只能在已有相关资料记载的相同灾害发生概率的基础上，推断和预测生态系统所具有的风险类型和大小。不确定性还表示在灾害或事故发生之前对风险已经有一定的了解，而不是完全未知。如果某种灾害以前从未被认知，评价者就无法对其进行分析，也就无法推断它将要给某一生态系统带来何种风险了。风险是随机性的，具有不确定性（Sampson and Sampson，2005）。

（5）生态风险评价的目标

生态风险评价的总目标就是要为生态风险管理服务。回答生态风险管理中的基本问题：有没有风险、有什么风险、风险的大小和程度、是什么导致了风险的发生、如何控制风险、哪一种风险是需要优先控制的、哪一个区域的生态风险是需要优先控制的、应该采取什么控制方法、控制效果如何、控制的成本效益、生态补偿等。概括地说，生态风险评价目标就是识别生态影响的大小和幅度、辅助生态风险控制修复决策、确定生态风险管理措施的效果（杨娟，2007）。

2.3.4　生态风险评价方法与过程

生态风险评价的目的是通过了解各种生态系统及其组分的特点，评估各种生态系统及其遭遇风险的可能性及受到生态危害的大小，确定其抵抗风险的能力，提出风险防范、减缓对策，从而为风险管理提供科学依据和技术支持。

2.3.4.1　评价方法

定性方法：定性评价涉及如何用自然语言表述定性概念，并反映出自然语言中概念的模糊性和随机性。通常定性评价可以用诸如低、中等、高或者有、无来说明风险级别，这在某种程度上避免了定量评价对于风险的精确估算，在数据和信息有限的条件下，定性评价可能不失为一种好的选择（CVMP，2004）。但是，定性评价对于多重风险表达不足，不能用数学运算（如相加求和等）来表达，而且定性的风险评价目前至少不能满足两个重要的科学原则——透明性和可重复性。

定量方法：当数据、信息资料充足的时候，就可以采用定量的方法来评价风险（Xu et al.，2004）。定量风险评价有许多优点：允许对可变性进行适当的、可能性的表达；能迅速地确定什么是未知的；分析者能够将复杂的系统分解成若干个功能组分，从数据中获取更加准确的推断，并且十分适合反复的评价。但是，定量的风险评价存在不"客观"的问题，即所有的可能性推断都依靠统计模型，而统计模型的选择本身就是十分主观的（Zhang and Shan，2008）。因此，针对定性和定量的优缺点，在不同使用条件下，两种方法通常被综合采用。

目前，常用的定性和定量的转换方法有层次分析法、量化加权法、专家打分法，或者是定性分析中夹杂着一些数学模型和定量计算（阳文锐和王如松，2007）。

其评价的关键在于确定生态系统及其组分的风险源，定量预测风险出现的概率及其可能的负面效应，并据此提出响应的减缓措施。

2.3.4.2　评价步骤

风险评价技术路线见图 2-1。

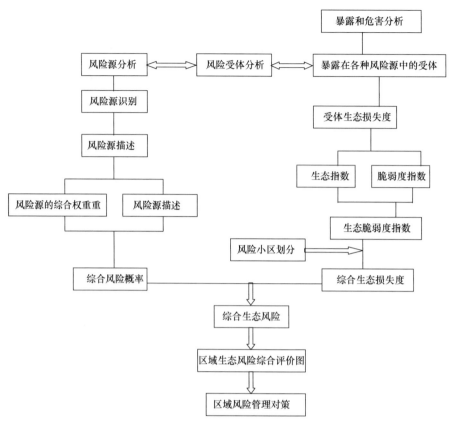

图 2-1　风险评价技术路线

目前世界上通用的生态风险评价框架技术路线是由美国环境保护署开发的。共由四个基本部分组成：问题形成、分析、风险表征和风险管理。参照 EPA 框架，结合土地生态风险特性，具体操作步骤如下。

第一步，收集区域资料，实施风险源分析。

风险源分析指对区域中可能对生态系统或其组分产生不利作用的干扰进行识别、分析和度量的过程。具体可分为风险源识别和风险源描述两部分。

风险源识别：根据评价的目的找出具有风险的因素，即进行风险识别（李谢辉，2008）。县域生态风险源大体可以归纳为自然的和人文的两大类：自然生态风险源指气象、水文、地质等方面的自然灾害。人为生态风险源指导致危害或严重干扰生态系统的人为活动，主要包括：化工企业排污以及农田施肥外流导致的化学污染及人类的生产开发活动，以及防洪抗旱、建坝筑堤、修筑水利工程等对于生物种群的影响。

风险源描述：风险源以其发生的概率和强度来描述（徐学工，2001），与局地生态风险评价不同的是，县域生态风险评价的风险源还应表述其作用的地域范围。对生态风险源的度量一般是通过其发生的概率和强度进行，同时还要在空间上定位其作用的县域强度范围，为了能更好地反映实际情况，选用什么指标，以及如何度量是评价分析的一个重点，本书将根据各种不同风险源的特点，采用不同的指标来进行度量。

第二步，风险受体分析。

风险受体分析包括受体的选取和生态终点的确定。"受体"即风险承受者，在风险评价中指生态系统中可能受到来自风险源的不利作用的组成部分，它可能是生物体，也可能是非生物体。生态系统可以分为不同的层次和等级，通常经过判断和分析，选取那些对风险因子的作用较为敏感或在生态系统中具有重要地位的关键物种、种群、群落乃至生态系统类型作为风险受体。根据生态风险评价原理，生态终点是指在具有不确定性的风险源的作用下，风险受体可能受到的损失，以及由此而发生的区域生态系统结构和功能的损伤。

1）受体的选取：本研究风险受体选取的依据为（杨克磊和张建芳，2008）：①在区域中广泛分布且对风险源作用相对敏感；②在区域复合生态系统中具有重要地位；③针对区域而言，受体应作为主要的生态组分出现；④受体的变化可能导致区域社会、经济受到重大影响。鉴于耕地是人类生存和发展的基础，同时直接关系到粮食生产安全和社会稳定，所以本书以能正确及时反映耕地利用动态变化的粮食产量作为生态风险评价的受体。

2）生态终点：生态终点是指在具有不确定性的风险源作用下，风险受体可能受到的损害，以及由此而发生的区域生态系统结构和功能的损伤（孟东平和张金屯，2004）。对于生态风险评价，终点必须是具有生态学意义或社会意义的事件，它应具有清晰的、可操作的定义，便于预测和评价。这就要求生态终点是可以量度和观测的。对于农田生态系统来说，生态终点则可明确地定义为作物减产等。

第三步，暴露与危害分析。

暴露分析研究风险源在区域中与风险受体之间的接触暴露关系，危害分析则要确定风险源对生态系统及其风险受体的危害程度，二者相关联，其目的是确定风险源对生态系统及其风险受体的损害程度。

1）各受体生态系统的生态损失度量：相同强度的同一风险源作用于不同的生态系统类型，对县域的生态结构和功能则产生不同强度的危害。同时，不同生态系统类型的抗干扰能力也是不同的。以生态损失度指数这一指标来反映不同风险源对不同生态系统类型的生态危害程度，以脆弱度指数来体现不同生态系统的易损性，以生态损失度指数表示遭遇灾害时各类型所受到的生态损失的差别。

生态指数：指生态环境系统的自我维持、自我调节及其抵抗各种压力与扰动能力的大小，生态指数的大小反映特定生态环境系统的缓冲与调节能力，表示为

$$\text{ECO}=V_j \times S_j$$

式中，V_j 为粮食生产指数；S_j 为耕地面积占土地总面的比例。

脆弱度指数：脆弱度指数指生态系统受到外界干扰后的脆弱程度。脆弱性与生态系统在自然演替过程中所处的阶段有关，相对而言，处于初级演替阶段、食物链结构简单的生境较为脆弱。根据景观生态学和生态多样性原理，一般来说，一种景观类型的脆弱度指数越小，其抗干扰的能力就越强。本研究区以人为影响为主，在脆弱性分析中应考虑到有关的影响因素，根据系统组分在其作用下发生逆向变化的难易程度判断。其脆弱度赋值可取整数，如1，2，…，9。

2）各风险源对受体的危害作用

分析风险源对受体的影响，估算受体的受害程度。例如，洪涝灾害对耕地的影响表现在多方面：洪水冲毁农作物，或使农作物受淹浸，粮食大量减产，甚至绝收。洪涝淹

没粮食或其他作物会导致其死亡和损伤，不仅直接减少粮食作物的收成，还可能对周边企业产生巨大的破坏作用等。

第四步，综合评价。

风险综合评价是前述各评价部分的综合。它根据人们获得的记录资料，估算出区域中各风险事件发生的概率，将前面暴露分析和危害分析的结果结合起来，评估各风险源对研究区粮食产量危害作用的大小，并因此得出县域范围内的综合生态损失度。

（1）风险小区的划分

区域生态风险评价的一个重要特征即受体和风险源在区域内的空间异质性。结合区域风险源的特征以及风险受体的分布情况，并考虑有关资料统计来源与范围的实际，确认风险评价的单元——风险小区。这样，每个风险小区内部具有一致的综合风险源的作用，而不同风险小区的风险源种类或发生概率、强度则可能不同，即就生态风险源而言，风险小区具有区内同质性和区间异质性。

（2）风险值度量

风险值是区域生态风险的表征，风险值应包含风险源的强度、发生概率、风险受体的特征、风险源对风险受体的危害等信息，风险值即为这些信息指标的综合。较流行的有参数方法（也称为分析法，包括各种正态参数法、加权平均法等）；非参数方法（历史模拟法（historical simulation method）、蒙特卡罗模拟法（Monte Carlo simulation）以及半参数方法（包括极值理论等）。

本书采用以下指标和公式来度量每个风险小区的风险值。

$$I_i = \frac{W_i}{S_i}$$

式中，I 为单位面积玉米产量；W 为玉米总产量；S 为播种面积；i 为乡镇个数。

$$V = \frac{\sum_{i=1}^{n} I_i}{N}$$

式中，V 为平均产量；$N=9$；I_i 为单位面积玉米产量；i 为乡镇个数。

（3）风险分级分布图

根据计算出的风险值，绘制风险分析分布图。

（4）结果分析

针对不同级别的风险区采取不同的风险管理对策，结合评价区域实际，提出风险管理政策、减缓防御技术与措施。

生态风险评价是环境风险评价的重要组成部分，环境评价兴起于 20 世纪 70 年代，主要是在发达的工业国家，其中美国的研究尤为突出。迄今为止，风险评价大体上可以分为以下 4 个阶段（景宜，2008）。

第一阶段：20 世纪 30～60 年代，风险评价处于萌芽阶段。该时期的风险评价主要采用毒物鉴定方法进行健康影响分析，以定性研究为主（Horn and Fleige，2009）。例如，关于致癌物的假定只能定性说明暴露于一定的致癌物条件下会造成一定的健康风险。直到 20 世纪 60 年代，毒理学家才开发了一些定量的方法进行低浓度暴露条件下的健康风险评价。

第二阶段：20 世纪 70～80 年代，风险评价研究处于高峰期，评价体系基本形成。此期间进行的环境风险评价从风险类型来说为化学污染，风险受体为人体健康，评价方法已由定性分析转为定量评价，Boekhold（2008）提出了风险评价"四步走"，即危害鉴别、剂量-效应关系评价、暴露评价和风险表征。事故风险评价最具代表性的评价体系是美国核管会 1975 年完成的《核电厂概率风险评价实施指南》，亦即著名的 WASH-1400 报告，该报告系统地建立了概率风险评价方法。Novotny 和 Witte（1997）的健康风险评价以美国国家科学院和美国国家环境保护局的成果最为丰富，其中，具有里程碑意义的文件是 1983 年美国国家科学院出版的红皮书《联邦政府的风险评价：管理程序》，此书成为环境风险评价的指导性文件，目前已被荷兰、法国、日本、中国等国家和国际组织采用。

随后，美国国家环保局根据红皮书制定并颁布了一系列技术性文件、准则和指南，包括 1986 年发布的《致癌风险评价指南》《致畸系列技术性文件》《化学混合物的健康风险评价指南》。

第三阶段：20 世纪 90 年代，风险评价处于不断发展和完善阶段，评价热点已经从人体健康评价转入生态风险评价，风险压力因子也从单一的化学因子扩展到多种化学因子及可能造成生态风险的事件，风险受体也从人体发展到种群、群落、生态系统、流域和景观水平（Sampson and Sampson，2005）。Suter（1993）等科学家进行的研究，为生态风险评价的应用提供了全面的理论基础和技术框架。以橡树岭国家实验室（ORNL）、布鲁克赫尔文国家实验室为代表的一大批研究机构在生态风险有关的基础理论和技术研究中起了导向性的奠基作用。Auer（1994）、Broderius 等（1995）、Haas（1996）等众多科学家分别在生态风险评价的物理、化学、生物学等领域的方法学方面进行了研究。USEPA 认为框架只是对生态风险评价的一个说明，凡是按照 UAEPA 框架或类似的框架进行的评价都是生态风险评价（Sadiq et al.，2003）。

第四阶段：20 世纪 90 年代末到 21 世纪初的区域生态风险评价发展阶段。Hunsaker 和 Carolyn 曾在 1990 年发表了一篇重要文章，阐述了如何将生态风险评价应用到区域景观上去，由此阐明了区域生态风险评价的基本概念和未来发展方向（Ashmore and Nathanail，2008）。20 世纪 90 年代后期的大尺度（流域或更大尺度）生态风险评价多基于美国国家环境保护局（EPA，U.S. Environmental Protection Agency）的指导方针。ORNL 研究组对美国田纳西州 Clinch River 流域进行了生态风险研究（Adam and Wirth，1999；Cook and Johnston，1999；Jones and Laird，1999；Suter et al.，1999），评价了化学有毒物质对流域特殊种群的影响，虽然没有开展综合生态风险评价，但此项研究说明了流域和大尺度风险研究是可能的。此后，Valiela 等（1992）在 Waquoit Bay Massachusetts 流域进行了风险评价，说明单个因子也可以导致对整个生态系统的影响。

2.3.4.3 生态风险评价的常用方法

定性评价：定性评价涉及如何用自然语言表述定性概念，并反映出自然语言中概念的模糊性和随机性（阳文锐和王如松，2007）。通常，定性评价可以用诸如低、中等、高或者有、无来说明风险级别，这在某种程度上避免了定量评价对于风险的精确估算。对于不同的种群，风险的大小可能存在差别，采用与其他风险种群对比的方法，可以从定性的角度对存在的风险进行评价。在数据和信息有限的条件下，定性评价可能不失为一种好的选择。因为在数据量小的条件下，定量的风险评价方法难以估算低水平暴露的污染物。但是，定性评价对于多重风险表达不足，不能用数学运算（如相加求和）来表达。而且定性的风险评价目前至少不能满足两个重要的科学原则——透明性和可重复性。这样，不同的分析者使用同样的风险评价方法和数据就可能得到不同的结论。

当数据、信息资料充足的时候，就可以采用定量的方法来评价风险（Urzelai et al.，2000）。定量风险评价有很多优点：允许对可变性进行适当的、可能性的表达；能迅速地确定什么是未知的，分析者能将复杂的系统分解成若干个功能组分，从数据中获取更加准确的推断；并且十分适合于反复的评价，即风险计算—收集数据—基于事实的假设—提炼模型—再计算风险，如此反复，为如何收集数据提供了更好的思路；能通过风险收益分析，比较可替代性的管理策略。

定量评价：当前定量或半定量的化学风险评价一般都用熵值法，通过暴露和效应的比值来表达，即可能的暴露浓度（PEC）：可能的无效应浓度（PNEC）。比值大于1，说明有风险，比值越大风险越大；比值小于1则安全。此时各种化学物的参考剂量和基准毒理值被广泛应用（Hall and Anderson，1999；Novotny and Witte，1997；Sadiq et al.，2003），但是，定量的风险评价存在不"客观"的问题，即所有的可能性推断都依靠统计模型，而统计模型的选择本身就是十分主观的。即使是最简单的假设、检验都在试验设计和过程中存在基本的主观选择，另外，定量评价对于评价中的不确定性表达也不清晰。由于种群或剂量的易变性以及毒物数据的有限，使得采用定量评价遇到很大困难，必须寻求不确定性分析。

（1）熵值法

由于其应用较为简单，当前大多数定量或半定量的生态风险评价是根据熵值法（RQ）来进行的，适应于单个化合物的毒理效应评估（EMEA，2004），它是将实际监测或由模型估算出的环境暴露浓度（EEC 或 PEC）与表征该物质危害程度的毒性数据（预测的无效应浓度 PNEC）相比较，从而计算得到风险熵值（RQ）的方法。比值大于 1 说明有风险，比值越大风险越大；比值小于 1 则安全，此时各种化学物的参考剂量和基准毒理值被广泛应用。

熵值法通常在测定暴露量和选择毒性参考值时都是比较保守的，它仅仅是对风险的粗略估计，其计算存在着很多的不确定性，例如，化学参数测定的是总的化学品含量，假定总浓度是可被生物利用的，但事实也并非完全如此。而且，熵值法没有考虑种群内各个个体的暴露差异、受暴露物种的慢性效应的不同、生态系统中物种的敏感性范围以及单个物种的生态功能。并且熵值法的计算结果是个确定的值，不是一个风险概率的统计值，因而不能用风险术语来解释，熵值法只能用于低水平的风险评价。

（2）暴露-反应法

暴露-反应法用于估测某种污染物的暴露浓度产生某种效应的数量。暴露-反应曲线可估测风险，估测某种污染物的直接影响预期结果。Ballou（1981）利用暴露-反应曲线，评价了燃煤工厂排放 SO_2 对作物生产力的影响，估计了作物减产的区域和程度（卢宏玮和曾光明，2003）。

暴露-反应研究很适用于估测风险发生的数量，以支持建立某种标准或进行风险管理分析。暴露-反应法也曾被用于建立优先权（Luo et al.，2009）。因此，这种方法的优点是可适用于多种目的，而缺点在于难以获得许多化学品和受体结合的暴露-反应数据资料。

对于评价群落和生态系统水平的效应方面，常用两种研究途径（Hall and Anderson，1999）。第一种为直接评价群落和生态系统的功能与结构变化（例如，种群多样性或初级产生力），被称为"由顶向下"（top-down）。第二种为"由底向上"（bottom-up），利用在实验室获取的较低层的组织水平效应（例如个体死亡率）的研究结果，推导群落或生态系统变化模型。前一条途径的优点是具有直接性，而缺乏有关群落和生态系统变化的生态毒理学资料。后一条途径是利用计算机和生物个体或种群对化学品的反应实验数据，评价群落水平的效应。其长处是可为生态系统中不同组分之间的传递效应作出预测，建立模型。

通过物理、统计以及数学的方法建立模型。孟东平和张金屯（2004）借助实验室实验手段建立的物理模型是对某种过程或系统的物质表达，可代表其他生态系统中类似情况或过程。总结实验结果和观测数据，可通过回归、多元变量分析及其他统计技术建立统计模型。采用分类和排序的方法，可区分某一生态系统中自然状态和不同程度污染的生物群落，描述污染物的监测结果，增加对系统的认识，并将统计模型外推到估测建模数据之外的范围，外推的重要假设是因变量与自变量的关系在观测范围内和外保持一致，还可以利用数学手段建立机制模型，目的是定量地描述表达生态系统某种生态效应现象和形成原因机理。机理模型在生态风险评价中往往也是必不可少的组成部分。但模型研究在理论上的局限也是评估者所共同重视的首要问题。

2.4　土地利用综合经济评价

2.4.1　研究目标

引入土地经济学的区位理论、地租理论等，对土地在一定的土地利用方式下的经济效益进行定量综合鉴定，分析不同地域或类型的经济效益差异，为地方经济发展中土地利用总体规划、建设用地合理布局、农用地保护等提供决策参考。

2.4.2　研究综述

（1）国外土地经济评价研究综述

国外早期的土地评价研究主要用于课税。例如，15 世纪莫斯科公国税册中记载的土地评价资料；1877 年俄罗斯著名土壤地理学家道库加耶夫在尼日戈罗德省和包勒特夫斯克省开展的土地评价工作。科学的土地评价始于 20 世纪 30 年代，土地经济评价是随着时间的推移，根据土地利用的特定类型来预测土地业绩的过程（Rossiter，1996）。世界上最早明确提出进行土地经济评价的国家是德国。德国从 19 世纪开始就几度尝试进行农耕地的评价，到 1934 年才在全国范围内作为课税的基础确定了统一的评价方法，并一直沿用至今。

与此同时，苏联在 1955 年以来大规模的土地资源调查的基础上，苏联农业部于 1976 年正式颁布了应用于地籍工作的《全苏土地评价方法》。土地评价的主要目的是为了确定土地生产能力和农业生产中最有效的利用途径，包括土地评价区划、土壤质量评价和土地经济评价 3 个部分。第一次明确提出了土地经济评价的概念。《全苏土地评价方法》认为：土地经济评价是在土壤质量评价划分的农业土壤组上，用经济指标来表示土地的质量。通常以基数产量和基数费用的比较来反映土地质量的高低，是一种简单的投入和产出分析法。评价的结果按主要作物编制各经济单位和行政区的土地评价等级图和等级表。苏联的土地经济评价仅限于对产量和生产费用的简单计算。

20 世纪 80 年代后，罗斯特提出许多土地利用决策是在决定经济值的基础上制定的。此后，有关土地经济评价内容的土地综合评价蓬勃发展起来。Tsvetnov 等（2001）曾指出，完全从用地经济评价出发，没有人可以评估土壤性质和土地功能的多样性，产生的用地成本评估也无法考虑到土壤资源及其生态系统的功能的全部价值。

20 世纪 90 年代后，FAO 又颁布了《持续土地管理评价纲要》（1993），标志着持续土地管理评价成为土地评价的又一重要方向。加拿大建立的新土地评价，把各种特定利用所要求的土地条件、土地现状属性、土地利用目的、对特定地区土地利用效益的估价等内容有机贯穿起来。著名土地科学家特纳最近提出从土地的生态经济评价、财政与经济分析、社会条件评价等方面综合分析，进行土地评价。

土地资源是由地球表面一定范围立体空间的气候、地貌、地质、土壤、水文、生物等自然要素组成，同时又时刻受到社会经济条件影响的一个复杂的自然、经济综合体（常庆瑞，2002）。而土地资源评价是继土地资源调查，解决了土地资源的类型、数量和分布后，进而解决土地资源的质量问题，是土地在一定的用途条件下评定土地质量高低。土地资源评价是战略性土地规划的一个工具，其目的是为规划、利用土地提供建议和决策依据（Rossiter，1996；Wang et al.，2006），是协调土地资源开发利用与土地资源保护之间的关系，从而达到土地资源的合理、有效利用的目的，也是实现土地资源可持续利用的基本前提。

对土地资源的评价已经有 2000 多年的历史，但比较成熟和广泛进行土地评价始于 20 世纪 60 年代，美国农业部在多年研究的基础上于 1961 年正式颁布了土地潜力分类系统（Klingebiel and Montgomey，1961）。许多国家参照其做法，综合本国国情加以修改，并在理论上加以补充，如英国的土地利用潜力分类系统（Bibby and Mackney，1969）；加拿大的土地分类系统；澳大利亚制定的土地利用系统以及日本农林省农林牧议事局制定的土地利用系统分类（日本农林省农林水产技术会议事务局，1985）等。进入 20 世纪 70 年代以后，随着土地资源评价研究的不断深入，联合国粮食和农业组织制定了依据区域开发为目的的土地适宜性评价体系，并于 1976 年颁布了《土地评价纲要》（FAO，

1976），这一纲要的颁布，大大促进了土地资源评价研究在国际上的开展，并在世界各地广泛应用。此后，联合国粮食和农业组织又组织了农业生态区计划的研究，从气候和土壤的生产潜力分析入手进行土地适宜性评价，并在非洲、东南亚和西亚实施应用，同时苏联农业部于 1976 年正式颁布了应用于地籍工作的土地生产——发生分类方案，将苏联各自然地带的土地划分为土地类、土地级、土地亚级和土地种 4 个级别（傅伯杰，1990）。FAO 于 1993 年颁布了《持续土地管理评价纲要》，标志着持续土地管理评价成为土地评价的又一重要方向（傅伯杰等，1997；张凤荣，1996）。

此后，有关土地经济评价内容的土地综合评价蓬勃发展起来（傅伯杰，1990；傅伯杰等，1997）。

无数农业土地评价的分析方法和途径向我们阐述，完全从用地经济评价出发，没有人可以评估土壤性质和土地功能的多样性。结果，评估的土壤组成部分被低估。因此，产生的用地成本评估无法考虑到土壤资源及其生态系统的功能的全部价值（Tsvetnov et al.，2007；2009）。

在土地性能预测方面比纯物理的评价更为有用，因为许多土地利用决策是在决定经济值的基础上制定的（Rost et al.，1995）。进入 20 世纪 80 年代，特纳从土地的生态经济评价、财政与经济分析、社会条件评价等方面论述了土地评价的综合分析过程。加拿大则建立了新的土地评价程序，可以把各种特定利用所要求的土地条件、土地现状属性、土地利用目的、对特定地区土地利用效益的估价等内容有机贯穿起来（傅伯杰，1990；Rossiter，1995）。

（2）国内研究综述

我国的土地经济评价始于 20 世纪 50 年代的荒地调查，60 年代的农业区划中进行了部分区域的农业土地评价研究工作。70 年代末 80 年代初，我国进行了大规模的资源调查和农业区划工作，《中国 1∶100 万土地资源图》编委会，结合我国的实际，拟定了中国 1∶100 万土地资源图分类系统，该系统分为土地潜力区、土地适宜类、土地质量等、土地限制性和土地资源单位 5 个等级。这一系统的提出，推动了我国土地评价研究的迅速发展，我国的土地经济评价正是在此后迅速发展的，尤其是随着改革开放，我国城镇土地使用权制度的改革，土地市场的进一步发育，土地经济评价的理论研究和实践工作都取得了飞跃性的进展。土地经济评价开始由地区性走向全国性；由单项资源调查走向全面的综合的评价研究，从经验上升到理论和实践的研究。

20 世纪 80 年代以来，随着计算机在资源调查与评价中的广泛应用，土地经济评价的理论与方法也在不断改进和完善，向着综合化、精确化和定量化的方向发展。陈传康（1983）采用的城镇土地经济评价是土地评价的一种类型，也是当时我国城镇土地使用制度改革、房地产市场复苏和兴起而逐步发展起来的一个新兴研究领域。它根据影响城镇土地质量的自然、社会、经济、环境等诸多因素在空间上的差异，运用一定的数理方法对城镇土地进行级别划分和价格评估。赵庚星（1996）为了摸清农用土地的利用状况，为农用地的合理利用与规划提供依据而采用的农用土地经济评价，主要是通过土地的投入与产出比关系指标综合评定土地的经济效果。

进入 20 世纪 90 年代，土地经济评价运用得更加广泛。傅伯杰（1990）在土壤质量评价划分的农业土壤组上，用经济指标来表示土地的质量。通常以基数产量和基数费用的比较来反映土地质量的高低，是一种简单的投入产出分析法。评价的结果按主要作物编制各经济单位和行政区的土地评价等级图和表。蒙吉军（2005）认为土地经济评价的实质表现在不同的自然条件与经济条件下，不同质量土地生产耗费量与提供产品量的对比关系，或在相同投入量下取得不同产出量的经济指标。长期以来，我国的土地经济评价主要是从投入-产出的角度对土地利用的内部经济效果进行评定。

土地经济评价的研究越来越受到关注，陈敏玉（2001）进行的城市土地经济评价，将城市土地的经济和自然两方面的属性及其在城市社会经济活动中所产生的作用，综合评定质量优劣差异。常庆瑞（2002）认为土地资源经济评价是指从社会和经济的角度来研究土地自然评价结果的经济可行性，是在一定利用方式下，将某一土地类型同土地利用所产生的效益相联系。凌海明（2000）对由于采煤等人为因素所破坏的土地进行复垦土地经济评价，本质上属于土地经济评价中专项土地经济评价。赵庚星等（1999）在垦利县的农地经济评价中采用了指标货币形式和能量形式结合的方法，在分别对其进行聚类分析基础上制定了农地经济评价标准表。黄裕婕等（2000）采用主成分分析综合评价模型从土地生产率、土地利用程度、土地投入强度和土地利用集约程度等方面进行了福建省土地经济分析评价。吴文友等（2004）在建立 GIS 的基础上，从土地利用现状分析、森林资源资产评估、土地利用生态合理性分析 3 个方面对大山村土地资源生态经济进行了评价。赵庚星等（1997）用聚类分析方法，通过投入与产出比例关系指标对山东省农用地进行了经济评价。

同时，随着近年来国内城镇土地使用制度改革、房地产市场的复苏和兴起，城镇土地资源经济评价逐渐成为新的热点研究领域。随着我国大批铁路、公路等基础建设项目的立项、施工，长距离、大范围的土地征用带来了一系列的社会环境问题。针对基础建设项目所造成的土地经济损失，而开展的土地经济定量评价已成为土地资源评价研究的热门领域。例如，姚炎明和王英（1999）通过引用投资项目经济评价中的土地机会成本概念及有关模式参数，分析计算公路建设项目所征土地的原有价值，提出所征用土地经济损失评价的定量方法。

土地资源评价是查清土地质量状况以及掌握它们动态变化信息和规律的一项基础性工作，是土地利用规划的主要依据，也是合理、持续利用土地的重要手段（胡廷兰和杨志峰，2004；Blume，2000），也是协调土地利用、开发与保护之间的关系，实现土地可持续发展的基本前提（刘建军等，2001）。

在我国，对土地的评价源于远古时代。早在公元前四世纪的战国时期，《禹贡》一书中就曾记载了有关土壤的一些知识。其中，描述九州的地理分布状况及肥力等级，可以说是世界上有关土壤分类和等级评定的最早记载（倪绍祥，1999）。我国大规模的土地评价是新中国成立之后的查田定产工作的开展，以后在全国第二次土壤普查所制定的暂行技术规程中划分了土地生产力分级标准。一直到国土资源大调查专用的《农用地分等定级规程》（国土资源部，2001 年 3 月）的颁布，我国土地评价逐步走向了成熟。

中国土地经济评价把土地资源学、经济学、地理学以及其他相关学科结合起来研究，以此来探讨土地资源的空间属性、时间属性以及经济属性，以便更好地为社会经济建设服务（徐中春等，2008）。

基本理论:

作为土地评价的一种,土地经济评价是一个复杂的系统,涉及一系列经济理论,如土地生产力理论、区位理论、地租地价理论、市场供求理论等(倪绍祥,1999;蒙吉军,2005)。

(1)土地生产力理论

由于自然条件存在地区(或区域)性差异,因而土地(地块)具有不同的生产率。在一定社会发展阶段,土地生产率也受到劳动投入量大小的影响。土地经济评价可视为在不同自然条件和社会条件下,不同土地的生产耗费量与提供产品量的对比关系。因此,土地经济评价也可视为根据土地评价的一般原理,对土地(地块)的投入-产出效益的综合评定。

对不同土地(地块)进行经济评价时,首先要研究和选择对当地土地的生产率起主导作用的自然和经济因素,进而对诸因素进行量化(评分),估算各个自然、社会、经济因素与土地生产率之间的不同权重关系,然后用定性和定量方法进行土地经济级别的评定。从这个意义上来讲,土地经济评价就是对土地自然属性和经济属性的综合评定,并以在相同的劳动投入量的条件下,不同地块的生产率差异(或不同质量的地块及其投入和产出的效率)作为评定土地经济级别的标准。

(2)土地区位理论

区位是由自然、经济和社会各要素之间相互作用而形成的一个综合实体的概念;是自然界的各种地理要素和人类社会经济活动之间的相互联系和相互作用在空间位置上的反映;也是自然地理区位、经济地理区位和交通地理区位在空间地域上有机结合的具体表现。具体而言,区位除了解释为地球上某一事物的空间几何位置,还强调自然界的各种地理要素和人类经济社会活动之间的相互联系和相互作用在空间位置上的反映。

区位理论是关于人类活动的空间分布及其空间中的相互关系的学说。具体地讲,是研究人类经济行为的空间区位选择及空间区域内经济活动优化组合的理论。

德国经济学家冯·杜能于1826年完成了农业区位论专著——《孤立国对农业和国民经济之关系》(简称《孤立国》),是世界上第一部关于区位理论的古典名著。20世纪初,德国经济学家阿尔申尔德·韦伯提出了工业区位论,其理论的核心就是通过对运输、劳力及集聚因素相互作用的分析和计算,找出工业、企业产品生产成本的最低点,作为工业企业选址的理想区位。近代区位论以德国著名的地理学家克里斯塔勒提出的中心地理论为标志。

区位理论包括自然地理区位、经济地理区位和交通地理区位,无论是城镇建设用地还是农业用地,都具有一定的区位条件。土地的区位条件不仅影响到土地的功能配置和利用布局,更主要的是影响土地的使用价值和土地利用的收益水平,产生土地利用的级差收益。因此,在土地经济评价中必须要考虑土地的区位对土地经济效益单位贡献。既要考虑一般的区位因素,如农业土地距离集镇、村庄和乡间道路等的距离,以及城镇土地离道路、商业中心和车站码头等的距离,也还应该考虑某些特殊的区位因素,主要是指影响土地收益的某些微观区位条件,如对城镇土地有着显著影响的高速公路的出口、桥梁的位置等。

(3)地租地价理论

地租(rent)来自拉丁文,原意为"报酬、收入",现代西方经济学认为,地租是使用土地而支付的报酬。地租是土地经济学的最基础理论和核心部分。从地租理论与地价的关系来看，地租理论从质和量的方面揭示了地价产生的根源，地价则是地租的资本化。就各种社会经济形式下的地租而言，地租最一般的特征是直接在一定产业中所创造的生产物被土地所有者占有的部分，是土地所有权在经济上的表现形式。

土地的价值来源于它的劳务和产品的收益。土地的收益是确定价值的基础，而土地价格是土地价值的货币表现。地价理论是建立在地租理论之上的一种理论。土地估价，就是根据土地质量的优劣、生产率的高低等来确定其价值或价格的经济评价。根据马克思在《资本论》中阐明的原理，按照地租产生的原因和条件的不同，将地租分为三类：级差地租、绝对地租和垄断地租。前两类地租是资本主义地租的普遍形式，后一类地租（垄断地租）仅是个别条件下产生的资本主义地租的特殊形式。以级差地租为例，它是指土地的农产品的个别生产价格受市场调节的生产价格之间的差额所形成的超额利润。形成级差地租的条件有三种：①土地肥沃程度的差别；②土地位置的差别；③在同一地块上连续投资产生的劳动生产率的差别。级差地租的存在形式有两种：①级差地租 I 是指等量资本投在不同自然条件下的相同面积土地上，所产生的超额利润转化而形成的级差地租；②级差地租 II，是由在同块土地上连续追加资本的生产率不同，所产生的超额利润转化而成的级差地租。土地经济评价的一般有效途径，就是测定这些级差地租，并通过对地租的资本化来评估土地的价格，从而用货币单位对土地做出经济评定。

由于土地区位不同，土地将表现为不同的使用价值和价格。这样，区位差异就成为衡量地租的标尺，而地租则成为土地使用价值的指示器，是自发调节土地用途的经济杠杆。所谓土地价格，可解释为购买土地所有权的价格。地租和地价的定量关系可表示为

$$V = \frac{R - C}{r}$$

式中，V 为土地价格；R 为预期总收益，指在正常管理水平、正常市场状况、最佳土地利用形态时的收益；C 为预期总成本，包括各种税费、运营成本、建筑物折旧费用等；R 为贴现率，与一般通行利率、投资风险有关。

（4）土地供求理论

土地的供给和需求是决定土地价格高低的主要因素。无论是对土地的投入，还是土地所提供的劳务和产品，都受到市场供求关系的影响和制约。通常而言，供给大于需求，价格趋低；需求大于供给，价格趋高。因此，在土地经济评价中必须要考虑到投入和产出的市场供求状况。土地供求关系的另一层含义是将整个土地作为商品而言的。特别是在完全市场价格经济条件下，不仅土地的流转会受到土地供求关系的影响，而且土地价格也会受到土地供求关系变动的很大影响。当然，土地作为一种特殊商品具有与其他商品不同的特点，表现为土地的供求平衡是相对的、暂时的；反过来说，土地供不应求关系是绝对的、普遍的。一般而言，地价的趋势是逐步上升的。

2.4.3 评价指标与模型

土地经济评价，是指土地在一定的土地利用方式下对其经济效益的综合鉴定。根据土地利用评价的原理，综合的经济评价应当包括：土地利用的投入、产出和利

用程度三方面内容；其下，再依据不同地域特点和指标构成组分，可进一步细分为子目标、因素等。因此，构建村镇土地综合经济评价指标体系应当采用多目标、多层次的方法。

（1）指标体系

第一级指标为乡镇土地经济综合评价指数。

第二级指标包括乡镇土地投入程度、乡镇土地利用程度与乡镇土地产出程度3个复合指标。

第三级指标包括8个子指标，每个指标表述乡镇土地经济综合评价的3个子系统其中一个方面的特征。

第四级指标是最基层的指标，共有27个。这样就构成了一个由4个层次组成的指标体系，见表2-2。

表 2-2 乡镇土地经济评价指标体系

总目标	二级指标	三级指标	四级指标
乡镇土地经济评价（A）	乡镇土地投入程度（B_1）	土地生产效率均衡指标（C_1）	农作物的总播种面积（D_1）
			粮食单产（D_2）
			单位土地面积的种植业收入（D_3）
			农作物的总产量（D_4）
			复种指数（D_5）
		生产资料投入均衡指标（C_2）	单位耕地面积农药使用量（D_6）
			单位耕地面积化肥施用量（D_7）
			单位耕地面积农业机械总动力（D_8）
			单位面积用电量（D_9）
	乡镇土地利用程度（B_2）	土地社会条件影响指标（C_3）	单位面积土地的农业产值（D_{10}）
			单位面积耕地从业人员（D_{11}）
			单位农作物播种面积农村经济费用（D_{12}）
			农业收入在农村经济总收入中的比率（D_{13}）
		土地环境条件影响指标（C_4）	城镇化率（%）（D_{14}）
			人口密度（%）（D_{15}）
		土地结构条件影响指标（C_5）	粮食播种面积占农作物播种面积的比率（D_{16}）
			土地垦殖指数（D_{17}）
			林地面积比率（D_{18}）
			建设用地面积比率（D_{19}）
			园地面积比率（D_{20}）
	乡镇土地产出程度（B_3）	经济效益协调性指标（C_6）	农林牧渔业总产值（D_{21}）
			单位土地面积农业收入（D_{22}）
			单位耕地面积的粮食产量（D_{23}）
		经济稳定协调指标（C_7）	粮食播种面积（D_{24}）
			粮食的总产量（D_{25}）
		经济技术协调指标（C_8）	人均耕地面积（D_{26}）
			人均纯收入（D_{27}）

（2）评价模型

按照数学原理，上述指标体系中各变量关系的一般模型如下。

$$P_{RTSD} = F(X_1, X_2, X_3, \cdots, X_i, W_i) \quad (i = 1, 2, 3, \cdots, n)$$

$$= \sum_{i=1}^{n} X_i W_i$$

式中，P_{RTSD} 为乡镇土地综合经济指数；X_i 为评价的子指标；W_i 为权重。结合本书构建的乡镇土地经济评价的指标体系，本书所采取的具体评价模型为

$$P_{RTSD} = F(B_1, B_2, B_3, W_i) \quad (i = 1, 2, 3)$$

$$= B_1 W_1 + B_2 W_2 + B_3 W_3$$

式中，P_{RTSD} 为乡镇土地经济发展指数；B_1 为乡镇土地投入程度指数；B_2 为乡镇土地利用程度指数；B_3 为乡镇土地产出程度指数；W_i 为相应的指标权重。根据本书构建的乡镇土地经济评价指标体系，各级指标得分的计算公式为

$$B_1 = F_{B_1}(C_1, C_2, W_i)$$

$$C_1 = F_{C_1}(D_1, D_2, D_3, D_4, D_5, W_i)$$

$$C_2 = F_{C_2}(D_6, D_7, D_8, D_9, W_i)$$

$$B_2 = F_{B_2}(C_3, C_4, C_5, W_i)$$

$$C_3 = F_{C_3}(D_{10}, D_{11}, D_{12}, D_{13}, W_i)$$

$$C_4 = F_{C_4}(D_{14}, D_{15}, W_i)$$

$$C_5 = F_{C_5}(D_{16}, D_{17}, D_{18}, D_{19}, D_{20}, W_i)$$

$$B_3 = F_{B_3}(C_6, C_7, C_8, W_i)$$

$$C_6 = F_{C_6}(D_{21}, D_{22}, D_{23}, W_i)$$

$$C_7 = F_{C_7}(D_{24}, D_{25}, W_i)$$

$$C_8 = F_{C_8}(D_{26}, D_{27}, W_i)$$

（3）评价方法与步骤

目前国内土地经济评价研究所采用的方法一般为综合评价方法，此评价主要采用专家咨询法和因子分析法来筛选区域土地经济的评价指标，指标权重确定的方法主要采用层次分析法，最后构建区域土地经济的综合评价模型。

层次分析法（简称 AHP）是美国匹兹堡大学教授 Saaty 提出的一种系统分析方法。将定量与定性相结合，把人们的主观判断用数量形式来表达、处理。其特点是具有高度的逻辑性、系统性、简洁性和实用性，现已广泛用于社会经济系统的预测分析。基本步骤如下。

首先，建立层次结构模型。把要解决的问题分层系列化，即依据问题的性质和要达到的目标，将问题分解为不同的组成因素，按照因素之间的相互影响和隶属关系将其分层聚类组合，形成一个递阶的、有序的层次结构模型。

其次，构造判断矩阵。对模型中每一层次因素的相对重要性，依据人们对客观现实的判断给予定量表示，再利用数学方法确定每一层次全部因素相对重要性次序的权值。

最后，通过综合计算各层因素相对重要性的权值，得到最低层相对于最高层的相对重要性次序的组合权值，并进行一致性检验，以此作为评价和选择方案的依据，或者逐层地进行层次单排序、层次总排序、一致性检验。

2.4.4 评价的内容、方法

土地经济评价的内容很多，根据土地利用的性质不同，可分为农用土地经济评价和城市土地经济评价。农用土地经济评价就是农用土地开发利用效益分析，评定土地投入与产出的效率效果；城市土地经济评价就是城市土地价值的评估。根据评价结果的不同，土地经济评价又可分为区域土地经济评价和项目经济评价（谢晓华等，2000）。乡镇土地经济评价属于区域土地经济评价的范畴，运用农用土地经济评价的方法，是广泛的社会经济分析过程，即分析一个地区内各种土地利用类型，在各种土地类型上的经济可行性。

2.4.4.1 农用土地经济评价

农用土地经济评价分为农用地的等级评定、农用地估价和农用地基准地价评估。

（1）农用土地分等定级

农用地的等级评定简称农用地分等，是指在行政区域内，依据构成土地质量的自然因素和社会经济因素，根据农用地的投入和产出指标资料的分析和计算，划分和确定经济意义上的农用地等级。具体来讲，就是按照标准耕作制度，在自然质量条件、平均土地利用条件、平均土地经济条件下，根据规定的方法和程序进行的农用地质量综合评定，所划分出的农用地等级。农用地分等定级的最终目的是为了科学量化农用的质量及其分布，落实占用耕地补偿制度，实现区域耕地占补平衡目标，为土地整理、基本农田保护、农用地估价、科学核算农用地生产潜力及其他有关土地管理工作服务。

（2）农用地估价

农用地估价是指在正常条件下，依据国家颁布的《农用地估价规程》规定的估价原则、方法和要求，对农用地进行价格的评估。其实质是在农用地分等定级工作的基础上对其经济价值的量化和评价，直接以货币形式表示出其质量高低。近年来，随着市场经济的不断深入和发展，人们的市场经济意识和价值观念不断增强，特别是对土地资产的价值有了更为深刻的认识，人们已由过去对城镇土地重视发展到现今对农用地的高度重视。因此，农用地的估价显得日趋重要。通过农用地估价可为农用地流转中、农用地开发整理、土地整理项目管理国家征用集体土地提供依据和价格参考。对农用地进行估价时，要考虑农用地资料的可获取性、政策法规的控制性、评估结果的应用性，目前在评估宗地农用地质量价格时，收益还原法是常用的主要方法之一（闫天龙和曹照平，2006）。

（3）农用地基准地价评估

农用地基准地价评估是指市（县）政府根据需要对农用地不同级别或不同均值区片，

按照农用地不同利用类型，分别评估确定各级别农用地的某一估价期日的土地使用权单位面积平均价格。其评估范围包括县（市）行政区内现有农用地和宜农未利用地。农用地基准地价评估对推动集体土地使用制度改革和加强农用地管理具有重要作用。目前，我国农用地分等定级实践研究很多，其技术思路和方法已经成熟，而农用地价格构成及农用地基准地价的评估仍然有较大争议。

2.4.4.2　城镇土地经济评价

城镇土地经济评价的实质是城镇土地价值的确定，它是随着近年来我国城镇土地使用制度改革、房地产市场复苏和兴起而逐步发展起来的一个热点领域，其主要研究内容是根据影响城镇土地质量的自然、社会、经济、环境等诸多因素在空间上的差异，运用一定的数理方法对城镇土地进行级别划分和价格评估。包括城镇土地分等定级、城镇土地估价和城镇基准地价评估。

（1）城镇土地分等定级

城市土地经济评价的主要任务之一是土地分等定级（郑润梅和路小仓，2004）。城镇土地分等是通过对影响城镇土地质量的社会、经济、自然因素的综合分析，对一定地域范围内城镇土地利用效益高低的划分，揭示城镇之间土地质量的地域差异，运用定量与定性相结合的方法对城镇进行分类排队，评定城镇土地等级。也就是说，"等级"反映了城镇之间土地的地域差异；城镇土地定级是根据城镇土地的经济、自然两方面属性及其在社会经济活动中的地位、作用，对土地使用价值进行综合分析，揭示城镇内部土地质量的地域差异，评定城镇土地的等级。"定级"反映城镇内部土地利用效益的差异。无论是城镇土地的分等还是定级，其最终目的都是揭示城镇土地的区位条件和利用效益上的差异，为城镇土地价格的评估提供基础。因此，城镇土地分等定级从广义角度上讲应该属于城镇土地的经济评价之列。

（2）城镇土地估价

宗地地价评估，是指根据《城镇土地估价规程》的规定，在分析影响城镇土地质量差异的自然、社会、经济、区位、环境等因素的含义及相互关系的基础上，根据评估目的、待评估宗地自身的特点和当地土地市场状况，选择适宜的估价方法对待评估宗地的权益进行分析，评估出的待评估宗地在某一期日的土地使用权的价格。宗地地价具有自身特点：自身的特殊性；目的的多样性；时效性；公正性。城镇土地估价方法主要有收益还原法、成本逼近法、剩余法、基准地价系数修正法等。随着城镇土地使用制度的改革和进一步完善，城镇土地估价已成为土地经济评价研究的热点领域之一。

（3）城镇土地基准地价评估

城镇土地基准地价评估实质上是城镇土地定级的深入和量化。如果将城镇土地定级看成为城镇土地质量的定性分析，那么城镇基准地价评估则是定量分析。所以，基准地价评估和土地定级两者是相互承接的。城市基准地价是国家征收土地使用税和政府编制城市土地利用规划的依据，同时也是进一步评估宗地地价的基础。因此，城市基准地价评估方法的科学性与评估结果的准确性直接影响着土地资源的合理配置和土地资产的科学管理。

2.4.5 评价结果分析

1）确认评价级别与标准：在对指标评价值进行衡量时，借鉴国内外的相关研究，将评价值划分为几个等级作为评价分级标准。本研究采用 0～1 的评价值衡量标准，将评价值划分为 5 个等级，每个等级包含一定范围的标准水平。孟州市乡镇土地经济综合评价标准，见表 2-3。

表 2-3 乡镇土地经济评价指标分级

级别	标准界限	发展等级
理想	0.8～1	发达
良好	0.6～0.8	比较发达
一般	0.4～0.6	一般发展
不理想	0.2～0.4	比较落后
差	0.2 以下	落后

2）应用分析：按照评价分级结果，结合评价区域实际，提出可供土地利用总体规划、基本农田保护等的建议与措施。

2.5　土地可持续利用评价

2.5.1　研究目标

按照可持续发展的新理念，对目前土地利用的综合效益进行定量评估，提出未来可持续利用的对策。本次引入景观生态学前沿理论——生态足迹，采用定量方法，估算土地利用中生态足迹与生态承载力，利用生态盈余或赤字的定量定性数据，判定土地利用的可持续性，为土地利用和耕地保护提供可持续性的策略建议。

2.5.2　研究综述

（1）国外土地可持续利用研究

Thinh 等（2002）通过建立土地利用方式和模式的数据库，从可持续发展的角度对城市土地利用结构进行了评价；Osinski 等（2003）对土地可持续利用生物指标的应用进行了阐述；Wiggering 等（2006）鉴于评价土地可持续发展的指标或是经济方面或是生态景观，他们提出把社会经济要求与土地景观潜力相结合作为多功能土地利用的指标评价土地可持续利用情况；Wang 等（2006）通过对全球长期耕地保护研究的回顾，探讨了耕地保护对土地可持续利用、养分供应和作物产量的长期影响；Cousins 等（2007）综合社会和生物角度，对 Namaqualand 的土地可持续利用情况进行展望；Huffman 和 Fukunaga（2008）从房主和承租人之间的合同来分析美国的土地可持续利用，他们从中得出一个结论，在不同的经济、技术、气候、生态和政治条件下，相对于现金租赁合同，物权共享合同具有可持续的优势；Walter 和 Stützel（2009）介绍了一种评价土地利用系统可持续性的新方法，并把这种新方法应用于德国西北地区农业区域的评价。

对于土地可持续利用内涵研究,马克思在《资本论》中说过:"土地在利用过程中,只要处理得当,就会不断改良,成为时代相传的永久性的生产资料"(卡尔·马克思,1975);土地资源可持续利用不仅包括土地资源本身的持续性,还包括社会效益、生态效益、经济效益的可持续性等方面。由于侧重点不同,不同学者对土地可持续利用的内涵有不同的理解。

(2)国内土地可持续利用评价研究

"生态-经济-社会"体系是目前比较普遍使用的土地利用系统分解方案。代表人物有傅伯杰、陈立顶、徐梦洁等;以"生产性-安全性-稳定性-经济可行性-社会可接受性"体系设计评价指标体系的学者有张凤荣、张梅等;从"资源-环境-经济-社会"4个方面构建土地可持续利用评价指标体系,如尹君、刘彦琴等。

近年来,应用生态足迹模型对我国土地利用开展土地可持续利用评价的研究逐渐多起来。刘富刚(2008)通过计算德州市2002~2006年的土地利用生态足迹,得出德州市生态赤字呈逐年递增的趋势,建议对德州市的土地系统结构和功能进行调整,以提高德州市土地资源可持续利用能力;梅志敏(2009)采用生态足迹法对2005年贵州省土地利用生态足迹和生态承载力进行测算,以此推断贵州省土地利用的可持续性;栗滢超(2009)根据河南省1998~2007年的相关数据,计算了河南省耕地人均生态足迹和人均生态承载力,并研究了2007年河南省18个地市的人均生态需求与供给情况,最后提出保证粮食增产的建议。章鸣(2004)、季奎(2007)、张晓娜(2009)、于金媛(2009)等都用生态足迹模型分别对杭州市、佛山市南海区、大连市、陕西省、西藏等地的生态足迹予以计算,得出选取区域的土地利用是否在其生态承载力范围内,以此判断选取区域的土地利用是否处于可持续状态,最后给出对策和建议。

对于土地可持续利用内涵研究,与国外学者一样,我国学者也从不同角度对土地可持续利用的定义和内涵进行了研究和探讨。尹君(2001b)从时间维、空间维、空间比例尺、数量尺度以及不同发展程度国家价值观角度探讨了土地可持续利用的内涵,认为"可持续性土地利用是在土地利用过程中,保证土地资源永续利用情况下,使土地资本(包括人力资本,即知识技术、人造资本、自然环境资本)总量不断增长";一些学者认识到FAO于1993年可持续土地利用概念的局限性,如刘康(2001),他从系统论及环境协调论出发,通过对土地利用系统及其特点的分析,从系统与环境相互作用的角度,重新阐述土地利用可持续性的涵义;周宝同(2004)在分析土地资源类型特征的基础上,论述了土地可持续利用的基本内涵,包括维护环境稳定、资源合理开发、资源质量优化和结构优化、系统功能正常发挥4个方面;胡文忠等(2004)就土地资源的自然、社会、经济属性分析了土地可持续利用的内涵,认为土地的自然属性是土地可持续利用的基础,合理利用是可持续的前提,永续利用是基本内涵,土地的自然、社会、经济属性也规定了土地可持续利用的基本特征。

尽管我国学者对土地可持续利用的定义不尽相同,但他们注重把握和挖掘可持续利用的内在本质,并试图在定义中将其表现出来,对理解土地可持续的内涵有很大的启发和帮助,对土地可持续利用内涵的探讨,有助于认识土地资源可持续性问题,从而有利于土地可持续利用评价。

2.5.3 生态足迹法评价的科学理论

（1）生态足迹的概念与意义

生态足迹（ecological footprint，EF），也有人称之为生态空间占用，最早是由加拿大生态经济学家 Rees 和 Wackernagel（1992）提出的，在他的基础上，Rees 和 Wackemagel（1996）进一步完善了该方法，提出生态足迹的概念，即："任何已知人口（某个个人、一个城市或一个国家）的生态足迹是生产这些人口所消费的所有资源和吸纳这些人口所产生的所有废弃物所需要的生态生产性土地的总面积和水资源量"。关于生态足迹的概念，Willian 曾将其形象地比喻为"一只负载着人类与人类所创造的城市、工厂……的巨脚踏在地球上留下的脚印"。这一形象化的概念，既反映了人类对地球环境的影响，也包含了可持续发展机制，即当这只巨脚超出地球所能提供的土地面积时，那么它承载的人类文明将要毁于一旦。

（2）生态足迹分析法的基本原理

生态足迹评价的原理是：人类要维持生存必须消费各种产品、资源和服务，人类的每一项最终消费的量都追溯到提供生产该消费所需的原始物质和能量的生态生产性土地的面积。因此，从理论上来说，人类的每一项消费都可以转换成该消费项目相应的生态生产性土地的面积。生态足迹模型提供了一种衡量人类对生态生产性土地的利用程度与生态生产性土地能为人类提供的生命支持服务功能的方法。在生态足迹的应用中，用人类的消费需求来计算生态足迹，生态生产性土地的供给能力来计算生态承载力，通过生态足迹的核算，可以揭示出某一地区或国家生物资源的消费需求与供给能力的平衡状况，还可以揭示出资源消费的构成。

生态足迹法将一个地区或国家的资源、能源消费同自己所拥有的生态能力进行比较，通过比较判断该国家或地区的发展是否处于生态承载力的范围内，是否具有安全性。因此，通过跟踪一个地区或国家的能源和资源消费，并测量提供这些资源和能源所需要的生态生产性土地面积与地区或国家能提供的这种生态生产性土地面积之间的差值具有重要的意义。

（3）生态足迹与土地可持续利用的关系

生态足迹分析法是从生态土地供需平衡的宏观角度阐释了土地可持续利用内涵。基于生态足迹模型的土地可持续利用评价依据生态足迹模型理论，定量评价某一地区或国家的土地利用活动产生的生态效应是否在生态承载力范围内。用土地供给代表生态承载力，用需求计算生态足迹，根据对两者的比较来判断人类对土地的利用是否在土地生态承载力的范围之内。两者的差值如果为正表示生态盈余，说明该地的土地利用处于相对可持续状态；所得的值为负表示生态赤字，表明该地区的土地的供给能力不能适应经济发展对土地的需求，该地区的土地利用处于不可持续的状态，这在一定程度上反映了土地资源可持续利用的潜力或危机。生态足迹法为土地可持续利用评价研究提供了重要的理论和方法依据，利用生态足迹分析法得出的结果有利于研究地区土地利用结构和功能的调整，以提高土地可持续利用能力。

2.5.4 生态足迹法评价的指标体系

1）生态生产性土地：其也可以称为生物生产性土地，是指具有生态生产能力的土地或水体。它是生态足迹计算的基础，即对消费进行追踪并将其转换为现有技术条件下用于支持资源消费和消纳废弃物所需要的生态生产性土地面积。

2）均衡因子：均衡因子描述的是在特定年份中，某种生态生产性土地类型（如耕地、建设用地）相对于世界所有类型的生态生产性土地的世界平均潜在生物生产力，反映不同土地利用类型之间的潜在生产力的差异。

3）产量因子：指特定年份中，一个国家和地区某种生态生产性土地类型的生产力与该类土地的世界平均生产力的差异程度，以比值来表示，即反映当地与全球平均生产力之间的差异。

4）生态足迹：生态足迹也可以成为生态足迹需求，就是在一定的技术水平下，维持一定人口数量某一物质消费水平的人类生存的生态生产性土地的面积。其计算公式为

$$EF = N \times ef$$

其中，

$$ef = \sum r_j A_j = r_i \times \sum (c_i / p_i)$$

式中，EF 为总的生态足迹；N 为人口数；r_j 为均衡因子；j 为生物生产性土地类型（j=1，2，…，6）；i 为所消费的商品与投入的类型；c_i 为 i 种商品的人均消费量；p_i 为 i 种消费商品的平均生产能力；c_i/p_i 即 A_j 代表人均 i 种交易商品折算的生态生产面积。

5）生态承载力：生态承载力也被称为生态足迹供给，是与生态足迹相对应的概念，它最早来源于生态学，是可持续发展的基础。一个地区或国家所能提供给人类的生态生产性土地面积的总和为该地区或国家的生态承载力，以表征该地区或国家的生态容量（杨开忠等，2000）。其计算公式为

$$ec = \sum a_j \times r_j \times y_j, \quad EC = ec \times N$$

式中，ec 代表人均生态承载力（hm²）；a_j 代表实际人均占有的第 j 类生态生产土地面积；r_j 如前所示代表均衡因子；y_j 代表产量因子；EC 为总的生态承载力；N 代表区域总人口。

6）生态盈余或赤字：生态赤字和生态盈余是用来衡量一个区域可持续发展程度的重要指标，生态承载力与生态足迹的差值就是生态赤字或生态盈余，差值为正表示生态盈余，相反，差值为负代表生态赤字。公式为

$$ED(ER) = EC - EF$$

公式中，ED 为生态赤字；ER 为生态盈余；EC 为区域总生态承载力；EF 为区域总生态足迹。当 EC＞EF 时，则产生 ER，表明区域生态盈余；相反，若 EC＜EF 则产生 ED，表明该区域出现了生态赤字。

生态足迹的计算涉及很多因素，结合研究的实际，本研究选取以下几个因子。

1）生态生产性土地：生态生产性土地也可以称为生物生产性土地，是指具有生态生产能力的土地或水体，它是生态足迹计算的基础，即对消费进行追踪并将其转换为现有技术条件下用于支持资源消费和消纳废弃物所需要的生态生产性土地面积。自然资本通过生态生产来产生自然收入，其自然收入的能力由生态生产力衡量。由于自然资本总

是与一定的地球表面联系，因此，生态足迹法用生态生产性土地的概念来代替自然资本（陈东景等，2001）。"生态生产性土地"是生态足迹分析法对各类自然资本提供的统一度量基础，事实上，生态足迹分析法的所有指标都是基于生态生产性土地这一概念而定义的（杨开忠等，2000）。它由地球上具有生态生产能力的耕地、建筑用地、草地、化石能源地、林地和水域（广义的土地资源）6 个部分组成。永城市 2008 年的耕地面积为 137210.27 hm^2，人均约 0.1 hm^2；建设用地为 34392.81 hm^2，人均约 0.025 hm^2；草地面积较少，仅 20.17 hm^2，人均面积微乎其微；林地面积 3912.97 hm^2，水域面积 1248.51 hm^2。从理论上来说，化石能源用地是人类应该留出用于吸收 CO_2 的土地，这是因为生态平衡是土地可持续利用的基本条件，但在实际中，我们并没有保留这样的土地。

2）均衡因子和产量因子：均衡因子（equivalence factor），描述的是在特定年份中，某种生态生产性土地类型（如耕地、建设用地）相对于世界所有类型的生态生产性土地的世界平均潜在生物生产力，反映不同土地利用类型之间的潜在生产力的差异（刘艳中，2009）。在生态足迹计算中，各种资源和能源消费项目折算成相应的耕地、草地、林地、建设用地、水域和化石能源用地，由于上述 6 类生态生产性土地的生物生产力不同，要将这些具有不同生物生产力的生态生产性土地面积相加，必须要将它们进行转化，均衡因子解决了这一难题。将计算得到的各类生物生产面积乘以均衡因子，均衡处理后的这 6 类生态生产性土地面积即为具有全球平均生态生产力的、可以相加的世界平均生物生产面积。本研究采用的是目前常用的均衡因子，见表 2-4。

表 2-4　采用的均衡因子

生态生产性土地类型	耕地	草地	林地	建设用地	水域	化石能源用地
均衡因子	2.8	0.5	1.1	2.8	0.2	1.1

注：假设建设用地占用了农业用地，因此，建设用地的均衡因子和耕地的一样

产量因子（yield factor）：描述的是特定年份中，一个国家和地区某种生态生产性土地类型的生产力与该类土地的世界平均生产力的差异程度，以比值来表示，即反映当地与全球平均生产力之间的差异（刘艳中，2009）。它就是一个将各国各地区同类生态生产性土地转化为可比数值的参数。不同国家和地区，同类型的生态生产性土地单位面积的生态生产力也存在很大差异，因此，不同国家和地区的同类生态生产土地的实际面积是不能直接进行对比的，需要用产量因子对不同类型的面积进行调整，用于生态承载力的计算。本研究采用的产量因子则沿用 Wack-ernagel 计算中国生态足迹时所采用的值，见表 2-5。

表 2-5　产量因子

生态生产性土地类型	耕地	草地	林地	建设用地	水域	化石能源用地
产量因子	1.66	0.19	0.91	1.49	1	0

3）生态足迹与生态承载力：生态足迹（ecological footprint），也可以成为生态足迹需求，就是在一定的技术水平下，维持一定人口数量某一物质消费水平的人类生存的生态生产性土地的面积。生态足迹是既定技术水平和消费水平下人类对环境的压力大小，也是人类维持生存而对环境提出的需求。它将人类社会的消费活动转化为提供这些消费

活动所需要的土地面积，这些土地提供人类消费所需的物质，同时消纳废弃物的排放。

生态足迹的计算是基于两个基本事实：一是人类可以计算出自身消费的绝大多数资源以及产生的废弃物的数量；二是这些资源和废弃物能转换成相应的生态生产性土地面积。它假设所有类型的物质消费、能源消费和废水处理需要一定数量的土地面积和水域面积，并且各类土地在空间上是互相排斥的，例如，一块用作耕地的地块上不能同时用作森林、牧草地等。利用这种"空间互斥性"我们可以把各类生态生产性土地相加，从宏观上认识自然系统的总供给能力和人类对自然的总需求。

生态承载力的基本涵义包括 3 个方面，分别为生态系统的弹性力大小、资源子系统与环境子系统的供容能力大小，以及系统可维持的一定生活水平的人口数量，其中，生态弹性力是生态承载力的支持条件，资源承载力是生态承载力的基础，环境承载力是生态承载力的约束条件。生态承载力的计算方法是区域内人均各类生态生产性土地面积与均衡因子和产量因子的乘积。

4）生态赤字或盈余：生态赤字和生态盈余是用来衡量一个区域可持续发展程度的重要指标。当某地区的生态承载力小于生态足迹时，表明该地区的人类负荷超过了其生态容量，该地区的生态容量不足以支撑其人类负荷，其发展模式处于相对不可持续状态；当生态承载力大于生态足迹时，则表明该地区的生态容量可以支持其人类负荷，地区内自然资本的收入流大于人口消费的需求流，地区自然资本总量有可能得到增加，地区的生态容量有望扩大，该地区消费模式具有相对可持续性。

通过计算某一地区生态赤字或者生态盈余的具体值，有助于分析该地区生产与消费关系，以及量化研究该地区的可持续发展程度。

2.5.5　评价结果分析

依照生态盈余或赤字，分析判断土地利用的可持续与否。结合评价地区的实际土地利用现状、社会经济发展水平、产业结构等，提出相应的调整对策与措施，以确保土地的可持续利用。

3 村镇土地利用数据库建设标准与规范研究

3.1 村镇土地利用数据库设计要求

3.1.1 数据库基本定义

3.1.1.1 数据库

顾名思义，数据库是指按照数据结构来组织，存储和管理数据的仓库；是依照某种数据模型组织起来并存放二级存储器中的数据集合。这种数据集合要求尽可能不重复，以最优方式为某个特定组织的多种应用服务，其数据结构独立于使用它的应用程序，对数据的增、删、改和检索由统一软件进行管理和控制。

3.1.1.2 土地利用数据库

土地利用数据库是根据数据库建设流程，按照一定的数据模型对土地利用的调查数据、统计数据等进行有效的组织和管理，并为土地利用、土地可持续、土地评价等土地管理工作提供数据信息支持。

3.1.2 村镇土地利用数据库建设的目标任务

3.1.2.1 数据库建设

根据二次土地调查总体方案和数据库建设相关标准、规范的要求，以本次调查和统计的土地利用、土地权属、农户对土地投入及产出、基本农田、土壤质量等相关数据为基础，利用计算机、MapGIS、数据库和网络等技术，建立集遥感影像、土地权属、土地利用、土地质量、土地利用相关经济指标等为一体的村镇土地利用数据库。

3.1.2.2 数据库建设的目标任务

土地利用数据库是反映土地资源空间分布状况的大尺度数据，是进行可持续宏观决策研究的重要依据，是实现土地管理信息化、全面管理土地资源重要的数据平台。

建立土地利用数据库有多方面的目的，综合来说，有以下几点。

1）存储与土地利用相关的数据，包括与土地利用相关的自然属性：土地质量、土地利用类型、土壤状况等，与土地相关的各种社会经济属性：农业机械化、农业人口对土地利用的影响、不同作物的化肥投入量、交通条件对土地利用的影响等。利用数据库较小的、较高的数据独立性和易扩展性，对调查数据进行统一的管理和控制。

2）通过多年土地利用状况的对比，发现土地利用过程中存在的问题。根据调查数据和评价模型的要求，对近年来的土地利用相关数据进行对比分析，我们可以发现在利用过程中土地利用类型的变化；土地类型数量上的变化以及近年来经济发展与土地利用的关系；经济发展与耕地保护和基本农田的关系；土地质量变化与土壤之间的关系等一系列问题。我们的数据库便可以为这些问题的研究提供数据支持。

3）通过调用分析村镇土地利用数据库里的数据，利用各种可持续评价模型，对土地的自然条件、社会经济条件和土壤状况进行综合分析，为农用地分等定级提供依据，并为基本农田保护区的划定提供决策支持和依据。

3.1.3 村镇土地利用数据库要求

3.1.3.1 建设原则

土地利用数据库按照系统性、标准化、开放性、现势性的原则进行建设，在技术指标、标准体系、数据库方面等具有系统性，并与已有数据库具有良好的衔接性。根据统一的标准和规范建设，采用标准的空间数据交换格式，能够使成果数据正确汇交和实现共享。

土地利用数据库按照分层原则，图形数据与属性数据分离与连接的原则，数据的独立性、动态性与可扩充性原则等对图形数据进行逻辑组织和物理存储。

（1）分层原则

按照统一的地理坐标对地理实体要素进行分层叠置，这是图形数据库设计的基本原则，根据这一原则，把一类具有相同实体意义和空间特征的图形要素存放在一起，构成一个图层；图层是图形数据库管理的基本单位。

（2）图形数据与属性数据分离与连接的原则

图形数据库中空间数据和属性数据适当分离，又相互连接。

（3）数据独立性

设计数据库时，满足数据独立性，使得数据存储与数据逻辑结构发生变化时对应用程序和用户的使用影响不大。

（4）动态性与可扩充性

图形数据库的数据内容随着图形系统的业务运行而动态变化，土地利用数据库需要不断更新，因此，图形数据库应具有良好的可扩充性。

3.1.3.2 建设体系

（1）建库依据

1）《中华人民共和国土地管理法》；

2）《土地利用现状调查技术规程》；

3）新土地利用分类标准；

4)《县（市）级土地利用数据库标准（试行）》;

5)《县（市）级土地利用数据库建设技术规范》;

6）其他相关的制图规范及标准。

（2）数据库系统构架

1）数据编码及规范

符合国家土地利用现状调查技术规程，在此基础上，可根据各地实际情况做进一步的编码，满足土地管理工作的操作习惯。

2）数据采集

系统提供数字化、扫描矢量化、野外成图及其他数据格式转入等多种手段来完成空间数据库的采集。提供完备的工具来建立空间数据库。

3）日常管理

集成的编辑功能，可完成对空间数据库的综合管理；提供平差、错误检查等专业工具。

4）数据分析

提供完备的数据分析手段，可以自动完成图斑、线状地物、零星地物等十多种土地要素的变更处理，完成空间数据库的更新；系统提供强大而准确的数据库汇总功能及制作上报数据、市级汇总功能。

5）查询统计

提供方便快捷的图数和数图的互查功能、地类图斑历史查询、历年变化等查询统计功能，包括缓冲查询分析、按各种条件组合查询等工具。

（3）技术路线

村镇土地利用数据库的建设过程，主要包括图形处理、资料整理、建立数据库标准、属性建立、数据输入和数据检查6个方面，具体见图3-1。

3.1.4 村镇土地利用数据库建设标准

3.1.4.1 数据库内容

根据村镇土地利用的数据库建库的目的任务，该数据库应该包括以下数据内容。

1）基础地理信息：包括定位基础、境界与行政区别、地貌等。

2）土地利用数据：包括地类图斑、现状地物、零星地位、地类界线等。

3）土地权属性质：包括宗地、界址线、界址点等。

4）村级调查数据：包括外出打工人数、从事农业各年龄段比例、该村耕地数量、该村土地整理土地复垦的数量等。

5）农户调查数据：包括家庭人口组成、人均收入、人均耕地面积、人均受教育水平、土地流转的数量、土地流转的形式、基本农田认知度、人均化肥投入量等。

6）土地专项调查统计数据：包括工业、基础设施、金融商业服务、建筑、投资等数据。

3.1.4.2 数据库结构

农村土地调查数据种类繁多，数据量庞大，数据采集周期长，必须对数据库结构进行详细设计，以相同的地理范围作为不同类型数据进行数据集成的基本控制框架，通过建立统一的坐标系统，实现多种数据的集成显示和叠加，并建立各种数据之间的有机联系，形成集成化的土地利用调查数据库。

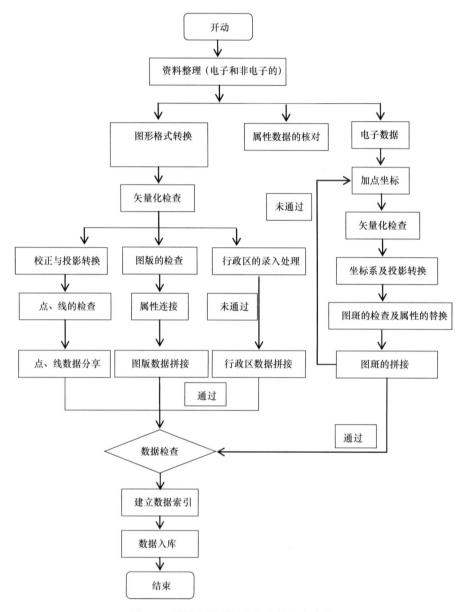

图 3-1 村镇土地利用数据库的技术路线

数据库的结构设计，是指对数据库的内容、组织管理方法和数据字典等进行定义。农村土地利用数据库结构应符合《土地利用数据库标准》的要求。

（1）数据组织方法

土地利用现状数据存储方式有两种，文件存储方式和空间数据存储方式。文件存储方式的特点是处理方法较简单，数据冗余少，易维护，但是不能适应多用户分布数据管理和应用的需求。空间数据存储方式的特点是数据处理方法较为复杂，数据冗余较多，但是能够满足多用户分布式数据管理和应用的需要。本次调查数据采用空间数据库存储方式，文件存储方式作为临时存储和数据提交时使用。

（2）数据字典

数据字典是描述数据的信息集合，是对系统中所有使用数据元素定义的集合。

在农村土地利用数据库中，除了土地现状等数据之外，还有很多结构性数据，例如，数据项的类型和长度、数据编码、数据文件命名等，他们都是整个系统的重要组成部分。因此，为了更规范和更高效率地管理和维护数据库，需要用数据字典将这些结构性的数据规范组织起来。

根据以上要求，所建立的空间数据库在环境下必须适合土地利用现状，而土地利用设计的图形数据和非图形属性数据都比较丰富，所以图形与属性数据适合分开管理，但是两者必须有一个链接关系，由这个链接关系可以进行来自图形或属性的一系列空间查询。

3.1.4.3　数据库建设准备

（1）软件准备

根据村镇土地利用数据库建设的要求，我们采用 MapGIS 软件作为数据库管理的基础平台。MapGIS 是中国地质大学信息工程学院武汉中地信息工程有限公司自行研制开发的地理信息系统，它属于矢量数据结构 GIS 平台。该产品的主要优势体现在：①海量无缝图库管理；②高性能的空间数据库管理；③实用的网络分析与处理；④多源图像分析与处理；⑤提供了丰富的二次开发手段。作为国土资源部推介的土地利用数据库建设的指定软件之一，MapGIS 在原先的基础平台上增加了土地利用数据库管理系统。在土地利用数据库的建设中用于数据库的建立和管理。

（2）数据准备

1）调查底图的准备
根据数据库建设范围和软件的要求，准备符合标准的相关图件。
2）统计资料的准备
根据建库要求以及对接评价模型的要求，收集若干年份的统计调查数据，实现合理和有效的分类，同时对数据进行筛选。
3）自主调查数据的准备
第一手的调查数据中往往存在不合理和不规范的数据，因此，在入库之前，特别是入村入户调查的纸质数据如何处理，如何在数据库内进行合理的命名和编排是较为困难的事情。在两个样本容量中，应采用统计学中的方法对统计样品中不合理的数据进行剔除；其次，要对调查问卷中的各种问题以数据库要求中允许的方式进行合理编排。

4）土壤调查数据的准备

针对土地利用过程中对土壤质量的影响，村镇土地利用数据库中还输入了土壤中各种元素的含量。在准备过程中，需要统一单位等。

3.1.4.4　数据库建库过程

（1）数据库属性编辑

根据村镇土地利用数据库的编码要求，对点（WT）、线（WL）、面（WP）文件的相关属性进行编辑。首先，使所要编辑的图层处于可编辑状态；其次，根据数据字典，建立相应的字段名称、字段类型和字段长度。

（2）属性数据的采集

属性数据的采集有三种方法。

1）逐个图斑直接录入属性数据。

2）编制软件集中录入属性数据。

3）利用原有数据库中的属性数据及相关资料，直接导入数字形式的属性数据。

3.1.4.5　数据建库过程中的质量检查

（1）属性结构检查

在 MapGIS 输入编辑平台中将需要检查的专题文件设置为编辑状态，打开该专题文件的属性结构编辑窗口，检查该专题文件的属性结构是否与标准一致。

检查内容包括字段顺序、字段名称、字段类型和字段长度等。

（2）数据检查及数据入库

1）常规属性输入检查

利用 MapGIS 平台使某一专题文件处于编辑状态后，用属性检查工具即可方便地查看各属性字段的输入内容。检查重点为：①属性字段输入内容是否有空值；②地类代码、图幅号、权属性质、要素代码等是否按照标准输入；③是否存在面积过小的碎图斑；④线状地物宽度是否足宽；⑤零星地类面积是否超常规等问题。

2）属性输入的逻辑性检查

利用 MapGIS 土地利用数据库管理系统中提供的逻辑错误检查工具和检查属性输入情况。例如，是否存在净面积小于或等于零的图斑；地类代码、权属代码、权属性质等是否都在数据字典内，有关土壤质量的百分比是否大于 1 等错误。

3.2　土地利用评价因子数据库文档

3.2.1　范围

本文档记录了土地利用评价因子数据库的内容，土地利用和权属要素的分类代码、数据分层、数据文件命名规则、图形数据与属性数据的结构等。

3.2.2 术语和定义

文档中采用的术语和定义如下。

要素 feature

真实世界现象的抽象。[GB/T 17798—1999 3.8 要素]

类 class

具有共同特性和关系的一组要素的集合。

层 layer

具有相同应用特性的类的集合。

标识码 identification code

对某一要素个体进行唯一标识的代码。

土地利用 land use

人类通过一定的活动，利用土地的属性来满足自己需要的过程 [GB/T 19231—2003 4.1.1 土地利用]。

土地利用要素 land use feature

描述土地利用现象的抽象。

土地利用数据 land use data

描述土地利用要素特性及关系的数据。

土地利用数据库 land use database

有组织的土地利用数据及其相关数据的集合。

3.2.3 数据库内容

土地利用评价数据库包括基础地理要素、土地利用要素、与土地利用评价相关的社会经济指标、自然条件指标、土壤调查指标等。

3.2.4 数据库结构定义

3.2.4.1 空间要素分层

空间要素分层表见表 3-1。

表 3-1 空间要素分层表

序号	层名	层要素	几何特征	属性表名	是否必选	说明
1	定位基础	控制点	Point	KZD	否	
2	行政区划	行政辖区	Polygon	XZXQ	是	
		行政界线	Line	XZJX	是	
3	土地利用	地类图斑	Polygon	DLTB	是	
		线状地物	Line	XZDW	是	
		零星地类	Point	LXDL	是	
		地类界线	Line	DLJX	是	

序号	层名	层要素	几何特征	属性表名	是否必选	说明
4	社会经济属性	典型农户调查资料	Polygon	农户	否	
		年鉴资料	Polygon		否	
		村级资料	Polygon	村级	否	
5	自然属性	自然条件属性	Polygon		是	
6	土壤调查属性	土壤采样点属性	Point	土壤	否	

3.2.4.2 空间要素的属性结构

空间要素的属性结构见表 3-2～表 3-9。

表 3-2 行政辖区属性结构描述表

序号	字段名称	字段代码	字段类型	字段长度	小数位数	值域	是否必填	备注
1	标识码	BSM	Int	10		>0	是	
2	要素代码	YSDM	Char	10			是	
3	权属代码	QSDM	Char	12		见 GB/T2260	是	
4	权属名称	QSMC	Char	100			是	
5	控制面积	KZMJ	Float	15	2	>0	是	单位：m²
6	计算面积	JSMJ	Float	15	2	>0	是	单位：m²

权属代码指县及县以上行政区划代码+乡镇级代码+行政村代码,县及县以上行政区划代码采用 GB/T 2260 中的 6 位数字码,乡镇级码为 3 位数字码,行政村为 3 位数字码。

表 3-3 行政界线属性结构描述表

序号	字段名称	字段代码	字段类型	字段长度	小数位数	值域	是否必填	备注
1	标识码	BSM	Int	10		>0	是	
2	要素代码	YSDM	Char	10		见表1	是	
3	界线名称	JXMC	Char	6		见表23	是	
4	界线性质	JXXZ	Char	6		见表24	是	
5	界线长度	JXCD	Float	10		非空	否	

表 3-4 地类图斑属性结构描述表

序号	字段名称	字段代码	字段类型	字段长度	小数位数	值域	是否必填	备注
1	标识码	BSM	Int	10		>0	是	
2	要素代码	YSDM	Char	10		见表1	是	
3	图斑号	TBH	Char	10		非空	是	
4	地类代码	DLDM	Char	4		见附录A	是	
5	地类名称	DLMC	Char	60		见附录A	是	
7	权属单位代码	QSDWDM	Char	16		见本表注1	是	
8	权属单位名称	QSDWMC	Char	60		非空	是	
9	座落单位代码	ZLDWDM	Char	16		见本表注1	是	

序号	字段名称	字段代码	字段类型	字段长度	小数位数	值域	是否必填	备注
10	座落单位名称	ZLDWMC	Char	60		非空	是	
11	所在图幅号	SZTFH	Char	60		非空	否	
12	耕地坡度级别	PDJB	Char	2		见表27	否	耕地必选
13	田坎系数	TKXS	Float	5	2	>0	否	耕地必选
14	毛面积	MMJ	Float	15	2	>0	是	单位：m²
15	线状地物面积	XZDWMJ	Float	15	2	>0	是	单位：m²
16	零星地类面积	LXDLMJ	Float	15	2	>0	是	单位：m²
17	田坎面积	TKMJ	Float	15	2	>0	是	单位：m²
18	净面积	JMJ	Float	15	2	>0	是	单位：m²
19	变更记录号	BGJLH	Char	8		非空	是	
20	变更日期	BGRQ	Date	8		YYYYMMDD	是	

1. 权属单位代码和座落单位代码到村民小组级，长度为行政区划码（9位）加村码（3位）加村民小组码（4位），共16位数字码。
2. 座落单位代码指该地类图斑实际座落单位的代码，当该地类图斑为飞入地时，实际座落单位的代码不同于权属单位的代码。
3. 毛面积指用经过核定的地类图斑多边形边界内部所有地类的（如地类图斑含孔，则扣除孔的面积）。
4. 线状地物面积指该图斑内所有线状地物的面积总和。
5. 田坎面积=田坎系数×毛面积。
6. 净面积=毛面积–田坎面积–线状地物面积–零星地类面积。

表 3-5 线状地物属性结构描述表

序号	字段名称	字段代码	字段类型	字段长度	小数位数	值域	是否必填	备注
1	标识码	BSM	Int	10		>0	是	
2	要素代码	YSDM	Char	10		见表1	是	
3	地类代码	DLDM	Char	4		见附录A	是	
4	地类名称	DLMC	Char	60		见附录A	是	
5	长度	CD	Float	15	1	>0	是	单位：m
6	宽度	KD	Float	15	1	>0	是	单位：m
7	计算面积	JSMJ	Float	15	2	>0	是	单位：m²
8	线状地物名称	XZDWMC	Char	60		非空	否	
9	权属单位代码	QSDWDM	Char	16			否	
10	权属单位名称	QSDWMC	Char	60		非空	否	
11	权属性质	QSXZ	Char	2			是	
12	扣除系数	KCXS	Float	5	1	>0	是	
13	变更记录号	BGJLH	Char	8		>0	否	
14	变更日期	BGRQ	Date	8		YYYYMMDD	否	单位：m²

1. 线状地物名称是指标识该线状地物的地理名称。
2. 如果该线状地物属国有土地，则权属单位代码记录该线状地物隶属国有单位的代码；如果线状地物属集体土地，则权属单位代码记录该线状地物所属集体单位的代码；如果该线状地物属两侧的单位共同所有的，则权属单位代码记录为"共同所有"。
3. 扣除系数指该线状地物前进的左方应扣除面积的比例系数。

表 3-6　地类界线属性结构描述表

序号	字段名称	字段代码	字段类型	字段长度	小数位数	值域	是否必填	备注
1	标识码	BSM	Int	10		>0	是	
2	要素代码	YSDM	Char	10		见表1	是	
3	界线长度	JXCD	Float	15	1	>0	是	单位：m

表 3-7　调查村级属性描述表

序号	字段名称	字段内容	字段类型	字段长度	小数位数	值域	是否必填	备注
1	ID		Long	8		>0	是	
2	面积		Dbl	15	6	>0	是	
3	周长		Dbl	15	6		是	
4	要素代码		Char	4		见表1	是	
5	权属代码		Char	15			是	
6	权属名称		Char	30			是	
7	计算面积		Dbl	15	1		是	
8	平差面积		Dbl	15	1		是	
9	该村总人数		Long	10			是	
10	男性人数		Long	10			否	
11	女性人数		Long	10			否	
12	65 岁以上	65 岁以上人口数量	Long	10			否	
13	16 岁以下	16 岁以下人口数量	Long	10			否	
14	自然村数量		Int	2			是	
15	共有几组		Int	2			是	
16	共有多少户		Long	4			是	
17	村土地面积		Long	8			是	单位：亩
18	耕地亩数		Long	8			是	单位：亩
19	打工人数		Long	4			否	
20	男性人数		Long	4			否	
21	女性人数		Long	4			否	
22	是否整理	该村是否在土地整理区	Int	1				是 1 否 0
23	耕地面积	该村土地整理的面积是多少亩	Long	8			否	单位：亩
24	工期几年		Char	4			否	单位：年
25	投入数额	大概投入了多少元	Long	8			否	单位：元
26	整理前类型	整理前是什么土地类型	Char	10			否	
27	采取的措施	土地整理采取哪些措施	Char	50			否	
28	重点和难点		Char	30			否	
29	是否获益	土地整理后村里和农民是否获益	Int	1			否	是 1 否 0
30	获益表现	获益在哪些方面	Char	30			否	

序号	字段名称	字段内容	字段类型	字段长度	小数位数	值域	是否必填	备注
31	是否满意	农民是否对土地整理这项工程满意	Int	1			否	是 1 否 0
32	是否有后备	该村是否还有可以补充耕地的后备土地	Int	1			否	是 1 否 0
33	还有多少亩		Long	8			否	单位：亩
34	荒地开发	其中多少亩是荒地开发	Long	8				单位：亩
35	废弃地复垦	其中多少亩是废弃地复垦	Long	8				单位：亩
36	整理数量	其中多少亩是整理	Long	8				单位：亩
37	征地数量	该村 2000 年后征地数量	Long	8				单位：亩
38	征地用途		Char	30				
39	补充措施	该村采取什么措施补充耕地	Char	30				
40	有何变化	新补充的耕地整理与原来有何变化	Char	30				
41	基农数量	该村有多少基本农田	Long	8				单位：亩
42	是否有界碑	是否有相应的表示界碑	Int	1				是 1 否 0
43	保护措施	该村在基本农田保护中采取了哪些措施	Char	30				
44	村民行为	是否有基本农田挖沙取土建房子撂荒等行为	Int	1				是 1 否 0
45	采取措施	针对这些行为分别采取了什么措施	Char	30				
46	企业数量	该村有多少家企业	Char	30				
47	产值数量	每年的产值是多少	Char	30				单位：元
48	占地数量		Char	30				单位：亩
49	耕地转变数	占地中有多少是耕地转变的	Char	30				
50	占地补偿	占地村民的土地怎么对之补偿	Char	30				
51	是否污染	企业是否对环境产生了污染和破坏	Int	1				是 1 否 0
52	哪些表现	主要表现在哪些方面	Char	30				
53	治理措施	采取了哪些治理措施	Char	30				
54	效果如何		Char	30				
55	特色与否	该村是否有特色农业	Int	1				是 1 否 0
56	具体特色		Char	50				
57	面积	特色农业的面积多少	Long	8				单位：亩
58	产量	特色农业的产量多少	Long	8				
59	产值	特色农业的产值多少	Long	8				
60	生态与否	该村是否有生态农业	Int	1				是 1 否 0
61	具体内容		Char	50				
62	面积大小		Long	8				单位：亩
63	效益如何		Char	30				

表 3-8 典型农户调查属性描述表

序号	字段名称	字段内容	字段类型	字段长度	小数位数	值域	是否必填	备注
1	小组		Char	8				
2	家庭总人口		Char	8				
3	劳动力	劳动力人数	Char	8				
4	外出打工数	外出打工人数	Char	8				
5	年打工月数	每年打工月数	Char	8				
6	年总收入		Long	8				
7	小学	小学文化程度人数	Char	5				
8	初中	初中文化程度人数	Char	5				
9	高中	高中文化程度人数	Char	5				
10	大专	大专文化程度人数	Char	5				
11	其他	其他文化程度人数	Char	5				
12	耕地面积	目前种植耕地的面积	float	8	2		单位：亩	
13	承包面积	其中承包面积有多少亩	float	8	2			
14	荒地面积	荒地面积	float	8	2			
15	转入面积	转入多少亩	float	8	2			
16	转入年份	转入时间是哪一年	Char	8				
17	转出面积	转出多少亩	float	8	2		单位：亩	
18	转出时间	转出是哪一年	Char	8				
19	基本农田认知情况	你是否听说过基本农田	Char	8			A. 是，B. 否	
20	为何划定	为何划定基本农田	Char	8				
21	说明理由	划定基本农田原因	Char	30				
22	是否懂标准	是否对划定基本农田标准有所了解	Char	2			A. 是，B. 否	

序号	字段名称	字段内容	字段类型	字段长度	小数位数	值域	是否必填	备注
23	做法是否对	您认为对基本农田以下做法是否正确	Char	10				A. 是，B. 否
24	奖惩了解程度	是否了解对基本农田实施行为的奖惩措施	Char	2				A. 是，B. 否
25	罚款且恢复	处以罚款且恢复原状	Char	2				A. 是，B. 否
26	两年收回	连续两年弃耕抛荒要收回基本农田	Char	2				A. 是，B. 否
27	国家奖励	国家对在基本农田保护中表现突出的给予奖励	Char	2				A. 是，B. 否
28	种粮补贴		Char	2				A. 是，B. 否
29	征用审批权	您认为哪一级政府部门拥有征用基本农田的审批权	Char	8				A. 国家（国务院） B. 省政府 C. 市、县政府 D. 乡（镇）政府 E. 村集体或者村委会 F. 其他，请注明
30	有效保护措施	您认为保护基本农田的有效方力和措施是什么	Char	8				A. 设立界碑 B. 宣传告示或标语 C. 检举、控告侵占、破坏基本农田 D. 政府部门的监督和管理 E. 自己合理耕作 F. 与农村集体经济组织或者村民委员会订基本农田保护责任书 G. 其他，请注明
31	采取措施	您认为采取何种措施才能既高产又不破坏地力	Char	8				A. 合理施肥 B. 合理使用农药 C. 合理灌溉 D. 合理的耕作方式 E. 利用新的生产肥料 F. 施用有机肥料 G. 其他，请注明
32	作物种类		Char	8				单位: 苗
33	种植面积		float	8	2			单位: 苗
34	种子价格		float	8	2			单位: 元/斤*

序号	字段名称	字段内容	字段类型	字段长度	小数位数	值域	是否必填	备注
35	种子数量		Char	8				单位：斤
36	碳铵数量		Char	8				单位：斤
37	磷肥数量		Char	8				单位：斤
38	钾肥数量		Char	8				单位：斤
39	尿素数量		Char	8				单位：斤
40	复合肥数		Char	8				单位：斤
41	化肥总额		Char	8				单位：元
42	农家肥种类		Char	8				1. 猪粪；2. 牛粪；3. 人粪；4. 鸡粪；5. 草木灰；6. 其他及数量（斤）
43	农家肥数		Char	8				
44	药剂数量	农药/除草剂数量	Char	8				
45	总额		Char	8				
46	自家劳力		Long	8				单位：人天
47	换工数量		Long	8				单位：天
48	雇工数量		Long	8				单位：元/天
49	雇工工资		Long	8				单位：元
50	地膜投入		Char	8				单位：元
51	机耕投入		Char	8				单位：元
52	机收投入		Char	8				单位：元
53	农技投入	农业技术投入	Char	4				单位：元
54	灌溉成本		float	8	3			单位：元
55	农业产量		Char	20				单位：斤

序号	字段名称	字段内容	字段类型	字段长度	小数位数	值域	是否必填	备注
56	农业新技术	农业生产新技术	Char	10				A. 地膜 B. 大棚 C. 测土配方施肥技术 D. 新型肥料（如缓释技术）E. 优良品种 F. 催熟技术 G. 节水灌溉技术 H. 间作、套作和轮作技术 I. 其他，请注明
57	技术内容		Char	10				
58	测土配方		Char	5				A. 是，B. 不是
59	灌溉方式		Char	10				A. 喷灌技术 B. 滴灌技术 C. 漫灌 D. 畦灌 E. 其他，请注明
60	灌溉水源	灌溉水的来源	Char	10				A. 地下水 B. 河水 C. 污水 D. 沼气废水、废液灌溉 E. 其他，请注明
61	地下水深		Char	8				
62	技术渠道	获取技术指导的渠道	Char	10				A. 乡镇技术站 B. 技术员亲自上来指导 C. 报纸、广播电视等媒体 D. 向邻居学习 E. 其他，请注明
63	统一指导	是否有乡镇相关部门的统一技术服务指导	Char	8				A. 是，B. 否
64	如何收费	统一的技术服务指导如何收费	Char	8				
65	是否合理	收费是否合理	Char	8				A. 是，B. 否
66	是否满意	是否对技术指导满意	Char	8				A. 是，B. 否

序号	字段名称	字段内容	字段类型	字段长度	小数位数	值域	是否必填	备注
67	指导内容	技术指导的内容	Char	30				
68	土地整理区	你的土地是否在土地整理区	Char	8				A. 是，B. 否
69	整理措施	采取了哪些整理措施	Char	8				A. 平整土地 B. 打井 C. 地块的归并 D. 林地改为耕地 E. 灌溉方式的改变 F. 其他，请注明
70	整理好处	认为土地整理有哪些好处	Char	15				A. 方便耕作 B. 土地肥力提高 C. 提高收益 D. 改善生态环境 E. 其他，请注明
71	整理收益	整理后土地收益有何变化	Char	8				A. 明显提高（30%～50%以上） B. 有所提高（10%～29%） C. 基本没有变化（±10%） D. 有所下降（10%～30%） E. 明显下降（30%以上）
72	征地时间		Char	8				单位：月
73	征地数量		Float	8	2			单位：亩
74	土地补偿费		Float	8	2			单位：元
75	劳力安置费		Float	8	2			单位：元
76	青苗补偿费		Float	8	2			单位：元
77	总补偿金额		Char	15				单位：元
78	是否愿意	是否愿意土地被征用	Char	8				A. 是，B. 否
79	期望标准	期望的土地补偿标准	Char	20				单位：元/亩

序号	字段名称	字段内容	字段类型	字段长度	小数位数	值域	是否必填	备注
80	希望方式	希望的补偿方式	Char	15				A. 一次性支付 B. 以养老金的形式按月发放 C. 组合形式（部分进入社会保障，部分直接支付给农户） D. 其他，请注明
81	存后备与否	是否存在可以补充为耕地的后备土地	Char	8				
82	后备土地数		Char	8				单位：亩
83	荒地开发数		Char	8				单位：亩
84	废弃地数量		Char	8				单位：亩
85	整理数量	整理上地的数量	Char	8				单位：亩
86	地力变化		Char	8				A. 明显提高 B. 稍微提高 C. 一样 D. 稍微下降 E. 明显下降
87	新农村建设	新农村建设						
88	听说新农村	是否听说过新农村建设	Char	8				A. 是，B. 否
89	何种渠道	通过何种渠道了解新农村建设的	Char	8				A. 广播电视 B. 宣传标语 C. 村干部 D. 邻居 E. 乡（镇）政府 F. 其他，请注明
90	了解新农村	了解新农村建设的内容	Char	8				
91	具体说明	具体说明你心目中的新农村建设是什么样的	Char	30				
92	期望与现实	现在的新农村建设与你的期望有多大差距	Char	50				
93	项目与否	是否有新农村建设的项目	Char	8				A. 是，B. 否
94	哪些项目		Char	20				

续表

序号	字段名称	字段内容	字段类型	字段长度	小数位数	值域	是否必填	备注
95	获取好处	从这些项目中得到什么好处	Char	25				
96	是否交钱	这些建设项目是否要求你们交钱	Char	8				A. 是, B. 否
97	交多少钱	交钱的数目和方式是否合理	Char	15				
98	是否合理	交钱的数目和方式是否合理	Char	8				A. 是, B. 否
99	希望项目	新农村建设中最希望有什么项目	Char	15				A. 修路 B. 农田整理 C. 通自来水 D. 修建沼气 E. 修建文化活动场所（如文化大院） F. 环境整治项目 G. 厕所改建 H. 送文化下乡 I. 其他, 请注明
100	对搬迁看法		Char	8				
101	希望补偿	对搬迁希望得到什么样的补偿	Char	50				
102	集中区要求	对将来的居住集中区有什么要求	Char	15				A. 交通方便 B. 有自己熟悉的人 C. 环境污染少 D. 住房舒适 E. 区位较好, 最好是中心村（靠近集镇） F. 村容整洁 G. 各方面的基础设施齐全（如学校, 医院, 商店, 道路, 水电等） H. 其他, 请注明
103	难以接受	在耕地非农化中哪些污染和环境破坏较为严重, 难以接受	Char	15				A. 水污染 B. 空气污染 C. 噪声污染 D. 辐射和放射 E. 其他, 请注明

序号	字段名称	字段内容	字段类型	字段长度	小数位数	值域	是否必填	备注
104	影响较小	在耕地非农化中哪些污染和环境破坏较轻微，对自己生活影响小	Char	8				A. 水污染 B. 空气污染 C. 噪声污染 D. 辐射和放射 E. 其他，请注明
105	空气污染	近年来空气质量变化情况	Char	8				A. 明显变坏 B. 变坏，但不太明显 C. 没有变化 D. 变好 E. 明显变好
106	噪声污染	近年噪声污染变化状况	Char	8				A. 明显变坏 B. 变坏，但不太明显 C. 没有变化 D. 变好 E. 明显变好
107	水污染	近年水污染程度变化	Char	8				A. 明显变坏 B. 变坏，但不太明显 C. 没有变化 D. 变好 E. 明显变好
108	自然景观	近年自然景观破坏程度	Char	8				A. 明显变坏 B. 变坏，但不太明显 C. 没有变化 D. 变好 E. 明显变好
109	治理措施	对污染和环境破坏，当地政府和个人采取了哪些治理措施						

*1 斤=500g

表 3-9 采样点土壤数据

序号	字段名称	字段内容	字段类型	字段长度	小数位数	值域	是否必填	备注
1	ID		Long	8				
2	野外采样编号		Float	20				
3	全氮		Float	15	6			单位：g/kg
4	有效磷		Float	15	6			单位：mg/kg
5	缓效钾		Float	15	6			单位：mg/kg
6	速效钾		Float	15	6			单位：mg/kg
7	有机质		Float	15	6			单位：g/kg
8	pH		Float	15	6			
9	有效铜		Float	15	6			单位：mg/kg
10	有效铁		Float	15	6			单位：mg/kg
11	有效锰		Float	15	6			单位：mg/kg
12	有效锌		Float	15	6			单位：mg/kg
13	有效硼		Float	15	6			单位：mg/kg
14	有效硫		Float	15	6			单位：mg/kg

3.2.5　附录

（规范性附录）

土地分类代码

《全国土地分类（试行）》

《全国土地分类（试行）》代码表见表 A.1

表 A.1　《全国土地分类（试行）》代码表

地类代码	地类名称
1000	农用地
1100	耕地
1110	灌溉水田
1120	望天田
1130	水浇地
1140	旱地
1150	菜地
1200	园地
1210	果园
1211	可调整果园
1220	桑园
1221	可调整桑园
1230	茶园
1231	可调整茶园
1240	橡胶园
1241	可调整橡胶园
1250	其他园地

地类代码	地类名称
1251	可调整其他园地
1300	林地
1310	有林地
1311	可调整有林地
1320	灌木林地
1330	疏林地
1340	未成林造林地
1341	可调整未成林造林地
1350	迹地
1360	苗圃
1361	可调整苗圃
1400	牧草地
1410	天然草地
1420	改良草地
1430	人工草地
1431	可调整人工草地
1500	其他农用地
1510	畜禽饲养地
1520	设施农业用地
1530	农村道路
1540	坑塘水面
1550	养殖水面
1551	可调整养殖水面
1560	农田水利用地
1570	田坎
1580	晒谷场等用地
2000	建设用地
2100	商服用地
2110	商业用地
2120	金融保险用地
2130	餐饮旅馆业用地
2140	其他商服用地
2200	工矿仓储用地
2210	工业用地
2220	采矿地
2230	仓储用地
2300	公用设施用地
2310	公共基础设施用地
2320	瞻仰景观休闲用地
2400	公共建筑用地
2410	机关团体用地

地类代码	地类名称
2420	教育用地
2430	科研设计用地
2440	文体用地
2450	医疗卫生用地
2460	慈善用地
2500	住宅用地
2510	城镇单一住宅用地
2520	城镇混合住宅用地
2530	农村宅基地
2540	空闲宅基地
2600	交通运输用地
2610	铁路用地
2620	公路用地
2630	民用机场
2640	港口码头用地
2650	管道运输用地
2660	街巷
2700	水利设施用地
2710	水库水面
2720	水工建筑用地
2800	特殊用地
2810	军事设施用地
2820	使领馆用地
2830	宗教用地
2840	监教场所用地
2850	墓葬地
3000	未利用地
3100	未利用土地
3110	荒草地
3120	盐碱地
3130	沼泽地
3140	沙地
3150	裸土地
3160	裸岩石砾地
3170	其他未利用土地
3200	其他土地
3210	河流水面
3220	湖泊水面
3230	苇地
3240	滩涂
3250	冰川及永久积雪

《全国土地分类（过渡期适用）》代码

《全国土地分类（过渡期适用）》代码表见表 A.2。

表 A.2　《全国土地分类（过渡期适用）》代码表

代码	地类名称
1000	农用地
1100	耕地
1110	灌溉水田
1120	望天田
1130	水浇地
1140	旱地
1150	菜地
1200	园地
1210	果园
1211	可调整果园
1220	桑园
1221	可调整桑园
1230	茶园
1231	可调整茶园
1240	橡胶园
1241	可调整橡胶园
1250	其他园地
1251	可调整其他园地
1300	林地
1310	有林地
1311	可调整有林地
1320	灌木林地
1330	疏林地
1340	未成林造林地
1341	可调整未成林造林地
1350	迹地
1360	苗圃
1361	可调整苗圃
1400	牧草地
1410	天然草地
1420	改良草地
1430	人工草地
1431	可调整人工草地
1500	其他农用地
1510	畜禽饲养地
1520	设施农业用地
1530	农村道路
1540	坑塘水面

代码	地类名称
1550	养殖水面
1551	可调整养殖水面
1560	农田水利用地
1570	田坎
1580	晒谷场等用地
2000	建设用地
—	居民点及独立工矿用地
2010	城市
2020	建制镇
2030	农村居民点
2040	独立工矿用地
2050	盐田
2060	特殊用地
2600	交通运输用地
2610	铁路用地
2620	公路用地
2630	民用机场
2640	港口码头用地
2650	管道运输用地
2700	水利设施用地
2710	水库水面
2720	水工建筑用地
3000	未利用地
3100	未利用土地
3110	荒草地
3120	盐碱地
3130	沼泽地
3140	沙地
3150	裸土地
3160	裸岩石砾地
3170	其他未利用土地
3200	其他土地
3210	河流水面
3220	湖泊水面
3230	苇地
3240	滩涂
3250	冰川及永久积雪

3.3　土地利用元数据分类标准

土地利用元数据分类标准见表3-10。

表 3-10 土地利用元数据分类标准

行政管理	行政区	
	行政界线	
土地权利和限制	权属单位	
	权属性质	
	利用限制	规划年限
		规划期间建房户所占比例
		每户宅基地占地定额标准
		规划期农村个人建房需占用土地面积
土地利用	基本农田保护	基本农田数量
		界碑设置
		基本农田保护措施
		实施行为的奖惩措施
	土地开发整理复垦	土地整理区面积
		工期
		投入数额
		整理前类型
		整理措施
		重点和难点
		后备土地的数量
		废弃地复垦
		荒地开发
	土地流转	荒地面积
		转入面积
		转入年份
		转出面积
		转出时间
	生态环境建设	
人口和人口调查数据	总人口	男女比例
		各年龄比例
		服务人口数占总人口的比重
		被抚养人口数占总人口的比重
		规划年人口数
		基期年城镇常住人口
		机械迁移量
		预期年限
		人口自然增长率
		基期年农业总人口
		劳动力系数
		规划年耕地面积
		每个劳动力负担耕地面积
		剩余劳动力转化率
		带眷系数
		规划年人口数

村数据	村组数	
	村户数	
外出务工情况	学历水平	
	外出务工人数	
	外出务工时间	
	务工收入	
污染及控制	空气污染	
	噪声污染	
	水污染	
	自然景观破坏	
	治理措施	
土壤数据	有效磷	
	缓效钾	
	速效钾	
	有机质	
	pH	
	有效铜	
	有效铁	
	有效锰	
	有效锌	
	有效硼	
	有效硫	
	全氮	
	全磷	
	全钾	
	碱解氮	
	速效磷	
	速效钾	
机械组成	2～0.05mm%	
	0.05～0.002mm%	
	＜0.002mm%	
	质地名称	
	Cd	
	Cr	
	Pb	
	Cu	
	Zn	
	Hg	
	Hg	
工业	企业数量	
	企业年产值	
	占地	

农作物及化肥投入	作物种类
	种植面积
	种子价格
	种子数量
	碳铵数量
	磷肥数量
	钾肥数量
	尿素数量
	复合肥数
	化肥总额
	农家肥种类
	农家肥数
	药剂数量
	预测基期作物单产水平
	年平均增长率
	预测年期
	预测期末作物单产水平
农业技术投入	自家劳力
	换工数量
	雇工数量
	雇工工资
	地膜投入
	机耕投入
	机收投入
	农技投入
	灌溉成本
	农业产量
	农业新技术
给水排水	灌溉方式
	灌溉来源
	地下水深
	技术渠道
	过水断面积
	渠道比降
	水力半径
	糙率系数
	渠道设计流量
	近坝处水库蓄水深度
	水库内水面长度
	近坝处水面宽度
	系数
	库容

交通运输	公路年平均货运强度	
	汽车运输天数	
	每辆汽车载重量	
	昼夜平均交通量	

4 村镇土地利用评价信息系统设计与开发

土地利用是在自然（土地）的基础上对人类活动的直接反映，对土地利用的评价就是对人类活动的评价。我国的土地利用结构远未达到优化的水平，城镇和农村的土地利用都存在着很多欠缺。土地评价包括多种类型，有着各种各样的评价模型。主要包括土地利用的经济评价、质量评价、适宜性评价、可持续利用评价等。

随着计算机技术的不断发展，地理信息系统（GIS）的应用领域也在不断拓展，如今地理信息系统已经在测绘、规划、国土、电力、道路、公共管理等诸多领域发挥了巨大的作用。把先进的计算机技术引入到土地利用评价之中，正在逐步成为土地利用评价的新兴手段。针对土地利用评价的特点，结合 GIS 的定量化评定方法，我们可以将 GIS 技术引入到土地利用评价中。然而由于针对土地利用评价的应用型 GIS 软件非常少见，尚不能完全满足土地利用评价的要求。而当前流行的组件式 GIS 开发方式，为解决这一问题，提供了很好的工具。因此，本研究就以土地利用评价对计算机技术的需求而进行，通过工具型 GIS 软件的二次开发来实现土地利用评价的专业 GIS 应用。

MapGIS 是一个工具型 GIS，具有二次开发能力。其二次开发接口为一组定义在空间模型之上的函数集，借助于这组接口函数，用户可以在各种通用的编程环境下，建造面向特定领域的应用型 GIS。本研究利用 VB 可视化开发语言进行 MapGIS 二次开发的理论和技术方法的研究，在通用可视化编程语言 VB 环境下，在 MapGIS6.5SDK 基础上，集成了土地利用评价的诸多评价模型，提高土地利用评价的效率和精度。

4.1　研究背景与技术方法

4.1.1　研究背景

土地问题已成为当今世界令人瞩目的重大社会经济问题。为了研究解决这个人类赖以生存和发展的问题，世界各国都非常重视对土地利用进行评价和规划（王枫和董玉祥，2015）。土地利用是自然基础上的人类活动的直接反映，它包括两方面的内容：一是土地利用，即人类以土地为劳动对象，通过对土地性质的调查评价，做出土地开发、利用、整治和保护的规划，并实现土地利用活动的过程。二是土地利用关系的调整，从微观上说土地利用是依法获得土地使用权后对土地进行的经营活动，并取得效益的过程。我国的土地利用结构远未达到优化的水平，城镇和农村的土地利用都存在着很多欠缺，主要表现在 4 个方面：耕地面积锐减，耕地保护的形势严峻；非农建设用地扩展迅速，且占用耕地比率高；土地利用集约化程度低，潜力未得到充分挖掘；开发利用不合理，土地质量退化；成片土地开发，未充分发挥土地应有的效益（刘纪远等，2014）。

新中国成立后，特别是改革开放以来，我国开展了大量的土地评价工作，相关研究也取得了重要的进展（李小燕，2013）。近 10 年来，我国土地评价更重视综合考虑自然、经济、社会因素，以及定性与定量相结合的方法。土地适宜性评价得到了更快的发展。农业土地评价较普遍地开展，但林、牧业土地评价仍为薄弱领域。城市土地评价广泛开展。旅游用地评价出现了一些新的评价思路和方法。针对土地退化、土地整理等的土地评价新应用领域不断出现。土地可持续利用评价已成为土地评价的热门研究领域之一。人工神经网络模型等新方法开始尝试应用。GIS 技术在土地评价，尤其是土地适宜性评价中得到了广泛应用。

传统土地利用评价中，过程繁琐，工作量大，容易导致错误，使精度降低。同时随着土地利用评价工作的逐步深入，定量化研究已经成为土地利用评价的重要研究方向。所以有必要将计算机技术引入到土地利用评价中来。

在人类进入信息化社会的今天，随着计算机技术的不断发展，地理信息系统（GIS）的应用领域也在不断拓展，如今地理信息系统已经在测绘、规划、国土、电力、道路、公共管理等诸多领域发挥了巨大的作用。

地理信息系统根据其内容可以分为两大基本类型：一是应用型 GIS，是以某一专业、领域或工作为主要内容，包括专题 GIS 和区域综合 GIS；二是工具型 GIS，也就是 GIS 工具包（如 Arc/Info、MapGIS 等）具有数据输入、存储、处理、分析和输出等 GIS 基本功能。随着 GIS 应用领域的扩展，应用型 GIS 的开发工作日益重要（王小兵和孙久运，2012）。

现在，虽然市场上 GIS 软件产品很多，但是由于 GIS 软件专业性较强，大部分软件产品都属于工具型 GIS，同时 GIS 的应用领域又是如此广泛，这些工具型 GIS 软件不可能解决所有应用领域的专业问题。这就需要由用户进行二次开发来解决工具软件的不足和具体应用。正是为了满足这些需要，各大 GIS 软件厂商在推出工具型地理信息系统平台的同时，一般都会提供专门的语言和二次开发组件来方便用户进行二次开发。例如，MapInfo 公司的 MapBasic 和 MapX，ESRI 公司的 AVENUE 和 MapObjects，以及 RSI 公司的 IDL 和 IDL Draw Widget 等。

具体说来，GIS 二次开发有三种实现方式。第一种是独立开发，这一开发方式是指不依赖于任何 GIS 工具软件，从空间数据的采集、编辑到数据的处理分析及结果输出，所有的算法都由开发者独立实现。然后选用某种程序设计语言（如 Visual C++、Delphi 等）在一定的操作系统平台上编程实现。这种方式的好处在于：无须依赖任何商业 GIS 工具软件，可减少开发成本。但对大多数开发者来说，能力、时间、财力方面的限制使其开发出来的产品很难在功能上与商业化的 GIS 工具软件相比，而且在 GIS 工具软件上省下的钱可能还抵不上开发者在开发过程中绞尽脑汁所花的代价。第二种开发方式是单纯的二次开发，这种开发方式完全借助于 GIS 工具软件的开发语言进行应用系统开发。GIS 工具软件大多提供了可供用户进行二次开发的宏语言，如 ESRI 公司的 ArcView 提供了 Avenue 语言，MapInfo 公司研制的 MapInfo Professional 提供了 MapBasic 语言等。用户可以利用这些宏语言，以原 GIS 工具软件为开发平台，开发出针对不同应用对象的应用程序。这种方式省时省心，但进行二次开发的宏语言作为编程语言只能算是二流语言，功能极弱，用它们来开发应用程序仍然不尽如人意。第三种开发方式是集成的二次开发。这一方式是指利用专业 GIS 工具软件（如 ArcView 和 MapInfo 等），实现 GIS 的基本功能，以通用软件开发工具，尤其是可视化开发工具，如 Delphi，Visual C++，Visual

Basic，Power Builder 等作为开发平台，进行两者的集成开发。而集成开发目前有两种开发方式，一种是 OLE/DDE 方式，另一种是 GIS 组件开发（吴宝贵和石广田，2001）。

国外早期的土地评价研究主要是为土地征税而发展起来的，例如，法国财政部 1934 年提出的《农地评价条例》，美国 1933 年提出的"斯托利指数分等"（STR）和康乃尔评价系统（Cornell System），以及德国 20 世纪 30 年代提出的土地指数分等。但是一些以合理利用土地发展农业为目的的土地评价也早已有开展，如 1903 年美国农垦局试拟的以发展灌溉为目的的土地评价方法和 1936 年美国农业部土壤保持局为水土保持而提出的土地潜力分类。后者是世界上第一个比较全面的土地综合评价系统，在 20 世纪 60 年代进一步完善后，不仅在美国，而且在加拿大、英国、印度、中国、巴基斯坦等许多国家得到了广泛的应用。

20 世纪 70 年代，土地评价为更好地满足土地利用规划的要求，开始从一般目的的土地评价向有针对性的专门性土地评价过渡，最值得提到的是联合国粮食和农业组织在 1976 年发表的《土地评价纲要》，这是一个针对特定土地利用方式对土地的适宜性和适宜程度做出评定的土地评价方案，现已被许多国家所采用。根据此纲要，联合国粮食和农业组织还陆续拟定了《雨耕农林土地评价纲要》《灌溉农业土地评价和土地分类纲要》《林业土地评价》等文件，对土地评价起了明显的促进作用。此外，澳大利亚联邦科学与工业研究组织、英国的土地资源开发中心以及荷兰的国际航测与地学研究所等机构在进行土地类型调查与制图的同时，也开展了大量的土地评价研究，并与土地利用规划结合起来。

近 30 年来国外土地评价又有新的发展。例如，联合国粮食和农业组织在农业生态区规划研究中，从气候和土壤的生产潜力分析入手，进行土地适宜性评价，并且在非洲、东南亚和西亚实施。这是一种基于气候生产潜力和土壤生产潜力，并考虑到土地投入水平的土地适宜性方法。1983 年，加拿大的杜曼斯基（Dumanski）和斯图尔特，进一步发展了联合国粮食和农业组织的研究方法，它们通过对土壤和气候资料的计算机处理，估算了土壤制图单位对每种作物的适宜程度，并将其分成三级。根据作物产量资料，找出与土壤有关的减产因素，逐步计算出假定无限制因素的产量和预测产量。再把气候参数、杂草、病虫害、田间耕作条件等因素的作用综合起来，然后由预测产量，获得土地适宜性值，确定出 6 个土地适宜性等级。

在此基础上，土地评价进一步朝综合方向发展。例如，特纳于 1985 年从土地的生态条件评价、财政与经济分析、社会条件评价等方面论述了土地评价这一综合分析过程。加拿大奎尔夫大学的斯密特（Smit）从 20 世纪 80 年代起，致力于把各种特定地区土地利用要求的土地条件、土地现状属性、土地利用目的、对特定地区土地利用效益的估价等内容有机地贯穿在一起，通过分析自然、经济和社会条件，建立了综合土地评价模型，包括数据处理、建模、求解、评价和制图，并将其应用于安大略省的农业土地评价。这一方法的优点，是能进行土地利用和产量的预测。

一般认为我国较系统的土地评价工作，是始于 20 世纪 50 年代的荒地调查。从那时起，大体可以分为 3 个时期：第 1 个时期，从 50 年代中期到 70 年代中期。主要是结合中国科学院组织的自然资源综合考察中的土壤地理和土地资源调查进行的土地评价。第 2 个时期是从 70 年代后期至 80 年代中期，是我国土地评价研究的成熟期。这一时期，一些学者，如林超（1981）、吴传钧（1981）、赵松乔（1983）、李孝芳（1986）和石玉林（1982）等将欧美和澳大利亚的土地评价理论和方法介绍进来，有力地推动了我国土地评价研究的进一步开展。第 3 个时期，始于 80 年代中期，这一时期的土地评价主要结合国土整治和区域治理而进行，例如，配合黄土高原水土流失的综合治理、"三北"防护林的建设、南方山地资源综合开发，以及青藏高原综合考察等任务所开展的大中比例尺的土地评价。

中国先前进行的土地评价大多参照联合国粮食和农业组织的《土地评价纲要》，同时结合国内各地具体实际情况展开进行。例如，倪绍祥和陈传康（1993）在福建沙县东溪流域进行的土地评价；陈光伟（1983）在陕西安塞黄土高原地区的土地资源评价；张友焱等（2003）对黄土丘陵沟壑区典型小流域进行了土地资源适宜性评价。同时，中国的土地生态适宜性评价大多采用定性与定量相结合的方法，如张丽君和曹红（2005）采用德尔菲法和指数加权求和法对沈阳市的土地生态适宜性进行了初步评价研究，最后给出了沈阳市土地生态适宜性评价图，将沈阳市土地综合生态适宜类别适应区划分为四类。

然而，新的技术不断应用到土地资源评价中，大大促进了土地资源适宜性评价的快速发展，特别是地理信息系统等技术的引入。这方面的研究主要有杜红悦和李京（2001）用模糊数学方法对联合国粮食和农业组织的农业生态带（AEZ）土地评价方法进行了改进，并将 GIS 技术应用到传统的 AEZ 土地评价方法中，建立了土地农业适宜性评价信息系统（IA-LEIS）。刘建军等（2001）将层次分析法（AHP）与 GIS 技术相结合用于土地资源评价模型的建立，找到了进行土地资源评价的有效途径。吕晓剑等（2005）选取自然生态指标、社会经济指标和区位指标，在 Arc/Info 地理信息系统的支持下，建立了土地资源评价体系，对武汉市汉阳湖区的土地资源进行了科学评价等。同时，一些土地资源适宜性评价的新做法不断涌现，如 GIS 技术与数学模型的结合应用等。例如，史舟等（2002）将 GIS 技术和传统柑橘适宜性评价模型相结合，从而实现了地图式柑橘适宜性评价咨询决策系统。张红旗等（2003）在 GIS 技术支持下，建立了县域柑橘土地的自然、经济、社会属性适宜性评价模型及综合评价模型，在单项土地适宜性评价理论与方法上有新突破。另外，随着中国城市化进程的不断推进，针对城市建设用地的生态适宜性评价是近年来土地资源评价的一个热点领域。例如，陈燕飞等（2006）应用生态适宜性评价方法，采用 ArcMap 空间分析软件，综合考虑了地形地貌等多项因子，并对不同因子赋予不同的权重进行叠加，得到了南宁市建设用地适宜性评价结果。刘贵利（2000）在 GIS 的支持下，对某研究区的建设用地进行适宜性评价，建立了建设用地适宜性评价方法程序。需要指出的是，现阶段以发展各类特种作物（例如，苹果、棉花等）为目的的土地适宜性评价也逐渐成为领域研究热点。

由于 GIS 软件专业性较强，大部分软件产品都属于工具型 GIS，同时 GIS 的应用领域又是如此广泛，这些工具型 GIS 软件不可能解决所有应用领域的专业问题。这就需要由用户进行二次开发来解决工具软件的不足和具体应用。随着 GIS 在各个社会部门和行业的应用越来越广泛，各行业各部门对 GIS 的研究就越详细越深入。GIS 二次开发的需求也就越来越多。近年来不同行业、不同部门应用工具 GIS 软件，采用多种方式方法进行二次开发，出现了琳琅满目、种类繁多的 GIS 应用系统。例如，ESRI 公司应用开发部门开发的上海市水务局 GIS 系统，实现了防汛指挥决策、水资源管理、水务规划、水文监测、水环境管理、水景观管理、排水管理等。中地数码公司开发的网通电话导航系统，实现了城市基础地理数据的要素查询，通过网通 114 电话查询平台向社会提供空间查询服务。另外，陈宇辉和刘遂庆（2006）开发了华东某市的城市给水排水管网系统专用 GIS 平台，实现了地理图形管理、管网图形数据管理、管网拓扑关系分析、管网属性数据管理、管网管线设备管理、管网维护管理、用水量/漏水管理分析、汇水区域管理、管网巡检管理、管网更新方案。秦凯和吴艳果（2007）开发了 WeatherGIS 气象预报分析系统，实现了气象数据导入、编辑、处理以及分析结果输出等功能。李恒等（2007）开发了地震震中分布图绘制系统，实现了一种把记录地震信息的文本文件转换成 MapGIS 明码文件再生成图形文件，并通过属性连接达到动态标注的方法。邢向荣等（2007）开发了基于 GIS 的煤炭资源管理系统，建立了煤炭资源图形数据库与属性数据库的关联，满足矿产资源信息的日常管理需要，对提高矿产资源的管理水平起到了积极的推进作用。

4.1.2　研究方法与技术路线

本研究是针对土地利用评价模型的不完善性和智能化程度不高而进行的。通过对土地利用质量模型、适宜性评价模型、可持续利用模型以及经济模型的研究，在计算机环境下，运用 GIS 技术和现代智能技术等建立一套比较全面、系统的土地利用辅助规划决策支持系统。从多个角度（模型），以多种形式分析和表达土地利用现状和开发潜力，提供多种完整的土地适宜性评价模型及因子量化方法，建立常用模型库和多种预测模型，为土地供需预测服务，进而在土地利用结构优化基础上，提供多种土地利用空间布局模型，最后实现各种专题地图、统计图表以及规划决策支持成果的自动输出。整个系统采用目前流行的 GIS 应用系统通用界面，力求操作简单、中间信息丰富，各种模型、方法的实现与具体数据相分离，体现系统良好的通用性和可扩充性。

（1）研究方法

本书将在系统总结多种类型的土地利用评价模型和深入探讨 GIS 组件式开发技术的基础上，选择 VB 可视化开发环境，运用 MapGIS 二次开发控件进行集成开发，研制一套土地利用综合评价的集成系统。

地理信息系统集成式二次开发包括 OLE/DDE 和 GIS 控件两种方式。由于 GIS 独立开发难度很大，而单纯二次开发受 GIS 工具提供的编程语言的限制差强人意，因此，结合 GIS 工具软件与当今可视化开发语言的集成二次开发方式就成为 GIS 应用开发的主流。它的优点是既可以充分利用 GIS 工具软件对空间数据库进行管理与分析，又可以利用其他可视化开发语言的高效、方便编程优点，集两者之所长，不仅能大幅提高应用系统的开发效率，而且使用可视化软件开发工具开发出来的应用程序具有更好的外观效果、更强大的数据库功能，可靠性好、易于移植、便于维护，尤其是使用基于 OCX 技术的 GIS 功能组件进行集成开发，更能表现出这些优势。

MapGIS 是武汉中地信息工程有限公司开发的优秀的 GIS 基础平台软件系统，是集地图输入编辑、数据库管理及空间分析为一体的 GIS 基础平台。可应用于建立基础地理信息系统，能应用于需要地理信息的相关行业和应用系统。作为一个 GIS 基础平台软件，用户可以在 MapGIS 基础上进行二次开发，开发出适合自己需要的应用系统。目前，MapGIS 二次开发库主要提供 API 函数、ActiveX 控件、MFC 类库三种方式。开发库被封装于若干动态链接库（dynamic link library，DLL）中，API 函数在使用方法上与 Windows 的 API 函数完全一样，是独立于开发工具的，无论是使用 VC++，VB 还是 Delphi 等，用户均可在这些工具中，像调用 Windows 的 API 函数一样调用这些二次开发函数。ActiveX 控件是 MapGIS 完成组件化改造的成果之一，它基于 COM 模型，使得二次开发更为快捷便利，代码的可复用性更高，MapGIS 类库是为基于 MFC 的开发者提供的多个可重用基类，将应用程序所需的常见基本功能做了封装，使用便利，改动灵活，开发者只需从类库派生，即可使自己的程序获得从地图窗口显示控制到图形查询编辑等各项功能。上述各类开发接口提供了对最基本数据单元的读取、保存、更新和维护，MapGIS 地图库的建立和漫游，以及空间分析、图像处理等一系列功能，本系统是以类库开发为主。MapGIS 二次开发类库是建立在 MapGIS API 之上的一个类库层，用于支持基于 MFC 类库的面向对象的 Windows 程序设计，它提供了一套强有力的 C++类，屏蔽了基于 MapGIS API 之上开发 MapGIS 实用程序的许多复杂性，同时仍然允许有经验的程序员使用底层的 MapGIS API 功能。

（2）技术路线

本书按照如下步骤开展研究（图 4-1）。

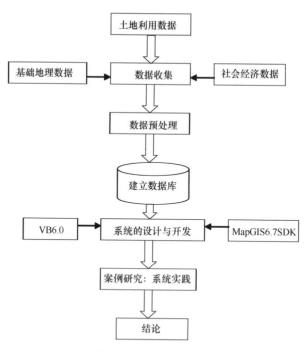

图 4-1　技术路线图

数据收集：收集研究区内基础地理数据、社会经济数据、土地利用数据及其他相关数据。

选择需要的工具：Visual Basic 6.0，MapGIS6.5SDK。

数据预处理：基础地理数据的分类和入库，社会经济数据的整理和筛选，土地利用数据入库等。

选择选用土地利用评价模型，确认数据搜集能满足要求，如不能满足要求，再次收集数据。

土地利用评价系统的设计与开发：在 VB 可视化编程环境下，进行基于 MapGIS6.5SDK 的二次开发。

4.2　土地利用评价的类型及评价模型的构建

土地利用评价必然是依据一定的目的而进行的，根据评价目的的不同，土地利用评价的侧重点就不一样，所选择的评价因子、构建的评价模型、选取的评价方法也有差异。据此我们可以将这些评价划分为不同的评价类型。即使这样划分，由于地理条件的差异和评价尺度的不同等因素，土地利用评价的因子选择、模型构建也不尽相同。本书根据土地评价的一般规律，概括不同的评价类型，总结了不同评价类型的评价因子。提出了评价因子选取的一般原则，讨论了评价因子权重的确定方法和评价单元的划分依据。

4.2.1　土地利用评价因子体系框架

本书中将土地利用评价按照评价目的的不同，归为如下四种评价类型，并总结归纳出常用的评价参数，论述如下。

（1）土地质量评价模型的因子选择

土地质量评价是指在土地资源调查、土地类型划分完成之后，以土地合理利用为目标，根据特定的目的对一定的土地用途及土地的属性做质量鉴定，从而阐明土地的适宜性程度、生产潜力、经济效益和对环境的影响程度，确定土地的价值（王国强和郧文聚，2011）。

土地质量评价是土地利用总体规划的重要组成部分，是土地利用分区的主要技术依据和决策因素。土地利用系统是典型的自然-经济-社会复合系统，该系统涉及资源、环境、生态、社会经济等指标。因此，土地质量评价指标一般包括土地的生态属性、经济属性、环境属性等。因此，评价土地质量的指标体系应由生态指标、社会经济指标和区位指标组成（朱永恒等，2005）。根据具体情况选取相应的指标评价体系。生态指标既包括土地自身的特性，也包括土地的自然环境。主要有气候因子、地貌因子、土壤因子等。社会经济指标包括土地利用集约度、土地经营效益、人口状况等。土地利用集约度主要指土地投入的水平；土地经营效益主要由产量或产值等指标来表示；人口状况主要体现人口与资源的关系，这直接影响到土地质量。区位指标主要指经济地理位置，包括中心城镇的影响度和交通条件等。常用评价指标可用图 4-2 表示。

（2）土地经济评价模型中因子选择和确定

土地资源经济评价是指从社会和经济的角度来研究土地自然评价结果的经济可行性，是在一定利用方式下，将某一土地类型同土地利用所产生的效益相联系（刘庆和陈利根，2013）。

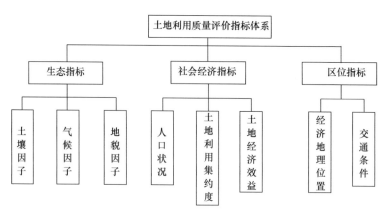

图 4-2　土地质量评价指标体系

土地利用经济评价的目标是界定土地利用的经济效益。土地利用的经济效益是一个综合概念,是在城镇这个地域范围内各产业投入产出经济效果的综合反映,与之相关的因素很多。选择尽可能多的指标固然好,但却使统计工作量增加,并可能掩盖重要因子的作用。根据科学性、整体性、层次性、可操作性、动态性、前瞻性原则,评价指标体系的建立可从影响小城镇土地利用经济水平的主要因子分析入手,既反映质量水平,又反映数量水平,从而使指标体系能够准确反映小城镇的土地利用状况。根据我国城镇发展的一般规律,结合小城镇的实际情况,以及指标数据的可获得性,选取投入产出指标、经济规模指标、经济效益指标、土地生产率指标,这些常用指标共 4 类 11 个,构成小城镇土地利用经济评价的指标体系,如图 4-3 所示。

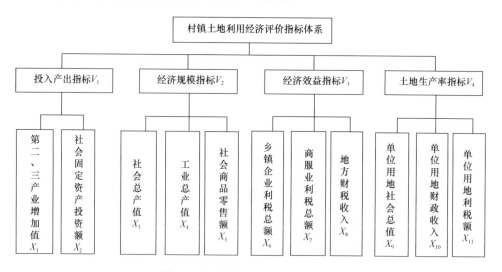

图 4-3　土地利用经济评价指标体系

（3）土地适宜性评价模型的因子选择和确定

土地资源适宜性评价是指土地资源针对某种特定利用方式,判断是否适宜以及对适宜程度的等级做出评定的过程。土地适宜性评价不仅揭示了土地的生产潜力,而且反映出土地对某种利用方式的适宜程度和改良利用的可能性,是区域土地资源可持续利用和管理的核心环节（赵世民等,2012）。一般而言,土地的适宜性程度和限制性的强度通常作为土地适宜性评价的主要依据（张玉斌等，2014）。

在建立指标体系和相应的评价方法方面，根据土地可持续利用的涵义，指标设计应从生态（自然）指标、经济指标、社会指标 3 个方面考虑（赵兴国等，2014），目前常用的指标见图 4-4。

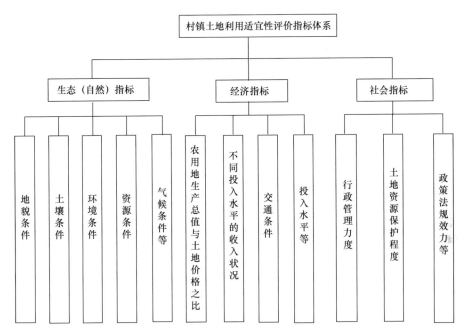

图 4-4　土地利用适宜性评价指标体系

（4）土地可持续利用评价模型的因子选择

土地资源可持续利用评价，是对土地资源利用是否符合可持续发展的标准和处于可持续状态的正确衡量，是国土整治、土地规划、资源开发利用的重要依据，是衡量人地关系是否协调的准绳。土地资源可持续性评价是土地可持续利用研究的核心，是土地可持续利用研究的必经环节，是实施土地可持续利用的重要手段。土地资源可持续利用评价是在土地质量评价和土地适宜性评价基础上进行的。

现在的研究大多依据联合国粮食和农业组织 1993 年发表的《可持续土地利用管理评价大纲》进行，即生产性、安全性、保护性、可行性和接受性 5 个目标构成土地可持续利用评价指标体系的基本框架。土地可持续利用评价的评价因子也必须从生态、社会、经济 3 个方面来确定。常用的评价指标体系见图 4-5。

4.2.2　土地利用评价的因子选择和模型建立方法

影响土地评价的因子几乎数不胜数，不可能也没有必要对这些因子都做出评价，只有那些具有当地特色、与评价目的相关的因素才可以作为评价因子。评价因子权重的计算有多种方法，目前常用的有 Delphi 法与 AHP 法。德尔菲法需要大量的调查报告，还要有专家评估，数据获取不便，相比而言层次分析方法在评价因子权重确定中更常用。土地利用评价模型多种多样，但都无外乎是不同因子层之间的数学运算，其本质就是在

GIS 中不同因子图层的叠加运算。对于评价单元的确定，由于使用计算机进行自动评价，理论上其评价单元可以无限地细化，只是这样运算的数据量将急剧增加。

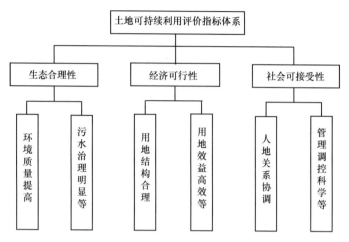

图 4-5   土地可持续利用评价指标体系

（1）因子选择原则

虽然土地利用评价包含土地质量评价、土地经济评价、土地适宜性评价、土地可持续利用评价等评价类型。但是每一种评价类型都需要选取既对评价目标有直接影响，又能体现空间分布差异性的因素作为参评因子。以上各种评价类型都具有相似的评价因子选择原则和方法，总结起来主要有以下选取原则。

1）差异性原则：土地评价的基本目的就是显示出土地利用所导致的经济的、社会的、生态的差异性，对于那些对土地利用有重要影响，但在评价区内基本一致的因素应视为背景因素。

2）主导性原则：在全面分析每一个影响土地利用评价的各个因子的基础上，选取对研究区土地利用所造成影响起主导作用的因子作为土地利用评价影响大的因素而加以采用。

3）综合性原则：在农村土地中，对于土地利用评价的影响已成为自然和人为双重作用的格局，并且人类的能动性干预表现出日益强烈的趋势。这样影响土地利用评价的因子中，除了分析土壤性质、耕层养分等自然因素外，还要分析灌溉条件、投入水平等社会经济要素，才能使评价结果更加客观和准确。

4）稳定性原则：选取的评价因子在时间序列上应具有相对的稳定性，如土壤质地、有机质含量等，评价的结果能够有较长的有效期。

5）因地制宜原则：所选因素应与当地的资料技术水平相协调，充分利用当地现有的资料。选取的评价因子应与评价区域的大小有密切的关系。应采用最接近的现势性较好的数据。

6）静态指标与动态指标相结合原则：现有的土地利用方式以及当前的资源环境状态是否是可持续的，要综合分析各影响要素的静态水平和动态趋势才能做出客观合理的评价。所以，在构建土地可持续利用的指标体系时，必须紧密结合表征与可持续性相关的各类要素的存量和流量这两类指标。

7）可量化原则：所选的因子资料易于收集，因子能够量化成不同的等级或分值。

（2）参评因子的权重确定方法

指标权重是对每个指标在整个指标体系中的相对重要性的数量表示。权重确定合理与否对综合评价结果和评价质量将产生决定性影响。确定权数的方法很多，在对多指标体系进行指标权重确定时，常用的确定方法是 Delphi 法与 AHP 法。而 AHP 法是在对复杂的决策问题的本质、影响因素及其内在关系等进行深入分析的基础上，利用较少的定量信息使决策的思维过程数学化，从而为多目标、多准则或无结构特性的复杂决策问题提供简便的决策方法。尤其适合对决策结果难以直接准确计量的场合。因此，AHP 法更多地被使用。下面重点介绍层次分析方法的基本原理。

AHP 法是将与决策总是有关的元素分解成目标、准则、方案等层次，在此基础之上进行定性和定量分析的决策方法。这种方法的特点是在对复杂的决策问题的本质、影响因素及其内在关系等进行深入分析的基础上，利用较少的定量信息使决策的思维过程数学化，从而为多目标、多准则或无结构特性的复杂决策问题提供简便的决策方法。尤其适合对决策结果难以直接准确计量的场合。AHP 法的步骤如下。

1）建立层次结构模型。在深入分析实际问题的基础上，将有关的各个因素按照不同属性自上而下地分解成若干层次，同一层的诸因素从属于上一层的因素或对上层因素有影响，同时又支配下一层的因素或受到下层因素的作用。最上层为目标层，通常只有1 个因素，最下层通常为方案或对象层，中间可以有一个或几个层次，通常为准则或指标层。当准则过多时（例如多于 9 个），应进一步分解出子准则层。

2）构造成对比较阵。从层次结构模型的第 2 层开始，对于从属于（或影响）上一层每个因素的同一层诸因素，用成对比较法和 1～9 比较尺度构造成对比较阵，直到最下层。

3）计算权向量并做一致性检验。对于每一个成对比较阵计算最大特征根及对应特征向量，利用一致性指标、随机一致性指标和一致性比率做一致性检验。若检验通过，特征向量（归一化后）即为权向量；若不通过，需重新构造成对比较阵。具体检验过程有两个部分，过程如下。

a. 层次单排序。求解各元素排序权重的方法有行和法、方根法、和积法，本书采用方根法计算。其计算步骤如下。

①逐行计算矩阵（M）的几何平均值 G_i：

$$G_i = n\sqrt{\prod_{j=1}^{n} a_{ij}} \quad (i\text{ 为行号，}i=1,2,\cdots,n) \tag{4-1}$$

②对 G_i 进行归一化，即为所计算的权重 W_i：

$$W_i = G \Big/ \sum_{i=1}^{n} G_i \quad (i\text{ 为行号，}i=1,2,\cdots,n) \tag{4-2}$$

则 $W=(W_1 W_2,\cdots,W_n)T$ 即为所计算的权重向量。

③计算判断矩阵的最大特征根 $\lambda_{\max}$（为后面的一致性检验服务）：

$$\lambda_{\max} = \frac{1}{n}\sum_{i=1}^{n} \frac{(MW)_i}{W_i} \quad (i=1,2,\cdots,n) \tag{4-3}$$

式中，MW 表示判断矩 M 与权重向量 W 相乘后得到的新向量，MW_i 为 MW 的第 i 个元素。

b. 一致性检验。在构造判断矩阵时，由于客观事物的复杂性和人的判断能力的局限性，人们在对各元素重要性的判断过程中难免会出现矛盾。例如，在判断元素 x：$y=1：4$、$y：z=1：2$ 的同时，可能会出现判断 $x：z=1：3$ 的矛盾情况。为此，需要对判断矩阵进行一致性检验，以检查所构判断矩阵及由之导出的权重向量的合理性。一般是利用一致性比率指标 CR 进行检验。公式为 CR $=$CI/RI，式中，CI$=$（$\lambda_{max}-n$）/（$n-1$）为一致性指标，RI 为平均随机一致性指标，是通过大量试验确定的。部分随机一致性指标 RI 的数值见表 4-1。当 CR$<$0.1 时，认为矩阵的不一致程度是可以接受的，否则，认为不一致性太严重，需重新构造判断矩阵或做必要的调整。

表 4-1 RI 数值表

矩阵阶数	1	2	3	4	5	6	7	8	9
RI	0.00	0.00	0.58	0.90	1.12	1.24	1.32	1.41	1.45

4）计算组合权向量并做组合一致性检验。计算最下层对目标的组合权向量，并根据公式做组合一致性检验，若检验通过，则可按照组合权向量表示的结果进行决策，否则需要重新考虑模型或重新构造那些一致性比率较大的成对比较阵。

这一步骤是从高到低逐层进行的，如果某一层次某些因素对于上一层次单排序的一致性指标为 CI_j，相应的平均随机一致性指标为 CR_j，这一层次总排序随机一致性比率为 RI，它的计算方法见式（4-4）。当 RI$<$0.10 时，认为层次总排序结果具有满意的一致性，否则需要重新调整判断矩阵的元素取值。

$$RI = \frac{\sum_{j=1}^{m} a_j CI_j}{\sum_{j=1}^{m} a_j CR_j} \qquad (4-4)$$

（3）确定因子标准值

要对土地利用进行评价，必须将不同单位表示的实际指标值转化为无量纲的相对评价值，以便于比较和综合。常用的方法有统计标准化、极值标准化、定基和环比标准化、指数变换法等。下面详细介绍极差标准化方法。

极差标准化是将因子权重值归一化为 0~100（或 0~1）之间的数值。即权重值最小的因子得分确定为 0，将权重最大的因子得分确定为 100，而将权重介于最大和最小的因子得分，运用线性函数归一化方法进行处理。将其归一化为 0~100 之间的数值。具体计算方法是根据各个因子的权重值大小，代入公式。

$$y = \frac{x - \min x}{\max x - \min x} \times 100 \qquad (4-5)$$

计算可以得到各个因子得分。

（4）评价模型的建立

针对不同的土地利用评价类型，所采用的评价模型建立方法不同。但是目前广泛使

用的评价方法是由线性加权方法来确定。其公式表达为

$$Y_i = \sum_{j=1}^{n} W_j A_{ij} \tag{4-6}$$

式中，Y_i 为第 i 个评价单元的土地利用评价综合得分；n 为因子个数；W_j 为第 j 个评价因子的权重值；A_{ij} 为第 i 个评价单元相对于第 j 个评价因子的得分。这样在计算机条件下，可以方便地实现上述评价方法，即运用 GIS 的空间叠加分析可以轻松地完成评价因子的线性或非线性计算。

（5）评价单元的确定

随着计算机与 GIS 技术的不断发展，对研究区域逐点进行综合评价逐渐发展起来，将研究区域分成一定数量的网格，每个网格作为一个基本的评价单元，逐网格进行综合评价。在生成的各个因子图层上，赋以不同因子的得分，在将评价因子图层转换为栅格图像的过程中，将每一个因子的得分值赋予栅格图像的像元值，从而可以实现基于规则格网的逐点评价条件。当然，土地利用评价过程中，评价网格越小则评价精度越高，但这样会急剧增加栅格图像的文件大小，使评价运算速度急剧下降。所以评价单元大小的选择应该适当，不宜过分精细，评价单元应满足评价要求即可。

4.3　土地利用评价系统的构建技术

土地利用评价系统的构建需要 GIS 的二次开发技术支持，特别是 GIS 的组件式开发技术。组件式 GIS 的基本思想是把 GIS 的各个功能模块划分为若干控件，每个控件完成不同的功能。组件式开发允许用户把 GIS 控件集成到可视化开发环境中，各个控件之间以及与其他非 GIS 控件之间通过各种程序设计语言集成起来，最终形成 GIS 应用系统（徐梦洁等，2007）。

4.3.1　地理信息系统组件式开发

组件技术是最近几年提出的一种新的软件工程技术，它是面向对象技术的延伸，它使近 20 年来兴起的面向对象技术进入到成熟的实用化阶段。组件是一段可重复使用的程序代码和数据，它由一个或多个对象组成。组件技术设计思想的关键在于：程序代码片段可直接使用，无需重新编译；开发人员不需程序源码；组件不限于一种编程语言，即所谓的"二进制重用"。

组件式地理信息系统是面向对象技术和组件式软件在地理信息系统软件开发中的具体应用，其技术基础为组件式对象模型和 Activex 控件。组件式对象模型（component object model，COM）是 OLE（object linking and embedding）和 Active 的基础。COM 建立的是一个软件模块，与另一个软件模块之间链接，当这种链接建立之后，模块之间就可以通过名为"接口"的机制来进行通信。COM 标准增加了保障系统和组件完整的安全机制，扩展到分布式环境，实现了 COM 对象与远程计算机上的另一个对象之间直接进行交互。

Activex 是一套基于 COM 的可以使软件组件在网络环境中进行互操作而不管该组

件是用何种语言创建的技术，作为 Activex 技术的重要内容，Activex 控件是一种可编程、可重用的基于 C++的对象。Activex 控件通过属性、事件、方法等接口与应用程序进行交互。组件式 GIS 的基本思想是把 GIS 的各大功能模块划分为几个控件，每个控件完成不同的功能。各个 GIS 控件之间，以及 GIS 控件与其他非 GIS 控件之间，可以方便地通过可视化的软件开发工具集成起来，形成最终的 GIS 应用。控件如同一堆各式各样的积木，他们分别实现不同的功能（包括 GIS 和非 GIS 功能），根据需要把实现各种功能的"积木"搭建起来，就构成应用系统。

组件式软件技术已经成为当今软件技术的潮流之一，为适应这种潮流，GIS 软件也像其他软件一样，已经或正在发生着巨大的变化，即由过去厂家提供了全部系统或者具有二次开发功能的软件，过渡到提供组件由用户自己再开发的方向上来，无疑，组件式 GIS 技术将给整个 GIS 技术体系和应用模式带来巨大的影响。组件式地理信息系统是面向对象技术和组件式软件在地理信息系统软件开发中的具体应用，其技术基础为组件式对象模型和 Activex 控件。长期以来，GIS 应用系统的开发都是在 GIS 基础平台上进行二次开发。这种模式下，程序开发人员必须要熟悉 GIS 平台所提供的繁多的函数、命令及参数，这不但会增加系统的开发难度，延长系统的开发周期，还会增加系统的成本。这种开发模式下，GIS 应用系统的功能取决于 GIS 基础平台功能的强弱，以及系统开发人员理解和掌握 GIS 平台函数和命令的程度。这在某种程度上影响了系统的质量。而且，一旦 GIS 平台软件升级换代了，GIS 应用系统无法随之自动升级换代，要升级换代就必须投入相当的精力在新的 GIS 平台上进行新的开发。这一方面加大了 GIS 应用系统的成本；另一方面，也大大地阻碍了 GIS 的推广和发展。目前，组件式软件技术已经成为软件技术的潮流之一，组件式 GIS（component GIS）指基于组件对象平台，以组件的形式提供基本功能的 GIS，是 GIS 与组件技术相结合的新一代地理信息系统。组件式 GIS 充分利用了组件的可重用特性，使用 GIS 组件可以很大程度地提高 GIS 应用软件的开发效率和质量。组件式 GIS 是 GIS 技术发展的一个全新阶段，在地理信息系统应用软件的开发中，采用组件式的二次开发已是必然的趋势。组件式 GIS 的基本思想是把 GIS 按功能划分为几个控件，每个控件完成不同的功能，用户通过控件提供的接口，编制代码实现相应的功能。在可视化开发环境下将 GIS 控件与其他非 GIS 控件集成在一起，形成最终的 GIS 应用系统（李均等，2010）。

组件式 GIS 开发方法是现在 GIS 二次开发的重要发展方向。具有开发周期短、成本低、程序易于移植、便于维护、用户无须掌握专门的 GIS 开发语言、开发难度相对较小、系统整合性能好的优点。

组件式 GIS 代表着当今 GIS 发展的潮流，其代表作当属全球最大 GIS 厂商 ESRI（美国环境研究所）推出的 MapObjects1.2 和著名的桌面 GIS 厂商——美国 Mapinfo 公司推出的 MapX，另外，还有 Intergraph 公司的 GeoMedia、加拿大阿波罗科技集团的 TITAN、中地公司的 MapGIS SDK 等。

4.3.2 通用可视化开发环境——VB6.0

Visual Basic 是一种可视化的、面向对象和采用事件驱动方式的结构化高级程序设计语言，可用于在 Windows 环境下的各类应用程序。它简单易学、效率高，且功能强大可以与 Windows 专业开发工具 SDK 相媲美。在 Visual Basic 环境下，利用事件驱动的编程机制、新颖易用的可视化设计工具，使用 Windows 内部的广泛应用程序接口（API）函数，运用动态链接库（DLL）、对象的链接与嵌入（OLE）、开放式数据连接（ODBC）等技术，可以高效、快速地开发 Windows 环境下功能强大、图形界面丰富的应用软件系统。随着版本的提高，Visual Basic 的功能也越来越强。6.0 版以后，Visual Basic 推出了中文版，与之前的版本相比，其功能有了很大提升。他的基本特点如下。

（1）面向对象

VB 采用了面向对象的程序设计思想，它的基本思路是把复杂的程序设计问题分解为一个个能够完成独立功能的相对简单的对象集合，所谓"对象"就是一个可操作的实体，如窗体、窗体中的命令按钮、标签、文本框等，面向对象的编程就好像搭积木一样，程序员可根据程序和界面设计要求，直接在屏幕上"画"出窗口、菜单、按钮等区别类型的对象，并为每个对象设置属性。

（2）事件驱动

在 Windows 环境下，程序是以事件驱动方式运行的，每个对象都能响应多个区别的事件，每个事件都能驱动一段代码——事件过程，该代码决定了对象的功能，通常称这种机制为事件驱动，事件可由用户的操作触发，也可以由系统或应用程序触发，例如，单击一个命令按钮，就触发了按钮的 Click（单击）事件，该事件中的代码就会被执行，若用户未进行任何操作（未触发事件），则程序就处于等待状态，整个应用程序就是由彼此独立的事件过程构成的。

（3）软件 Software 的集成式开发

VB 为编程提供了一个集成开发环境，在这个环境中，编程者可设计界面、编写代码、调试程序，直至把应用程序编译成可在 Windows 中运行的可执行文件，并为它生成安装程序，VB 的集成开发环境为编程者提供了很大的方便。

（4）结构化的程序设计语言

VB 具有丰富的数据类型，是一种符合结构化程序设计思想的语言，而且简单易学。

（5）强大的数据库访问功能

VB 利用数据 Control 控件可以访问多种数据库，VB 6.0 提供的 ADOControl 控件，不但可以用最少的代码实现数据库操作和控制，也可以取代 DataControl 控件和 RDOControl 控件。

（6）支持对象的链接和嵌入技术

VB 的核心是对对象的链接和嵌入（OLE）技术的支持，它是访问所有对象的一种思路方法，利用 OLE 技术，能够开发集声音、图像、动画、字处理、Web 等对象于一体的程序。

（7）多个应用程序向导

VB 提供了多种向导，如应用程序向导、安装向导、数据对象向导和数据窗体向导，通过它们可以快速地创建区别类型、区别功能的应用程序。

（8）支持动态交换、动态链接技术

通过动态数据交换（DDE）的编程技术，VB 开发的应用程序能和其他 Windows 应用程序之间建立数据通信，通过动态链接库技术，在 VB 程序中可方便地调用 C 语言或汇编语言编写的函数，也可调用 Windows 的应用程序接口（API）函数。

（9）联机帮助功能

在 VB 中，利用帮助菜单和 F1 功能键，用户可随时方便地得到所需要的帮助信息，VB 帮助窗口中显示了有关的举例代码，通过复制、粘贴操作可获取大量的举例代码，为用户的学习和使用提供方便。

4.3.3 MapGIS 组件库 MapGIS6.5SDK

4.3.3.1 MapGIS 组件库的基本概念

MapGIS 提供完整的二次开发函数库。用户完全可以在 MapGIS 平台上开发面向各自领域的应用系统。操作系统、MapGIS 开发库及 MapGIS 应用程序的相互关系见图 4-6。

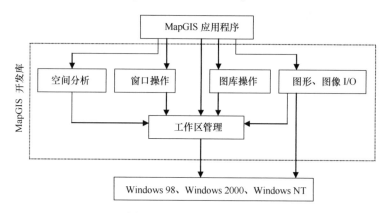

图 4-6　MapGIS 开发模式

MapGIS 系统不仅是一个 GIS 基础软件，而且是用户开发面向具体领域的 GIS 的工具。在分析对比 GIS 空间模型的基础上，从空间实体模型分析、二次开发函数库软件结构设计、函数的功能分类、二次开发函数库的实现几个方面，介绍了 MapGIS 二次开发函数库的设计思想（张然和，2015）。

目前 MapGIS 二次开发库主要以 API 函数、MFC（microsoft foundation class）类库、COM 组件、ActiveX 控件四种方式提供。开发库被封装在若干动态链接库（DLL）中。

API 函数在使用方法上与 Windows 的 API 函数完全一样，因此，其是独立于开发工具的。无论您使用 VC++，VB，还是 BC++，Delphi…，在这些工具中如何调用 Windows 的 API 函数，就可以怎么调用这些二次开发函数。

MapGIS 类库是为基于 MFC 类库的 C++开发者提供的多个可重用基类，它将应用程序所需的常见基本功能做了封装，使用便利，改动灵活。开发者只需从类库派生即可使自己的程序获得从窗口显示控制到图形查询编辑的各项功能。

MapGIS COM 组件是 MapGIS 新一代体系结构的表现，功能更加强大，使用更加便利。具有二次开发方便、易于集成、无限扩展等特点。支持多种开发软件，包括 Visual C++，Visual Basic，Delphi，Script，InterDev，Power Builder 等，开发者可以多层次地访问 MapGIS 组件的数据层、功能层和界面层。

ActiveX 控件是 MapGIS 完成组件化改造的成果之一，它们使得二次开发更为快捷便利，代码的可复用性更高。上述各类开发接口提供了从最基本数据单元的读取、保存、更新和维护到 MapGIS 地图库的建立和漫游，以及空间分析、图像处理等一系列功能。其中，API 函数是基础，使用上最灵活，但技巧性要求也最高。所以本书大量篇幅用于介绍 C++ API 函数。MapGIS 将不断丰富完善各类二次开发接口，以多种开发手段满足不同层次、不同应用的需求。

MapGIS 组件开发平台以一系列 COM 组件和 ActiveX 控件的形式提供了 GIS 基本功能，包括图形显示与编辑组件、空间分析组件、数据转换组件、DMT 分析组件、输出排版组件、网络分析管理组件、投影转换组件、图像分析管理组件、图形裁剪组件、图例管理组件、图库管理组件、工程管理组件等。这些组件（控件）对象关系见图4-7。

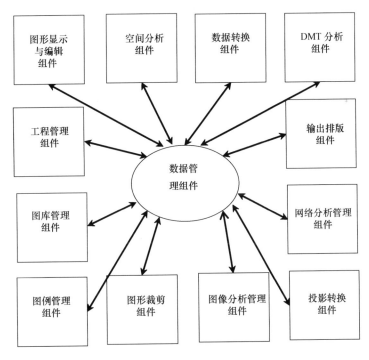

图4-7　组件对象关系略图

MapGIS 组件不依赖于某一种开发语言，它可以直接嵌入到通用的开发环境（如 VisualBasic 或 Delphi）中实现 GIS 功能。通过调用 MapGIS 组件的基本功能，并结合其他专业模型和专业模型分析控件，可以快速地开发 GIS 应用程序，这就大大降低了 GIS

应用系统的开发难度与开发成本。因此，利用 MapGIS 组件进行 GIS 应用系统的开发可以实现高效、无缝的系统集成（集成方式见图 4-8）。

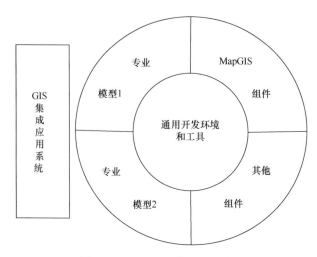

图 4-8　MapGIS 组件开发示意图

基于 COM 技术的 MapGIS 组件被包含在一系列 Windows DLL 文件里，ActiveX 控件则被包含在一系列 OCX（.ocx）文件里。使用时要对这些组件文件进行注册，Windows 文件与 MapGIS 组件的对应，见表 4-2。

表 4-2　Windows 文件与 MapGIS 组件的对应

Windows 文件	MapGIS 组件（控件）
MapGISBasComl.dll	数据管理组件
MapGISDspComl.dll	图形显示组件
MapGISLayerComl.dll	图层管理组件
MapGISMapComl.dll	地图管理组件、图例
MapGISDBSComl.dll	管理组件
MapGISRasterComl.dll	图像分析管理组件
Editview.ocx	图形编辑控件
MapTree.ocx	工程管理控件
GISAttEdit.ocx	属性编辑控件
AttstrucEdit.ocx	属性结构编辑控件

4.3.3.2　在 VB 中实现 MapGIS 组件二次开发的方法

利用 MapGIS 组件开发平台进行 GIS 应用程序的开发分以下几个步骤进行：①选择应用系统的开发工具，如 VB；②将所使用到的 MapGIS 组件引用到应用程序中；③调用 MapGIS 组件的属性和方法完成 GIS 基本功能；④开发应用系统专用的功能。

那么如何在 Visual Basic 程序中使用 MapGIS 组件对象呢？主要有以下步骤。①安装要使用 MapGIS 的组件，必须对其安装，并在 Windows 注册表里注册。运行 MapGIS 二次开发包中的 Setup.exe 程序，可以自动安装组件并注册。②使用 MapGIS 对象。可以使用 Visual Basic 编写使用 MapGIS 对象的程序。③嵌入 MapGIS 对象。对 MapGIS

对象编程的第一步是在项目中嵌入合适的类型库或头文件。为了使 Visual Basic 能够访问 MapGIS 对象，应该在 Visual Basic 项目或模块中嵌入 MapGIS 对象类型库。如果想把一个 Visual Basic 对象声明为 MapGIS 对象，要求嵌入 MapGIS 对象类型库，如果想把一个 Visual Basic 对象声明为一般 Object 类型，就不必嵌入 MapGIS 对象。为了在项目中嵌入 MapGIS 对象类，通常执行下列步骤。从 Project（工程）菜单中选择 References（引用），References 对话框出现后，选中复选框中所需的类型库。这要求 Visual Basic 环境或代码模块编辑器是活动的，正在运行。④初始化 COM 库。在程序能使用 MapGIS 对象之前，必须初始化 COM 库。MapGIS 应用程序不必初始化 COM，Visual Basic 会自动初始化 COM 库。⑤建立 MapGIS 对象。MapGIS 组件的核心是 MapGIS 对象。⑥声明和分配对象变量。为了存放从另一个对象返回的 MapGIS 对象，必须声明合适的 MapGIS 对象变量。⑦使用属性。属性是存放在 MapGIS 对象中的数据项。可以获得几乎全部属性值，但只能设置（改变）一定的属性值。⑧调用方法。方法是使用 MapGIS 对象执行一个动作的函数。⑨使用集合。一个集合含有一组对象，这些对象有相同的类型。集合的名字是它含有的对象类型的名字的复数形式。⑩释放 MapGIS 对象。当程序完成使用它创建的 MapGIS 对象时，必须释放该对象。在释放对 MapGIS 对象的最后一次应用后，对象变量变成无效的了，不能再使用。要再次使用这个对象，必须得到对它的新引用。⑪解除 COM 库。在程序退出之前，COM 库必须被解除初始化。MapGIS 程序不必解除 COM 的初始化。在程序退出时，Visual Basic 自动解除 COM 的初始化。

4.4 土地利用评价系统设计

本系统的设计按照土地利用评价的一般步骤，逐步地完成土地利用评价工作。系统设计包括了系统数据的组织形式、因子数据的编辑处理、评价处理的一般流程、评价结果的输出等内容。

4.4.1 系统总体结构设计

本系统试图从多个角度（模型），以多种形式分析和表达土地利用现状和开发潜力，提供多种完整的土地适宜性评建模型及因子量化方法，建立常用模型库和多种预测模型，为土地供需预测服务，进而在土地利用结构优化基础上，提供多种土地利用空间布局模型，最后实现各种专题地图、统计图表以及规划决策支持成果的自动输出。

本系统中，由于土地利用评价类型的多样性以及评价模型的多样性，使得系统所需要的地理数据以及属性数据类型多样，来源广泛。地理空间数据主要包括以下几类空间数据图层：行政区划图层、土地利用图、土地规划图、地形地貌图、土壤质地图等。系统中涉及的属性数据包括与各县区图层相关联的记录，以及人口状况、交通条件、投入水平、经济产值等数据。空间数据和相应的属性数据经过整理和规范化，形成完整的数据库，在系统中实现相互连接，构成系统的数据基础。

系统基本功能模块包括数据显示、编辑、管理、分析、输出和打印。图形显示功能即基本的 GIS 图形操作模块。例如，视图的放大缩小、视图的漫游，图形和属性的相互查询等。图层编辑是对输入的原始信息进行再加工的过程。包括对空间和属性数据的修改、删除和追加。数据管理是对进入系统的各种数据进行组织和管理。数据分析是系统的核心功能，主要是对各种土地利用评价模型的计算机实现，从而得出土地利用评价的结果。输出和打印功能就是将评价的结果或数据分析结果以合适的格式和形式输出。输出形式为在计算机屏幕上显示和通过打印机打印输出。实现相应的报表和专题图输出。

4.4.2 系统设计原则

1）系统的实用性。系统在设计时严格按照土地利用评价的步骤和方法。系统应符合并满足相关部门业务工作的需要，真正实现办公自动化，管理科学化。

2）系统的稳定性。系统应支持系统查错、实时报错、逻辑报错等报错功能，数据库中的所有资料应是准确可靠的。数据库也应具有稳定性，一旦生成，不会因为平时的正常操作而更改。系统应有很强的容错能力和处理突发事件的能力。

3）系统的独立性。系统在设计和打包时将用到的模块、控件等一并打包进去，使系统具有一定的完整性，可以在没有安装 MapGIS 的情况下，独立运行。

4）系统的可拓展性。系统设计时留有接口，随着土地利用评价模型的改进和优化，可以方便地对原有模型进行修改。当需要开发出新增的功能模块时，要求现有的模块不做大的改动或不影响整个系统的结构。

5）完备性原则。即系统的各项功能及管理的各种数据应是全面的、完整的。

4.4.3 系统构成

本系统按照土地利用评价的工作流程，分步骤完成评价工作，主要由数据录入、数据编辑、查询模块、评价模块、数据输出等部分组成。系统的总体结构见图 4-9。

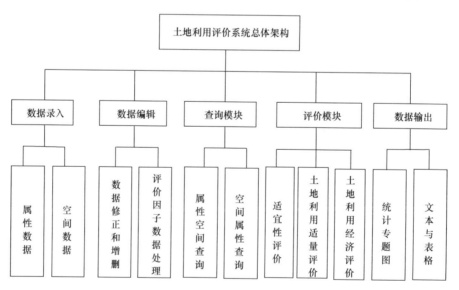

图 4-9 系统结构图

4.4.4 数据库设计

系统数据库的设计主要考虑 3 个方面的内容。

1）便于数据的管理和实用。

2）确保数据的准确性、完备性与实效性，以保证空间分析的准确性。

3）能够方便地为土地利用评价模型所使用。

系统数据库由空间数据库和属性数据库构成，空间数据库由 MapGIS 用层的概念来组织和管理数据。空间数据要素抽象为点、线、面三种要素类型，根据不同的专题分成不同的图层，一个图层就是一个含有特定图形对象的数据库表。

同时根据土地利用评价的特点，将参与评价的各个因子也是以图层的形式来组织，这样便于不同图层之间的相互运算，便于评价模型的实现。

4.4.5 系统工作流程设计

根据土地利用评价的特点，土地利用评价一般经过选取评价因子、确定因子比重、选择评价模型、划分评价单元、得出评价结果的评价步骤。土地利用评价的一般过程如下。

1）选取评价因子：按照一定的原则选择评价因子。

2）权重确定：对不同的因子选用合适的方法确定因子权重。

3）构造评价模型：参考已有模型，或者对已有模型进行改进，或者构造一个独立的评价模型，力求简洁明了，实用性强且物理意义明确。

4）划分评价单元：依据评价目的，选择评价单元，随着计算机与 GIS 技术的不断发展，对研究区域逐点进行综合评价逐渐发展起来，建议将研究区域分成一定数量的网格，每个网格作为一个基本的评价单元，逐网格进行综合评价。

5）多因子综合：综合多个参考因子，全面评价区域土地利用情况。

6）检验模型效果和因子选择效果。根据已有的土地利用评价结果或是实测数据，对模型得出的评价结果进行检验。

7）输出结果。

土地利用评价的详细过程见图 4-10。

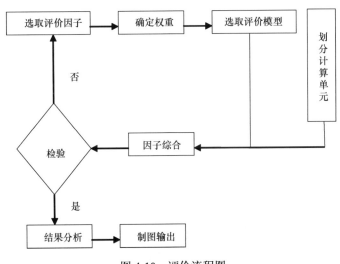

图 4-10　评价流程图

本系统按照土地利用评价的一般步骤，设计相应的软件功能模块，按步骤完成土地利用评价过程，即系统的设计思想是按照土地评价的一般步骤，逐步完成评价过程，系统运行见图4-11。

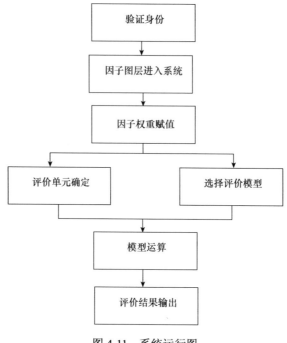

图 4-11　系统运行图

4.4.6　系统的功能模块设计

从功能实现上，系统按其应用层次，可分为基本功能、数据编辑、查询检索、评价模型分析、数据输出等功能模块。

（1）基本功能模块

系统的基本功能包括数据输入输出、视图操作、图层管理等内容。

1）数据输入输出：是指参与评价的各种空间数据和属性数据导入系统，参与土地利用评价及评价结果的输出，以及空间数据和属性数据的新建和保存，也包括数据层的显示和关闭。

2）视图操作：是指提供地图的复位、放大、缩小、漫游等基本操作，以及查看图层属性信息等功能。

3）图层管理：主要完成对组成地图的各地理要素的管理，包括图层的新建、添加、保存，以及隐藏和显示图层等功能。

（2）数据编辑模块

数据编辑是对进入系统的数据进行修改和处理的功能，是将输入系统的数据进行校验、检查、修改、重新编排、处理、净化、组织成便于内部处理的格式的过程。任务主要如下。

1）对数据进行校验检查，包括检查遗漏数据、多余数据和错误数据，进行增加、删除和修改操作。

2）把数据重新编排组织成便于内部处理的格式。在地理信息系统中，因处理对象为空间实体，故图形编辑是数据编辑的主要方式。通常在图形显示、人机交互环境下进行点、线段的增删和属性数据修改等操作，为下一步分析处理建立符合要求的数据基础。

3）对因子图层进行编辑处理，如裁剪图层，使各个因子具有一致的范围等，从而使之符合土地利用评价模型处理的需要。

4）添加图层的属性信息，最主要的是将评价因子图层的权重信息输入图层属性中，使图层属性包含因子比重值，从而保证评价模型的实现。

（3）查询检索模块

空间查询和分析处于 GIS 的核心地位，GIS 查询分为三种类型：单纯的属性查询、与空间位置有关的查询、与空间位置和属性同时相关联的查询。通过查询，用户可以迅速地得到自己所需要的信息。用户可以按各种条件查询，如图地类、斑号、面积范围等属性信息查询几何信息；也可以通过图斑颜色、图层号查询特定图斑的属性信息；还可以通过各种组合条件查询相关信息。用户还可以在地图中定位或者在图中划定范围等图形操作进行查询。所有查询均能实现属性数据与图形数据的双向操作，方便用户使用。

（4）评价模型分析模块

土地利用评价模型的实现是本系统的核心功能。由于土地利用评价的类型多样，模型众多，不同的评价类型具有不同的适用范围和特点。需要考虑的参评因子也不尽相同，所以系统需要由不同的评价类型和不同评价模型的子系统组成。本系统包含了土地利用的质量评价、经济评价、适宜性评价和可持续利用评价 4 个主要的评价模块。在每一个模块中包含了常用的评价模型。这些评价模型是运用 GIS 强大的空间分析能力来完成的。主要使用的分析方法是空间叠置分析、缓冲分析、裁剪分析等。

4.4.7　系统界面设计

系统界面实际上是系统功能的图形表示。它的好坏，既影响到系统的形象和直观水平，又决定了系统是否易于被用户接受，用户是否能够正确、便捷地使用系统功能。用户界面设计是一项重要而繁琐的工作，有时要占系统研究工作量的一半以上，因此，良好的用户界面是一个软件成功的重要标志之一。

应用程序的观感与感觉窗体的构图或布局不仅影响它的美感，而且也极大地影响应用程序的可用性。构图包括诸如控件的位置、元素的一致性、动感、空白空间的使用，以及设计的简单性等因素。由于本系统设计的目的在于提高土地利用评价的效率和客观性，所以在设计系统界面时应保证 GIS 系统易学、使用有效果。它涉及优化人们与 GIS 的交互方式。使得人们能有效地进行操作，主要有 3 个方面：①让用户有效地完成任务、访问所需的信息；②用户学会了如何使用系统执行任务后，能保证高的效率。③尽量使用户能够以自己的方式来执行所有任务。所以本系统的界面设计遵循以下原则。

1）简易性。设计的系统界面应该与土地利用评价的一般步骤相一致。系统的操作界面按照工作流的方式符合土地利用评价流程，使用户能很自然地操作。

2）直观性。界面设计应使系统使用者易于掌握，容易操作，同时使界面层次分明、布局合理，以最简洁的方式提供用户所需的信息，所以界面应简洁明了，尽量使复杂的评价过程变得简单，使用户能够高效、轻松地完成评价。

3）专业性。界面设计应符合常用 GIS 软件风格，尽量使用与普通 GIS 软件相同或类似的图标和文字说明，便于用户理解和使用。

4.5　土地利用评价系统的实现

根据土地利用评价系统的设计思想，土地利用评价系统的工作流程应该与土地利用评价的步骤相一致，系统模块的实现要满足土地利用评价的过程要求。由于土地利用评价类型多样，模型众多。在此重点介绍系统的土地适宜性评价子系统。其他子系统与土地适宜性评价原理相近。

4.5.1　系统软件平台的选择

本系统开发采用 MapGIS6.5SDK 二次开发工具，依据 Visual Basic6.0 开发平台进行系统开发建设。

MapGIS 是武汉中地信息工程有限公司研制的具有自主版权的大型基础地理信息系统平台。它是一个集当代先进的图形、图像、地质、地理、遥感、测绘、人工智能、计算机科学于一体的大型智能软件系统，是集数字制图、数据库管理及空间分析为一体的空间信息系统，是进行现代化管理和决策的先进工具，并支持多种开发语言，如 VB，VC++，DELPHI 等。MapGISSDK 是 MapGIS 的二次开发软件，具有强大的二次开发能力。其二次开发接口为一组定义在空间模型之上的函数集，借助于这组接口函数，用户可在 BorlandC++，Visualc++，Visual Basic 等编程环境下，建造面向特定领域的应用型 GIS。

在 Visual Basic 环境下，利用事件驱动的编程机制、新颖易用的可视化设计工具，利用 OLE 自动化技术将 MapGIS 作为一个对象嵌入到 Visual Basic6.0 环境中，应用 MapGIS 的 SDK 组件进行二次开发，实现土地利用评价功能。

4.5.2　评价系统的软硬件配置

系统运行的硬件环境是系统的物理基础，其优劣程度、档次高低直接影响系统运行效率，本系统建议在如下配置以上的电脑上运行。

主机：586/166MHz。

内存：512M。

硬件容量：80G。

显示器：CRT 显示器。

彩色打印机。

软件环境是指支持土地利用评价信息系统开发和运行的平台，它对于系统的开发、运行和维护具有重要的意义。软件是系统的核心，没有软件支持，再好的硬件设备也无法完成工作。本系统主要采用的软件见表 4-3。

表 4-3   系统软件环境

操作系统及平台	Windows XP
GIS 软件	MapGIS6.5SDK
数值计算软件	Microsoft excel、 Microsoft access

4.5.3   系统模块的编码实现

（1）基本功能模块实现

系统的基本功能包括数据输入输出、视图操作、图层管理等内容。

1）数据输入输出：本系统中主要支持 MapGIS 格式的各种类型空间数据，主要是点（.wt）、线（.wl）、面（.wp）数据。各个评价因子都是以这三种数据格式进入系统的。在加载数据过程中主要是编写代码调用 MapGIS SDK 的 EditView 控件来显示数据。相关主要代码如下。

// 面文件的定义和装载

```
Dim swp As RegArea
Set swp = New RegArea
Swp.Load
```

线文件和点文件的加载与此类同。见图 4-12 和图 4-13。

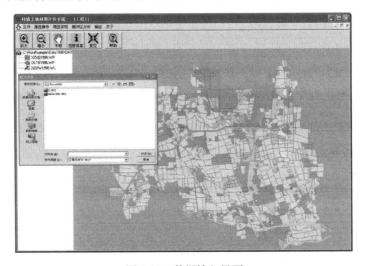

图 4-12   数据输入界面

图 4-13   数据输出界面

2）视图操作：是指提供地图的复位、放大、缩小、漫游等基本操作。也是在 EditView 控件中，通过编码设置 EditView 控件的各种方法来实现。见图 4-14。

图 4-14　系统常用数据操作

//典型代码如下。

```
Select Case Button.Key
Case "big"
    EditView1.ZoomIn
Case "small"
    EditView1.ZoomOut
Case "pan"
    EditView1.MoveWindow
Case "mapinfo"
    EditView1.ViewMapInfo
Case "resize"
    EditView1.RestoreWindow
```

3）图层管理：主要完成对组成地图的各地理要素的管理，包括图层的新建、添加、保存等。是通过调用 MapTreeCtrl 控件的 SetMap 方法与 EditView 进行关联。方便对 EditView 的数据操作。代码如下，实现的界面见图 4-15。

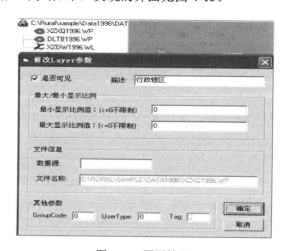

图 4-15　图层管理

// 典型代码如下。

```
Set prjmap = New Map
    EditView1.Height = 14000
    GisAttEdit1.Visible = False
    If prjmap Is Nothing Then
        Exit Sub
    Else
        Prjmap.LoadMapFile
        EditView1.Map = prjmap
        MapTreeCtrl1.SetMap prjmap
        EditView1.RestoreWindow
```

（2）数据处理模块实现

1）数据编辑处理：EditView 控件提供了强大的数据处理能力，包括空间数据和添加、删除、修改等；GISAttEdit 控件提供了强大的属性数据编辑功能；AttStruEdit 控件提供属性数据结构的编辑功能。GISAttEdit 控件通过 AttachArea 方法读取 EditView 中图层的属性信息，并提供编辑修改。见图 4-16。

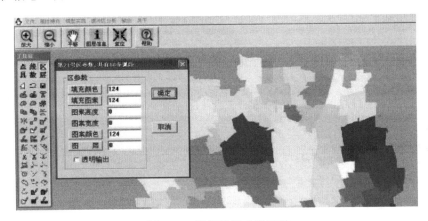

图 4-16　数据处理功能界面

代码举例如下。

```
Dim swl As LinArea
Set swl = New LinArea
Swl.Load
EditView1.LinArea = swl
Edit View1.LinkAttSwitch = True
Edit View1.AttachAttWorkArea swl, gisLIN_ENTITY
GisAttEdit1.AttachArea swl, gisLIN_ENTITY
```

2）数据查询的实现：包括属性向空间数据查询和空间向属性信息查询两部分。见图 4-17。

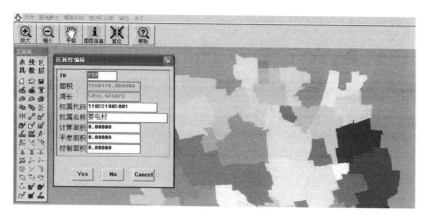

图 4-17　属性查询功能界面

举例：画框查询属性信息的代码如下。

```
Dim lastmode As Long
If bRectAsk And bLeftDown Then
    Pdc.LpToDp x_Pos，y_Pos，x2，y2    //将画笔设置为"异或"
    lastmode = pdc.SetPenMode（7）   //7 代表异或
    //先用"异或"矩形擦掉上一次画的矩形
Pdc.RectXY x1，y1，lastX，lastY，EditView.BackgroundColor
    //画出新的矩形
Pdc.RectXY x1，y1，x2，y2，EditView.BackgroundColor
    //记录这一次矩形的位置
    //将画笔设置为原来的值，便于以后系统对画笔的调用
//区的叠加
Dim objRegArea0 As RegArea
Dim objRegArea1 As RegArea
Dim objRegArea2 As RegArea
Dim radiu As Double
Dim Op As Enum_Overlay_Type
Dim rtl As Boolean
```

（3）评价分析模块实现

评价分析模块是本系统的核心模块，对土地利用评价至关重要，根据土地利用评价模型的特点和一般规律，土地利用的各类型评价都涉及如下 GIS 空间分析方法。

1）叠加分析：土地利用评价中不同因子的权重确定后，最终都要进行不同因子的叠加分析。MapGIS SDK 的典型叠加分析的核心代码如下。

```
//区的叠加
Dim objRegArea0 As RegArea
Dim objRegArea1 As RegArea
Dim objRegArea2 As RegArea
```

```
Dim radiu As Double
Dim Op As Enum_Overlay_Type
Dim rtl As Boolean
Set objRegArea0 = New RegArea //叠加工作区对象
Set objRegArea1 = New RegArea //被叠加工作区对象
Set objRegArea2 = New RegArea//结果工作区对象
objRegArea0.Load //装入叠加工作区
objRegArea1.Load //装入被叠加工作区
radiu = 0.01 //模糊半径
Op = gisOVLY_UNION//叠加类型-并
        rtl = objAnalysis.OverlayRegReg（objRegArea0，objRegArea1，
        objRegArea2，radiu，Op）  //叠加结果保存
```

2）缓冲区分析：缓冲区分析也是模型实现常用的空间分析方法，例如交通因素影响分析，水源条件分析时常常使用。如下代码是典型缓冲分析代码。

```
//点要素缓冲区生成
Dim objPntArea As PntArea
Dim pi As Long
Dim objPntInfo As Pnt_Info
Dim objDDot As D_Dot
Dim NoteDat As String
Dim rtl1 As Integer
Dim r As Double
Dim objRegArea As RegArea
Dim rtl As Boolean
Set objPntArea = New PntArea
pi = 1
objPntArea.Load                //装入点文件
//取一个点
rtl1 = objPntArea.Get（pi，objDDot，NoteDat，objPntInfo）
If rtl1 ＜＞ 1 Then Exit Sub
r = 10                         //缓冲区半径
Set objRegArea = New RegArea    //生成区工作区实例
rtl = objAnalysis.OnePntBuffer（objDDot，r，objRegArea）
```

4.6　测　试　案　例

本系统主要是对村镇的土地利用情况进行评价，为验证本系统的实际运行效果，本章将选择河南省永城市陈集镇为试验区，进行案例分析。

4.6.1 试验区概况

永城地处黄淮海平原腹地，位于苏鲁豫皖四省结合处，素有"豫东门户"之称。总人口为 132.9 万，其中，农业人口为 124.26 万，农业劳动力为 78.21 万，农业户数 32.26 万。2004 年人均纯收入为 2400 元；全市现有耕地 178.45 万亩。全市大部分地块为旱涝保收田，是一个典型的农业大市，地势平坦疏松易耕，属黄淮海冲积平原暖温带半干旱气候，雨量丰沛，日照充足，四季分明。盛产小麦、玉米、大豆，是我国重要的商品粮基地，全国粮食百强县之一。陈集镇位于永城市东北部，辖 34 个行政村，169 个自然村。土壤类型有潮土、砂姜黑土和褐土，其中以潮土为主。

4.6.2 数据准备

在本研究中，通过实地调查，得到了当地较为详细的土壤数据，文中以多种土壤理化性质数据作为土地适宜性评价的评价因子来进行当地农业适宜性评价研究。

土壤理化性质数据通过样点调查方法进行，在整个研究区，随机地选取 16 个样本点。得到表 4-4 所示测点位置数据和表 4-5 测点土壤理化属性数据。为验证系统有效性，本书就以土壤有机质含量、土壤有效磷含量、土壤 pH 为参评因子，通过系统运算，得到 3 个因子的评价结果，来验证系统效果。

表 4-4　测点坐标

测点号	经度	纬度
1	116°25′29.7″	34°00′58.4″
2	116°25′54.8″	34°00′54.5″
3	116°25′59.3″	34°01′26.7″
4	116°25′52.5″	34°02′6.7″
5	116°26′50.6″	34°02′6.5″
6	116°27′24.7″	34°02′37.6″
7	116°27′10.5″	34°03′5.6″
8	116°26′34.1″	34°03′35.4″
9	116°25′29.8″	34°00′58.5″
10	116°25′54.9″	34°00′54.6″
11	116°25′59.4″	34°01′26.8″
12	116°25′52.6″	34°02′6.3″
13	116°26′50.7″	34°02′6.1″
14	116°27′24.8″	34°02′37.7″
15	116°27′10.6″	34°03′5.7″
16	116°26′34.2″	34°03′35.5″

4.6.3 评价过程

首先，根据各测点空间位置坐标信息生成测点分布图，见图 4-18。

表 4-5　测点土壤理化属性

测点号	全氮/(g/kg)	有效磷/(mg/kg)	缓效钾/(mg/kg)	速效钾/(mg/kg)	有机质/(g/kg)	pH	有效铜/(mg/kg)	有效铁/(mg/kg)	有效锰/(mg/kg)	有效锌/(mg/kg)	有效硼/(mg/kg)	有效硫/(mg/kg)
1	0.77	64.2	856	144	20.1	7.8	0.90	6.9	10.6	0.61	0.84	8.46
2	0.61	97.4	965	89	23.2	7.8	1.49	17.7	11.7	4.13	0.75	15.08
3	0.72	13.3	815	152	19.8	7.9	1.26	16.1	11.6	1.14	0.72	5.79
4	0.77	19.7	713	86	20.6	8.0	1.03	11.2	8.5	1.17	0.74	5.79
5	0.69	17.8	654	111	18.1	7.9	0.93	10.3	9.8	0.83	0.69	5.86
6	0.59	10.7	632	90	16.7	7.9	1.51	13.5	7.0	1.22	0.89	4.69
7	0.73	14.9	657	73	18.1	7.8	0.90	15.0	7.5	1.32	0.79	11.84
8	0.74	17.7	786	112	20.4	7.6	1.08	15.6	6.6	1.33	0.96	4.78
9	0.66	12.2	751	60	16.7	8.0	0.96	13.1	7.8	0.79	0.84	6.37
10	0.81	47.4	844	130	22.3	8.0	1.72	16.9	6.2	2.07	0.72	5.78
11	0.68	24.6	562	100	17.9	7.9	1.08	12.0	6.7	0.93	0.71	4.38
12	0.54	18.1	678	131	17.9	7.8	0.83	10.5	7.6	0.85	0.69	4.93
13	0.55	55.7	563	108	9.5	7.9	3.82	10.2	10.6	2.91	0.61	1.82
14	0.78	23.3	562	129	20.4	8.0	0.96	13.1	7.5	1.90	0.54	8.54
15	0.77	84.3	654	117	17.1	7.6	1.64	18.4	11.3	4.06	0.48	5.21
16	0.66	42.5	875	108	15.1	7.8	3.11	12.3	8.0	2.47	0.39	11.62

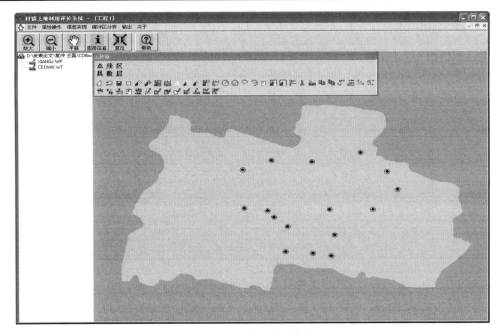

图 4-18　测点展布图

　　图中是根据 16 个样本点的位置数据,将样本点展布于陈集镇行政区划图上。同时,将样本点土壤的理化属性信息添加入系统。

　　其次,根据测点土壤理化属性数据,对测点进行插值处理,得到土壤有机质含量和土壤有效磷含量的分布图。见图 4-19 和图 4-20。

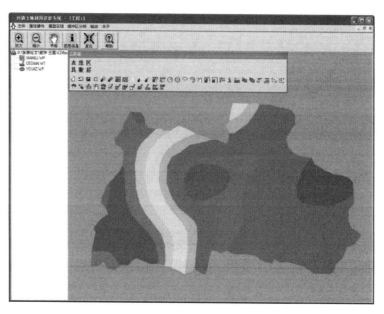

图 4-19 土壤有机质分布图

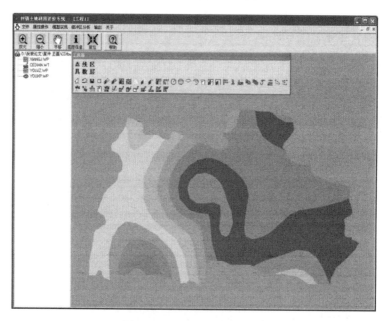

图 4-20 土壤有效磷分布图

在图 4-19 中,根据土壤有机质含量的不同,将土壤划分为 10 个等级;在图 4-20 中,根据土壤有效磷含量的不同,将土壤划分为 11 个等级。

然后,通过专家填写调查问卷,得到构建判断矩阵的原始数据,运用层次分析方法计算得到各评价因子所占权重。并通过极差标准化,运用线性方程归一化方法,计算不同因子不同等级的得分值。并将得分值作为属性添加到各因子图层的属性表中。最后,按照线性加权模型,将各因子图层叠加运算,得到最终的宜农适宜性评价结果。土壤有机质分布图和土壤有效磷分布图叠加处理结果如图 4-21 所示。

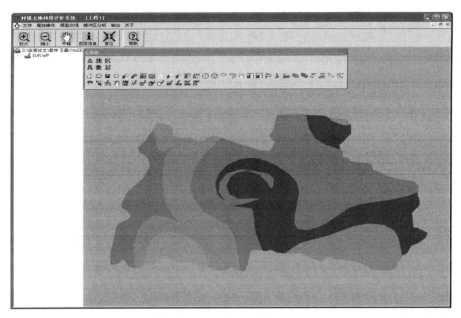

图 4-21　因子叠加评价图

图 4-21 中所示的因子叠加评价结果，是由土壤有机质因子和土壤有效磷因子，根据层次分析法所得到的权重，进行线性加权运算而得到。在图中，将宜农适宜性评价分为 5 个等级。对于其他因子可以用相同方法进行运算，不再赘述。

4.6.4　试验结果

本章使用永城市陈集镇土壤理化数据，进行土地宜农性试验评价。通过土壤理化数据的准备，制作土壤有机质和土壤有效磷因子图层，并通过层次分析法，计算得到这两个因子层不同等级的权重和得分值，最后通过系统的图层叠加功能，得到了这两个因子的综合评价结果，验证了本系统的数据处理和模型实现功能。

5 示范区村镇土地利用评价研究

5.1 新野县土地利用能值评价

5.1.1 选择新野县的理由

（1）新野属于本次研究试点县

新野县地处南阳盆地，是传统的农业县，全县土地总面积为 $1.062×10^5hm^2$。农用地面积为 $79136.86hm^2$，占土地总面积的 74.52%，具有很强的中原西南地区地理位置的代表意义。研究新野县土地利用问题，对基本农田保护与利用具有重要的示范作用。当初，拟选择试点示范乡——樊集乡展开工作，但是考虑长尺度连续数据资料的要求，村级缺乏系统长期积累，确定选择以乡镇层面为主体开展研究。

（2）新野县级资料系统完整

新野县统计部门提供了近 8 年的电子数据，为数据系统分析输入提供了便利，其他县镇没有如此连续系列。

（3）新野地域研究成果完整

新野县国土部门积累了过去土地资源调查与农业区划的成果，清楚地再现了新野县5 个不同农业地域类型，研究中选择 5 个代表乡镇，开展能值转化分析。

5.1.2 新野县耕地生态经济系统分析

全县耕地生态经济系统按照新野县农业区划资料，并依据各农业区水利条件和农业种植结构，可以划分为 5 个亚系统（图 5-1）。

为了便于研究，本书从 5 个耕地生态经济亚系统中分别选择一个在本系统中耕地面积较大的乡镇作为代表进行具体的能值评价。选取的 5 个乡镇依次是前高庙乡、施庵镇、樊集乡、歪子镇、新甸铺镇。

为理清各乡镇耕地生态经济系统内能量流动的途径以及各亚系统之间的能量流动关系，具体评价以各乡镇的行政边界范围内的所有耕地为研究对象，采用面上调查（到相关部门收集数据资料）和农户访问相结合的方法，收集各乡镇耕地生态经济系统内2000～2008 年的物质能量投入和产出数据，经过数据处理，统一转换为能值后进行评价研究。

5.1.3 绘制耕地生态经济系统的能量流动图

系统的能值分析首先从能量系统图的绘制开始，以明确系统的基本结构、系统主要能量输入和产出项目，以及能量流、物质流和货币流等流向关系。在分析新野县各乡镇

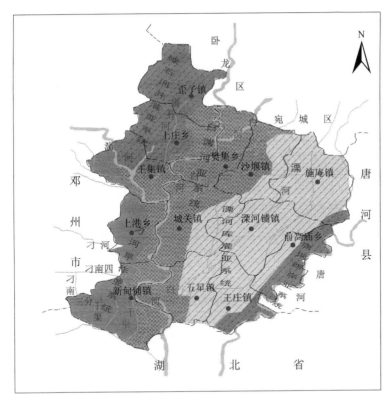

图 5-1　新野县各耕地亚系统位置示意图

生态环境和社会经济态势的基础上，根据 Odum 的能量系统符号语言，绘制乡镇耕地生态经济系统的能量系统图（图 5-2）。

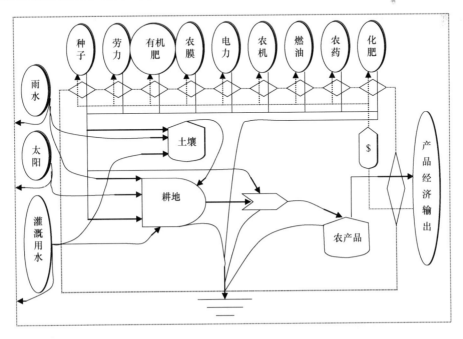

图 5-2　耕地生态经济系统能流示意图（实线为能值流，虚线为货币流）

5.1.4 系统各投入产出要素的能值计算

耕地生态经济系统的能值投入按其来源可分为两大类：一类是直接来源于自然界，包括可更新环境资源（太阳能、风能、雨水化学能、雨水势能等）和不可更新环境资源（土壤表土层损失等），这类能值是从自然界无偿获得的，称为无偿能值；另一类是来源于人类社会经济系统，包括不可更新工业辅助能（化肥、农药、农机、农膜、燃油等）和可更新有机能（劳力、种子、有机肥等），这类能值需要货币购买，因而称为购买能值或经济能值。

根据各乡镇耕地生态经济系统中的主要资源和产品等数据，运用能值分析方法，计算得出各乡镇耕地系统能值分析表。由于新野县属平原地区，地势平坦，县域范围内各乡镇的环境资源差异不大，因此，本研究中环境资源的投入均是通过全县平均数据与各乡镇耕地面积的乘积算出的。

系统各种投入与产出物质的原始数据及太阳能值计算方法如下。

1）太阳光能（J/a）=耕地面积（m^2）×太阳光平均辐射量（J/（$m^2 \cdot a$））

新野县太阳光年均辐射为 $4.60 \times 10^5 J/cm^2$，单位换算后为 $4.60 \times 10^9 J/$（$hm^2 \cdot a$），能值转换率为 1sej/J；

2）雨水化学能（J/a）=耕地面积（m^2）×年降水量（m/a）×密度（$10^3 kg/m^3$）
×吉布斯自由能（$4.94 \times 10^3 J/kg$）

年降雨量来源于《新野县统计年鉴》，能值转换率为 15444 sej/J；

3）雨水势水能（J/a）=耕地面积（m^2）×平均海拔高度（m）×年均降雨量（m/a）
×密度（$10^3 kg/m^3$）×重力加速度（$9.8 m/s^2$）

能值转换率为 8888 sej/J；

4）表层土损耗能（J/a）=耕地面积（m^2）×[表土侵蚀速率（141.1t/（$m^2 \cdot a$））
–表土形成速率（4.276t/（$m^2 \cdot a$））]×土壤平均有机质含量（2%）
×表土层吉布斯自由能（$5.4 \times 10^6 \times 4186 J/t$）

能值转换率为 62500 sej/J；

5）农田灌溉用水能（J/a）=年农田灌溉用水量（g/a）×河水吉布斯自用能（4.77J/g）

年灌溉用水量=年均定额（$3000 t/hm^2$）×有效灌溉（hm^2）

能值转换率为 10488 sej/J；

6）工业辅助能各因素的能量折算系数见表 5-1。

表 5-1　部分购买资源能量折算系数

项目	燃油	电力	农机	劳力	有机肥	种子
能量折算系数×10^7	4.40J/kg	1.25J/（kW·h）	41.63J/hm^2	1.26J/d	1.35J/kg	1.6J/kg

注：每个劳力按一年平均工作 300 天计算；各种作物种子按当年总产量的 2%计算

7）各类作物能量产出（J/a）=作物产物（kg）×能量折算标准（J/kg）

8）各要素太阳能值（sej）=原始数据（J 或 g）×能值转换（sej/J 或 sej/g）

9）耕地生态经济系统部分项目的能量折算系数和太阳能值转换率（表 5-2）。

表 5-2　能量折算系数和太阳能值转换率

项目	能量折算系数/10⁷J/kg	能值转换率/10⁴sej/J	项目	能值转换率/10⁶sej/J 或 sej/g
稻谷	1.51	8.3	电力	0.159
小麦	1.63	6.8	燃油	0.066
玉米	1.63	2.7	农机	75
大豆	2.09	8.3	农膜	380
绿豆	1.67	8.3	农药	1620
红薯	0.42	8.3	氮肥	4620
花生	2.3	8.6	磷肥	17800
油菜籽	2.63	8.6	钾肥	1740
芝麻	3	8.6	复合肥	2800
棉花	1.67	8.6	有机肥	0.027
麻类	1.63	8.3	劳力	0.38
烟叶	1.75	20	种子	0.066
蔬菜	2.5	2.7		
瓜类	1.1	4.3		

注：除标注的之外，其他物质的能量折算系数和能值转换率参考文献

5.1.5　乡镇耕地生态经济系统能值投入结构动态分析

5.1.5.1　编制各乡镇能值投入分析表

耕地生态经济系统能值总投入包括可更新环境资源、不可更新环境资源、不可更新工业辅助能、可更新有机辅助能。借助于计算机，分别计算了 5 个乡镇 2000～2008 年期间耕地生态经济系统的各项能值投入的数值。

5.1.5.2　各乡镇能值投入分析

2000～2008 年期间，各乡镇耕地生态经济系统的总能值投入总体上呈不断上升趋势（图 5-3）。特别是 2004 年以来，除了施庵镇总能值投入有所下降之外，其他 4 个乡镇总

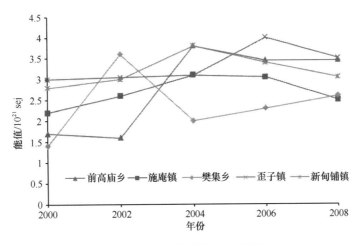

图 5-3　各乡镇总能值投入变化情况

的能值投入都增加明显。2000 年以来，增幅较大的有前高庙乡、樊集乡和新甸铺镇，增幅分别达到 103%、98% 和 83%，年均增长率分别是 3.7%、2.5% 和 2.3%，增幅最低的施庵镇为 13%。

　　在环境资源能值（可更新环境资源能值和不可更新环境资源能值之和）投入中，2008 年与 2000 年相比各乡镇都有所下降（图 5-4）。

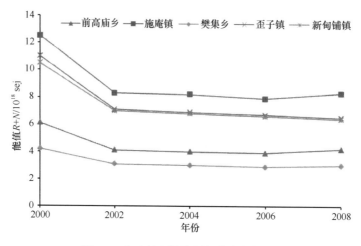

图 5-4　各乡镇环境资源能值变化情况

　　歪子镇下降最多，从 1.105E+19sej 下降到 6.776E+18sej，下降了 38.6%；樊集乡变化最小，从 4.475E+18sej 减少到 3.168E+18sej，减少了 26.9%。此外，环境资源能值自 2002 年以来，总体趋于平稳。由于可更新环境资源能值所占总能值投入的比重较小，对耕地生态经济系统整体影响不大。其中，农田灌溉用水的比重普遍较大，也反映出新野县各乡镇的农业发展对灌溉用水的利用高于对雨水的利用。这与各乡镇靠近河流和全县各乡镇近些年来机井配套数量连年增加的情况相吻合。通常情况下，在可预期的范围内，土壤肥力的下降可以看作是不可更新的资源消耗。通过计算，各乡镇表土层损耗能值仅占总投入能值的 0.01%，远低于河北省照阳河镇耕地表土层损失的 4.08%、南京市耕地表土层损失的 0.85% 和广东省的 0.74%。说明了该县各乡镇耕地生态经济系统的产出依靠土壤的自然肥力较少，而主要是与辅助能值的投入规模相关。

　　2000～2008 年期间，各乡镇不可更新工业辅助能投入总体上处于缓慢增加的趋势（图 5-5）。施庵镇、歪子镇和新甸铺镇总体波动不大，前高庙乡和樊集乡波动明显，但是从 2004 年开始也趋于稳定增长阶段。从增幅上来看，增幅最大的前高庙乡从 1.247E+21sej 增加到 3.021E+21sej，增幅达到 142%；其次是樊集乡，从 1.012E+21sej 增加到 2.44E+21 sej，增幅为 141%；增幅较小的依次是新甸铺镇 48%，施庵镇 41% 和歪子镇 33%。在总辅助能值中，不可更新工业辅助能值所占比重最大。其中，不可更新工业辅助能值占总投入能值的比值最低的是樊集乡的 75.41%（2002 年），最高的也是该乡的 91.63%（2008 年），平均每年的比值高达 84.59%；5 个乡镇中平均每年所占比例最低的新甸铺镇也为 65.54%。反映出各乡镇耕地生态经济系统投入结构的相似性，都是以不可更新工业辅助能值为主要投入资源，属于典型的石油农业发展模式。在工业辅助能值的构成中（图 5-6），以 2004 年为例选取化肥、燃油和农机能值占总能值投入比例最大的三项投入进行分析。发现各乡镇燃油的投入量都比较大，比重超过50%的有前高庙乡、樊集乡和歪子镇，低于50%的有施庵镇和新甸铺镇；农机能值投入比重超过10%的有施庵镇、樊集乡和新甸铺镇，低于10%的有前高庙乡和歪子镇；化肥能值投入量各乡镇水平相当，都在1%左右。这说明了各乡镇不可更新工业辅助能值投入以燃油和机械能投入为主。

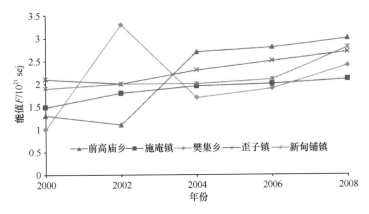

图 5-5　各乡镇不可更新工业辅助能值变化情况

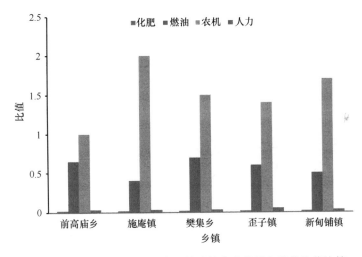

图 5-6　各乡镇（2004 年）主要辅助能值占总投入能值比值比较

　　对可更新有机辅助能投入来说（图 5-7），由于各乡镇耕地生态经济系统中大量投入不可更新工业辅助能值，而相对的对可更新有机辅助能的投入就必然降低。虽然从 2000 年开始，各乡镇的可更新有机辅助能投入处于不断增加阶段，但是自 2004 年开始，前高庙乡、施庵镇和新甸铺镇都呈现明显下降趋势。例如，前高庙乡可更新有机辅助能占总投入能值的比重从 2000 年的 27.02%减少到 13.22%，樊集乡从 2000 年的 24.30%减少到 8.27%，都减少了 50%以上。说明该县各乡镇耕地生态经济系统可更新有机辅助能的投入不高且不稳定。此外，以 2004 年为例，从有机辅助能的具体构成来看（图 5-8），各乡镇有机肥能值投入占有机辅助能的比重最高，一般都在 80%以上。说明其有机辅助能值主要是以有机肥的投入为主，畜力和人力投入比重较低。同时可清楚地看到，人力能值投入与燃油和农机能值投入相比，占总能值投入的比重更低，而有机辅助能值占总能值投入的比例也较低，这也间接地印证了各乡镇耕地生态经济系统的发展机械化水平较高，且以工业辅助能投入为主。这与近些年来各乡镇大量农村劳动力外出打工，农业生产劳动力减少的情况相吻合。

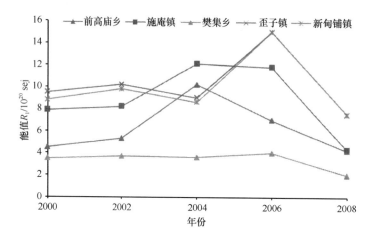

图 5-7　各乡镇可更新有机辅助能变化情况

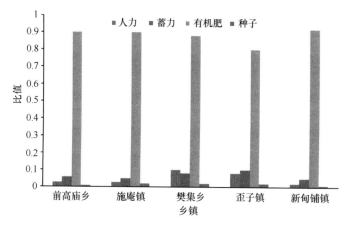

图 5-8　各乡镇（2004 年）可更新有机辅助能值构成比例

上述分析表明，首先，各乡镇 2000 年以来工业辅助能值对种植业的贡献最大，其中，樊集乡的工业辅助能值更是稳定在 85%左右。各乡镇工业辅助能值中占主体的燃油和农机能值投入逐年增加，而人力能值投入则逐年减少。一方面说明了各乡镇农业机械化水平程度的提高，另一方面也反映出种植业已基本改变了过去劳动力密集型的发展模式，现代化水平提高。其次，耕地生态经济系统对环境资源中的雨水能值利用偏低，主要原因是近十年来全县降水量变化较大，特别是 2000 年到 2002 年之间，下降尤为明显。降水量的波动，使得耕地生态经济系统对灌溉用水的依赖特别显著。可以清晰地看出（图 5-9），自 2000 年以来，灌溉用水量与降水量呈明显的互补关系。此外，可更新环境资源，如阳光、雨水、灌溉用水以及表土层的有机质含量等是种植业发展的必要条件。可更新资源是区域农业持续发展的关键所在，而不可更新工业辅助能并不能直接转化为生物有机体内的化学潜能，大部分在做功后以热能的形式散失，其作用只是强化和辅助生态系统中生物对太阳光能的固定、转化和流动。因此，应采取各种措施科学开发自然环境资源，提高环境资源的贡献率和利用率，逐步减少耕地生态经济系统的经济投入，达到既促进农民增收又实现耕地生态经济系统可持续发展的目的。

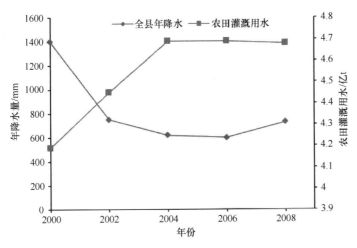

图 5-9　农田灌溉用水与年降水量变化情况

5.1.6　能值产出结构动态分析

5.1.6.1　编制各乡镇能值产出分析表

耕地生态经济系统能值产出主要包括粮食作物产出和经济作物产出。虽然农产品的产出并不单一，同一生产过程中可能有多种不同的产品产出，但是在能值分析中由于副产品和主产品源于同一生产过程，具有共同的能值含量，为避免重复，因此，只计算了主产品的能值，部分作物的副产品，如秸秆等，没有再计入。

5.1.6.2　各乡镇能值产出结构分析

从各乡镇总能值产出的变化情况来看（图 5-10），2000～2008 年期间各乡镇总的产出能值基本上都处于逐年增长的过程，这与总能值投入处于不断增加的情况吻合。增长

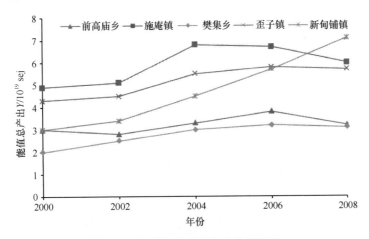

图 5-10　各乡镇能值总产出变化情况

最为突出的是新甸铺镇。从 2000 年的 3.047E+19sej 增长到 2008 年的 7.144E+19sej，9 年间增长了 4.09E+19sej，增幅达到 134%。增长较慢的是前高庙乡。从 2000 年的 2.917E+19sej 增长到 2008 年的 3.375E+19sej，增幅仅为 16%。其余乡镇增幅分别是樊集乡 55%，歪子镇 30%，施庵镇 26%。

此外，从各乡镇投入产出能值的增幅对比来看（图 5-11），施庵镇和新甸铺镇的产出增幅大于投入增幅，说明这两个乡镇耕地生态经济系统能值投入的效率较高；前高庙乡、樊集乡和歪子镇的产出增幅明显低于总投入的增幅，说明这 3 个乡镇耕地生态经济系统能值投入的效率较低，但也表明耕地生态经济系统的能值产出还有提升的潜力。

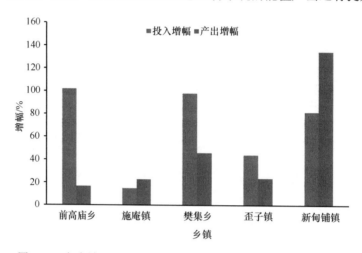

图 5-11 各乡镇（2000～2008 年）能值总投入与总产出增幅对比

从各乡镇耕地生态经济系统能值产出内部构成来看（图 5-12），全县粮食作物占总产出能值的比重大致在 55%左右，略高于经济作物的比重，说明这些年来各乡镇经济作物发展迅速，种植业生产结构调整明显，比例趋于合理。单就粮食作物能值产出来看，2000～2008 年除新甸铺镇粮食作物的能值产出增长较为明显外，其他乡镇的粮食作物能值产出基本上处于稳定状态。

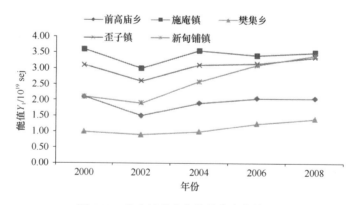

图 5-12 各乡镇粮食作物能值变化情况

从粮食作物内部构成来看（表 5-3）如下，小麦和玉米两种作物能值产出之和占粮食作物的比重在 90%以上。其中，樊集乡这两种作物的能值产出之和的比重更是达到

98%。说明小麦和玉米是新野县主要的粮食作物，在全县粮食作物中占有重要地位。

表 5-3　各乡镇主要粮食作物能值占粮食作物总能值的比重

乡镇名称	项目	2000 年/%	2002 年/%	2004 年/%	2006 年/%	2008 年/%
前高庙乡	小麦	65.34	83.10	87.95	90.16	88.59
	玉米	25.95	5.30	5.65	5.68	7.60
施庵镇	小麦	67.24	83.54	84.97	87.50	87.15
	玉米	26.70	8.09	5.07	7.18	8.32
樊集乡	小麦	70.75	91.75	95.17	92.73	88.45
	玉米	28.09	6.37	2.83	6.03	10.66
歪子镇	小麦	69.30	95.83	95.80	93.77	90.12
	玉米	27.52	1.03	1.19	3.59	8.04
新甸铺镇	小麦	68.67	87.46	91.12	88.91	86.32
	玉米	27.27	6.34	4.55	6.36	11.97

　　从经济作物能值产出变化来看（图 5-13），2000～2008 年各乡镇整体上增长迅速。虽然 2008 年与 2006 年相比，部分乡镇经济作物能值比重有所下降，但趋势并不明显。从国家农业种植结构调整政策和农民增收的愿望来看，经济作物比重上升是必然趋势。当然，这需要在保障粮食作物产量稳定的基础之上进行合理调整。一直以来，"粮经比"作为衡量种植业结构调整程度的重要指标，还没有统一的测算方法和标准。而用两者的能值产出比，则可以消除各地耕地地力、产品质量的差异以及价格变动的影响，便于进行地区间和地区内部年度间的比较。从经济作物与粮食作物比值来看（图 5-14），两者已基本持平，且经济作物比重还有超过粮食作物的趋势。说明随着农村经济改革的深入，各乡镇已改变传统的以粮食作物为主的生产模式，经济作物在农村经济收入和城乡人民生活中的重要性越来越明显。从经济作物内部构成来看，各乡镇花生、棉花、蔬菜能值产出所占比重较大。自 2000 年以来，这三种作物的能值产出基本上处于稳定状态。这与该县是全国优质棉生产基地县、无公害蔬菜生产基地示范县的情况是相符的。

　　总体上来看，各乡镇耕地生态经济系统能值产出近些年来的发展速度很快。一是通过投入大量的工业辅助能值，系统的能值产出有了大幅度提高；二是系统内部粮食作物和经济作物结构也有很大调整和优化，整个系统运行良好，极富活力和开发潜力。同时，

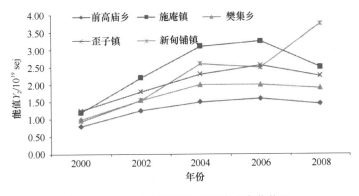

图 5-13　各乡镇经济作物能值产出变化状况

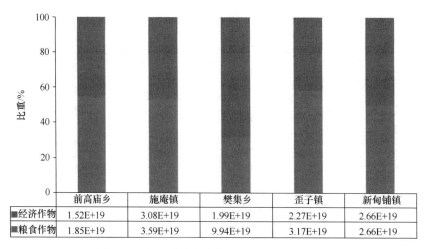

	前高庙乡	施庵镇	樊集乡	歪子镇	新甸铺镇
■经济作物	1.52E+19	3.08E+19	1.99E+19	2.27E+19	2.66E+19
■粮食作物	1.85E+19	3.59E+19	9.94E+19	3.17E+19	2.66E+19

图 5-14　各乡镇粮食作物与经济作物能值对比

也应该看到虽然耕地生态经济系统的现代化程度很高，但是系统也存在对不可更新工业辅助能投入依赖太强，有机辅助能投入不高的现状，这种状况如果不进行调整和改善，将会对系统未来发展产生不利影响。

5.1.7　能值评价结果及其应用分析

5.1.7.1　评价结果

通过对各乡镇耕地生态经济系统的投入产出项目进行计算，可以得出一系列能值评价指标（表 5-4）如下。但是，运用能值分析方法进行各类生态经济系统分析时，应根据具体系统来确定进入能值计算的项目，可依据系统的特点和研究需要来设置。

表 5-4　乡镇耕地生态系统能值指标体系

能值指标	表达式	含义
耕地能值产出率（EYR）	$EYR = E_mY/(E_mF + E_mR_1)$	耕地能值总产出/（工业辅助能值+有机辅助能值）
耕地能值使用强度（ED）	$ED = E_mT/A$	耕地能值总投入/耕地总面积
单位耕地辅助能值投资	E_mU/A	耕地总辅助能值/耕地面积
人均能值产出	E_mY/P	耕地能值总产出/农业从业人员
耕地环境负载率（ELR）	$ELR = \dfrac{(E_mN + E_mF)}{(E_mR + E_mR_1)}$	不可更新能值投入/可更新能值投入
系统生产优势度	$C = \sum (E_mY_i/E_mY)^2$	
系统稳定性指数	$S = -\sum \dfrac{(E_mY_i/E_mY)}{\times} \ln(E_mY_i/E_mY)$	
能值货币比率（EDR）	$EDR = E_mT/GNP$	耕地能值总投入/国民生产总值
能值交换率（EER）	$EER = E_mU/(M \times EDR)$	M=农业支出
可持续发展性能指数（EISD）	$EISD = EYR \times EER/ELR$	EER 是系统能值交换率

根据以上对各乡镇耕地生态经济系统的实际状况和系统投入与产出结构的分析，建立本研究能值评价的指标体系及各指标的表达式与含义。各乡镇耕地生态经济系统能值

评价指标体系计算结果见表 5-5～表 5-9。如下

5.1.7.2 评价结果的应用分析

（1）耕地能值产出率

新野县各农业区的乡镇耕地生态经济系统能值产出率整体上偏低，并且 2000 年以来上升速度缓慢，个别农业区还有下降趋势（图 5-15）。能值产出率偏低说明该县耕地

表 5-5 前高庙乡耕地生态经济系统能值指标评价体系（2000～2008）

项目	2000 年	2002 年	2004 年	2006 年	2008 年
能值产出率（EYR）	0.017	0.017	0.009	0.011	0.010
能值强度（ED）/10^{13}sej/m^2	4.495	4.368	1.032	9.387	9.457
单位耕地辅助能值投资/10^{13}sej/m^2	4.479	4.357	1.031	9.377	9.446
人均能值产出/10^{15}sej/人	1.149	1.031	1.242	1.371	1.248
环境负载率（ELR）	2.652	2.044	2.620	3.964	6.495
系统生产优势度	0.592	0.504	0.505	0.507	0.521
系统稳定性指数	0.598	0.689	0.688	0.686	0.672
能值货币比率/10^{12}sej/$	2.141	1.777	4.078	4.565	3.867
可持续发展性能指数（EISD）	4.068	4.182	1.521	0.611	0.196

表 5-6 施庵镇耕地生态经济系统能值指标评价体系（2000～2008）

项目	2000 年	2002 年	2004 年	2006 年	2008 年
能值产出率（EYR）	0.022	0.020	0.021	0.021	0.024
能值强度（ED）/10^{13}sej/m^2	2.964	3.846	4.662	4.596	3.647
单位耕地辅助能值投资/10^{13}sej/m^2	2.948	3.834	4.650	4.584	3.634
人均能值产出/10^{15}sej/人	1.188	1.278	1.730	1.701	1.569
环境负载率（ELR）	1.860	2.014	1.576	1.773	4.221
系统生产优势度	0.633	0.513	0.503	0.500	0.514
系统稳定性指数	0.554	0.680	0.690	0.693	0.679
能值货币比率/10^{12}sej/$	1.094	1.759	1.279	2.2511	1.234
可持续发展性能指数（EISD）	13.395	5.694	11.119	3.514	1.222

表 5-7 樊集乡耕地生态经济系统能值指标评价体系（2000～2008）

项目	2000 年	2002 年	2004 年	2006 年	2008 年
能值产出率（EYR）	0.015	0.007	0.015	0.014	0.012
能值强度（ED）/10^{13}sej/m^2	4.991	13.049	7.296	8.169	9.470
单位耕地辅助能值投资/10^{13}sej/m^2	4.976	13.039	7.285	8.160	9.460
人均能值产出/10^{15}sej/人	1.377	1.641	1.744	1.765	1.730
环境负载率（ELR）	3.062	8.886	5.094	4.695	10.933
系统生产优势度	0.500	0.538	0.555	0.525	0.510
系统稳定性指数	0.693	0.654	0.637	0.668	0.683
能值货币比率/10^{12}sej/$	1.762	8.081	2.554	4.280	3.705
可持续发展性能指数（EISD）	4.295	0.268	1.592	0.676	0.161

表 5-8 歪子镇耕地生态经济系统能值指标评价体系（2000～2008）

项目	2000 年	2002 年	2004 年	2006 年	2008 年
能值产出率（EYR）	0.014	0.015	0.017	0.014	0.016
能值强度（ED）/10^{13}sej/m²	4.615	4.563	4.786	5.977	5.245
单位耕地辅助能值投资/10^{13}sej/m²	4.597	4.553	4.775	5.967	5.235
人均能值产出/10^{15}sej/人	0.837	0.870	1.087	1.155	1.123
环境负载率（ELR）	2.239	1.921	2.515	1.649	3.910
系统生产优势度	0.597	0.519	0.514	0.506	0.520
系统稳定性指数	0.593	0.674	0.680	0.687	0.673
能值货币比率/10^{12}sej/\$	1.929	2.770	1.923	2.702	2.344
可持续发展性能指数（EISD）	4.928	2.886	3.353	2.388	0.547

表 5-9 新甸铺镇耕地生态经济系统能值指标评价体系（2000～2008）

项目	2000 年	2002 年	2004 年	2006 年	2008 年
能值产出率（EYR）	0.011	0.011	0.012	0.015	0.020
能值强度（ED）/10^{13}sej/m²	4.449	4.478	5.713	5.485	5.395
单位耕地辅助能值投资/10^{13}sej/m²	4.432	4.468	5.702	5.476	5.386
人均能值产出/10^{15}sej/人	0.762	0.849	1.133	1.378	1.779
环境负载率（ELR）	2.272	2.071	1.131	1.399	3.877
系统生产优势度	0.568	0.501	0.514	0.506	0.501
系统稳定性指数	0.624	0.692	0.679	0.687	0.692
能值货币比率/10^{12}sej/\$	1.708	2.544	2.062	2.625	1.896
可持续发展性能指数（EISD）	4.550	2.595	7.061	3.292	1.046

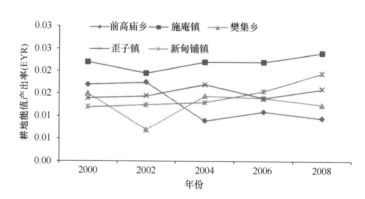

图 5-15 各乡镇耕地能值产出率变化（2000～2008）

生态经济系统虽然投入大量的工业辅助能值，但是能值利用效率较低。也说明了系统经济活力较低，运转效率不高，产品不具有价格竞争力。从各农业区之间的比较来看，施庵镇的能值产出率略高于其他乡镇，其值为 0.020～0.024；新甸铺镇的能值产出率呈明显上升趋势，能值产出率最高的 2008 年为 0.020。其他 3 个乡镇能值产出率低的原因主要在于其工业辅助能值的投入增长迅速而产出增长减缓，因此，造成了整个能值产出率不断下降的趋势。如前高庙乡，能值产出率从 0.017 下降到 0.009。

能值产出率的高低也可以反映系统在获得经济输入能值上是否具有优势，并且在一定程度上反映系统的可持续发展状况。Odum 认为该值合理的范围应在 1~6 之间，如果一个系统的能值产出率小于 1，则该系统的能值增加较为困难；如果一个系统能值产出率小于另一系统的能值产出率，那么该系统获得经济投资的机会和数额就会小于另一个系统，同时在其获取经济投入能值的竞争力降低的情况下，最终会被能值产出率高的系统所替代。原因在于要想获得同样的能值产出，该系统需要投入更多的能值才可以实现。因此，应该采取措施大力提高该县耕地生态系统的能值产出率以增强其获得外界投资的能力。

（2）能值强度和能值货币比率

通过对各乡镇的能值强度指标的计算可以看出（图 5-16），该县各农业区耕地生态经济系统的能值强度都比较高，2000~2008 年以来的最低值为前高庙乡的 1.032（2004年），也远高于徐州耕地生态系统的 0.174（2006 年）和南京市的 0.095，属于耕地利用强度和等级较高的地区。施庵镇、歪子镇和新甸铺镇历年的能值强度整体上比较平稳，前高庙乡和樊集乡的能值强度波动较大。从各乡镇整体来看，2004~2008 年全县各农业区中耕地能值强度处于不断增加的阶段，说明耕地生态经济系统的利用强度和集约化水平都有较大提高。

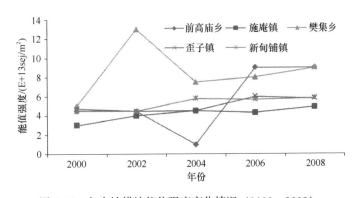

图 5-16　各乡镇耕地能值强度变化情况（2000~2008）

从该县各农业区的耕地生态经济系统能值货币比率来看，这一比率在 1.094~4.565之间，低于河南省 2004 年能值货币比率 4.86、徐州市 2000 年耕地生态经济系统的 6.28、福建省 2004 年农业系统该比值为 6.35。说明各乡镇耕地生态经济系统整体上对外部能源的利用水平较高，经济效益较好。

（3）人均能值产出

各乡镇耕地生态经济系统 2000~2008 年的人均能值产出在 7.624×10^{14}~1.779×10^{15}sej/人之间，低于全国农业系统平均值的 3.90×10^{15}sej/人，反映出各乡镇农业人口人均收入不高。同时，由于该县耕地生态经济系统（主要是除林地外的种植业）几乎占农业系统的全部，因此，这一数值在一定意义上也可以说明该县各乡镇的农业生态系统的整体运行情况在全国处于较低的水平。从各乡镇内部来看，近十年来耕地生态经济系统人均能值产出都处于缓慢增长阶段。施庵镇和樊集乡的人均能值产出高于其他 3个乡镇，但 3 个乡镇中的新甸铺镇人均产出能值自 2000 年以来增长迅速，到 2008 年已达到 1.779×10^{15}sej/人，是 5 个乡镇中最高的，说明该乡镇耕地生态经济系统整体运行效率好于其他乡镇，且具有较好的发展潜力（图 5-17）。

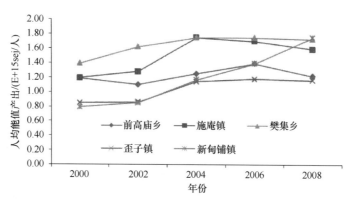

图 5-17 各乡镇人均能值产出变化（2000～2008）

（4）环境负载率（ELR）

根据能值分析理论，生态系统的可持续性主要表现为系统依靠可更新资源生存和发展的能力（图 5-18）。较高的环境负载率不仅说明系统科技发展水平较高和存在着高强度的能值利用，也说明系统承受着较大的环境压力。2000 年以来，新野县各乡镇耕地生态经济系统的环境负载率整体上处于不断上升的趋势。全国农业系统的平均环境负载率为 2.80（1998）。与这一数值相比，新野县的 5 个乡镇中，除了樊集乡外，其他乡镇 2006 年以前的环境负载率均低于全国平均值。2006～2008 年期间，部分乡镇的数值高于全国平均值。这一情况说明 2000～2006 年该县 5 个农业区中有 4 个区的乡镇耕地生态经济系统的科技发展水平较低，或者说工业化水平不高，低于全国平均水平。同时，也反映出这一时期，这 4 个农业区中乡镇耕地生态经济系统环境资源承受的压力不大。而 2006 年以后，随着不可更新工业辅助能值的大量投入，耕地生态经济系统的环境压力也在不断增大。能值分析理论认为，若长期处于较高的环境负载率情况下，系统将产生不可逆转的功能退化或丧失。这对系统的持续发展来说是一种警示信号。

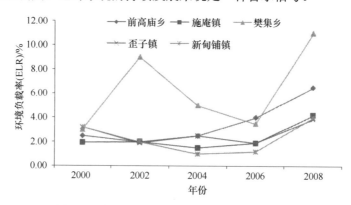

图 5-18 各乡镇环境负载率变化（2000～2008）

从各乡镇内部比较来看，樊集乡的环境负载率明显高于其他乡镇，数值在 3.062～10.933，远高于全国平均水平。特点是增长迅速，但波动较大。一方面说明该乡这些年耕地生态经济系统的发展主要是依靠投入大量化石能源，系统利用能值的强度加大，另一方面也说明了该乡耕地生态经济系统内环境资源承受的压力较大，已接近发达国家的水平（意大利 10.43，日本 14.49）。总体看来，该县 5 个农业区的乡镇耕地生态经济系统环境压力有不断上升趋势，除樊集乡外，其他乡镇上升平稳，整体上该指标低于发达国家水平，仍处于一个合理的范围内。今后应加大有机能值投入（有机肥和科技投入等），提高系统生态利用效率，减轻系统环境资源的压力，进一步提高系统的生态效益。

（5）系统结构优势度（SDD）和系统稳定性指数（SSD）

系统结构优势度（system dominant degree，SDD）是反映系统各产业结构的配置是否合理和优势差异的指标。结构优势度接近 0，说明各产业优势度差异很小；结构优势度越接近 1，则说明产业结构中某一产业所处的地位越具有优势。这两种情况对于系统综合发展来说，都不是理想情况。因此，实际的生产中应根据区域的实际情况以某一生产单元为主导，充分利用区域资源优势，突出区域特色，并兼顾其他生产单元，而系统结构优势度则应维持在 0.50 左右的水平较为合理（同时也应考虑各生产单元优势度）。这里借鉴结构优势度指标对耕地生态系统进行评价，复合系统结构优势度的计算公式：

$$C=\sum (E_mY_i/E_mY)^2 \qquad (i=1,2,\cdots,n)$$

式中，E_mY_i 表示系统中第 i 个子系统的能值产出；E_mY 表示系统能值总产出。本指标中的耕地生态经济系统优势度计算，只考虑了粮食作物和经济作物两个生产单元。

2000～2008 年新野县各乡镇耕地生态经济系统结构优势度指数（图 5-19）基本上在 0.50～0.65 之间波动，并且有趋于平衡的趋势。这表明传统的占主导地位的粮食作物随着经济作物比重的上升，地位开始下降，耕地生态经济系统内各生产单元结构得到优化，系统处于优化水平。这与该县近年来进行农业结构调整，大力发展经济作物的情况相吻合，也与河南省耕地生态经济系统的整体情况符合。河南省耕地生态经济系统生产优势度指标为 0.64（2007 年）。今后该县各乡镇耕地生态经济系统应在进一步保持这种结构状态的同时，重点在挖掘区域优势、突出区域特色上下功夫。

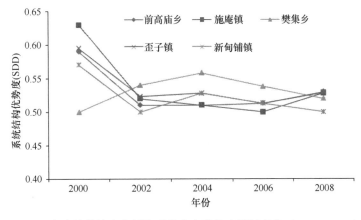

图 5-19　各乡镇耕地生态经济系统生产优势度指标变化（2000～2008）

系统稳定性指数（system stability degree，SSD）主要反映结构总体的稳定性和协调性。系统稳定性指数高说明系统各种能值流连接网络发达，系统自控、调节、反馈作用

强，具有更大的稳定性。复合系统的稳定性指数计算公式为

$$S = -\sum \left[(E_m Y_i / E_m Y) \ln (E_m Y_i / E_m Y) \right] \qquad (i, \ j = 1, 2, 3, ..., n)$$

式中，$E_m Y_i$ 表示系统第 i 个子系统的能值产出；$E_m Y$ 表示系统能值总产出。

新野县 5 个农业区中的乡镇耕地生态经济系统整体上呈稳定发展趋势，各乡镇之间的稳定性指数差别不大（图 5-20）。耕地生态经济系统稳定性指数在 0.554～0.693 之间，高于河南省耕地生态经济系统的稳定性指数 0.54（2007 年），接近于河北省曲县 0.768 的水平，远小于三水市农业生态经济系统（0.918）。表明系统内部各子系统的连接网络不佳，其自控、调节和反馈作用需要增强。与系统优势度指标比较后，发现当耕地生态经济系统中各生产单元趋于平衡时，系统的稳定性指数处于上升的阶段。表明耕地生态经济系统内部的多样性与稳定性呈正相关关系，适度发展经济作物对于增强耕地生态经济系统的自稳定性具有促进作用。

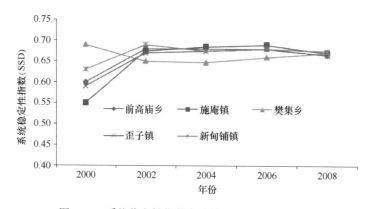

图 5-20　系统稳定性指数变动情况（2000～2008）

（6）可持续发展的能值指标（EISD）

可持续发展的能值指标（emergy index for sustainable development，EISD）是指系统能值产出率和能值交换率的乘积与环境负载率的比值。系统能值产出率与能值交换率的乘积表示系统的社会经济效益，其值越高，表明系统越能满足社会经济发展的需要；环境负载率的值越低，则系统的生态环境压力越小，越能促进系统的可持续发展。因此，EISD 值越高，表明单位环境压力下的社会经济效益越高，系统的可持续发展性能越好。

自 2000 年以来，各乡镇的可持续发展指标总体上呈不断下降趋势（图 5-21）。下降最明显的是施庵镇。其可持续发展指标从最高的 13.395 下降到 2008 年的 1.222。与现有的研究成果比较来看，2000 年江苏省农业系统该指标为 4.3949。

2001 年全国农业系统的可持续性指标为 7.3404，同期的 5 个乡镇中只有前高庙乡和施庵镇基本达到这个水平，其中，施庵镇的可持续发展指标高于其他乡镇的重要原因在于其环境负载率低于其他乡镇。其他乡镇都低于这个水平的原因，与这些乡镇能值产出率较低而环境负载率比较高有很大关系。

研究结果表明：系统可持续发展指标的值在 2～18 之间表明系统富有活力和发展潜力，处于较佳的可持续发展状态；EISD＞18 说明对系统资源的开发利用还不够；

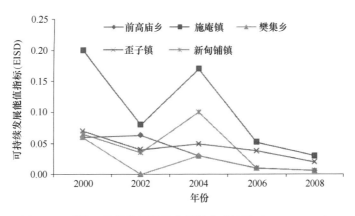

图 5-21　系统可持续发展的能值指标变动情况（2000～2008）

EISD＜2 则表示系统的能值社会经济效益不足而环境承载过大，不利于系统的可持续发展。

根据这一标准：该县 5 个农业区的乡镇耕地生态经济系统 2000～2006 年处于一个较佳的发展状态；2006 年以后，随着环境负载率的上升，耕地生态经济系统可持续发展指标值普遍小于 2，系统已处于不利于可持续发展状态。这一结果似乎与研究区乡镇耕地生态经济系统能值产出不断增加的现象出现矛盾。其实不然，根据耗散结构理论，耕地生态经济系统是一个远离平衡态的开放系统，其构成与影响因素很多，各元素间相互作用的形式与结构，表现为能量的耗散过程，正是这种能量的耗散才得以维持系统的新陈代谢。因此，正是因为耕地生态经济系统的开放性，才使得耕地生态经济系统虽然在理论上已经处于不可持续状态，但是它与外界不断地进行能量、物质和信息交换的过程并没有停止，使得系统仍能维持这种高能值产出的状态。当然，这一结果是对研究区耕地生态经济系统所面临的环境压力的警示，从而采取措施合理调整耕地生态经济系统的投入结构，实现系统的可持续发展。

5.2　内黄县土地利用生态风险评价

5.2.1　选择内黄县的理由

第一，内黄县地处豫北粮食生产核心区，是豫北地区的代表。

内黄县位于河南省北部安阳市，地处黄河故道，因黄河而得名。

第二，地处黄河故道，地势低平，洪涝灾害时有发生。

内黄县地势西高东低，坡降为 1/5000～1/6000，年平均降水量为 596.2mm。夏秋季节暴雨较多，降水集中，两季分别占全年降水量的 62%和 21%，极易形成局部农田洪涝灾害。

第三，农业大县，耕地集中，有利于验证土地整理项目布局的合理性。

全县总人口为 $6.973×10^5$，其中农业人口占总人口的 93.75%。耕地面积为 $6.415×10^4hm^2$，人均耕地为 $9.782×10^{-2}hm^2$。全县以农业为主，粮食作物以生产为主，农产品资源丰富。

5.2.2 评价步骤

5.2.2.1 风险源分析

（1）风险源识别

内黄县面临的主要自然风险源包括洪涝灾害、干旱、大风、病虫害等。人为生态风险源指导致危害或严重干扰生态系统的人为活动，如化工企业排污以及农田施肥外流导致的化学污染及人类的生产开发活动，以及防洪抗旱、建垸筑堤、修筑水利工程等对于生物种群的影响。根据资料分析，人为风险源发生的概率、强度及范围较小，对粮食产量影响较轻微，属次要风险源；而洪涝、干旱、大风、病虫害为本县的主要生态风险源。

（2）风险源描述

对生态风险源的度量一般是通过其发生的概率和强度进行，同时还要在空间上定位其作用的县域强度范围，本研究将根据各种不同风险源的特点，采用不同的指标来进行度量。

风险源分析指对区域中可能对生态系统或其组分产生不利作用的干扰进行识别、分析和度量的过程。具体可分为风险源识别和风险源描述两部分。县域生态风险评价所涉及的风险源可能是自然或人为灾害，也可能是其他社会、经济、政治、文化等因素，只要它具有可能产生不利的生态影响并具有不确定性，即县域生态风险评价所应考虑的（贾丹和延庆风，2009）。

5.2.2.2 风险受体分析

（1）受体的选取

根据内黄县土地利用特征及实际情况，将研究区划分为7种主要的土地利用类型：耕地、园地、林地、居民点及工矿用地、交通用地、水域和未利用地。鉴于耕地是人类生存和发展的基础，同时直接关系到粮食生产安全和社会稳定，所以本研究以能正确及时反映耕地利用动态变化的粮食产量作为生态风险评价的受体。

（2）生态终点

生态终点是人类所不希望发生的生态事件。内黄县可能的生态终点包括因自然灾害、占地及污染影响使农田大量减少和农作物减产、生态服务功能降低、地下水破坏及土地沙化，并产生对县域社会经济的间接性影响。本次选用大田粮食作物产量减产为生态终点。

本研究结合内黄县土地利用实际情况，以内黄县 2009 年土地利用现状图（比例尺1：150000）为依据，参照国家通用的土地利用分类系统，根据内黄县土地利用特征及实际情况，将研究区划分为 7 种主要的土地利用类型：耕地、园地、林地、居民点及工矿用地、交通用地、水域和未利用地，如图 5-22 所示。鉴于耕地是人类生存和发展的基础，同时直接关系到粮食生产安全和社会稳定，所以本研究以能正确及时反映耕地利用动态变化的粮食产量作为生态风险评价的受体。

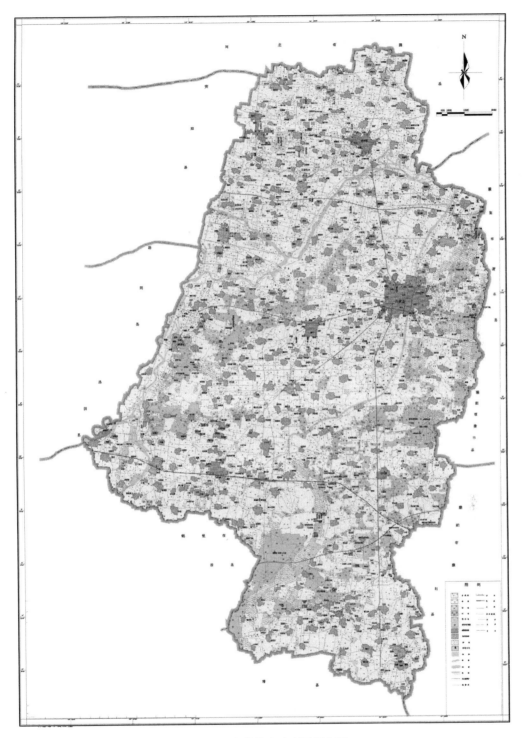

图 5-22 内黄县土地利用现状图

5.2.2.3 暴露与危害分析

洪涝、干旱、大风和病虫害等主要生态风险源所产生的危害是多方面的，它们的存在将对内黄县土地生态系统构成极大的危害，进而直接影响内黄县的粮食产量。历史上，洪涝灾害曾危害整个土地生态系统，淹没农田，毁坏作物，导致粮食大幅度减产，造成饥荒。其他的灾害有干旱、大风灾害等，目前在内黄并不十分严重，但问题却日益突显。综合比较内黄各类灾害发生及其危害，近400年来，风险洪涝发生频率及强度最高；结合当前国土部门土地整理工程已修建农田水利设施为中心的要求，确定以洪涝灾害为主要的生态风险源研究（表5-10）。

表5-10　内黄县自然灾害风险发生概率及强度

灾害类型	起止年份	历时（年）	灾害总频次	频率/%	特大灾害	
					频次	频率/%
干旱	1644～2000	356	50	12.95	16	4.15
洪涝	1644～2000	356	62	16.06	20	5.18
大风	1644～2000	356	27	6.99	8	2.07
病虫害	1644～2000	356	37	9.59	14	3.63

各受体生态系统的生态损失度量。依据生态指数（ECO）　$ECO = V_j \times S_j$ 计算公式，以 1998～2004 年各乡镇粮食减产为生态终点，以当年各乡镇粮食平均单产与全县平均产量之比为波动值绝对数，再除以县平均产量之值 V_j，各乡镇耕地占土地总面积的比例为 S_j。计算生态指数见表5-11。

表5-11　内黄县1998～2004年生态指数变化表

	1998 年	1999 年	2000 年	2001 年	2002 年	2003 年	2004 年
城关镇	0.1905	0.1905	0.1765	0.1765	0.1510	0.2507	0.2433
张龙乡	0.3876	0.3876	0.3860	0.3860	0.3093	0.3285	0.3439
马上乡	0.2631	0.2719	0.2732	0.2732	0.3039	0.3580	0.3833
东庄镇	0.3152	0.3129	0.3129	0.3129	0.3433	0.3221	0.3158
高堤乡	0.2510	0.2510	0.2498	0.2498	0.2476	0.2913	0.2954
亳城乡	0.3768	0.3768	0.3768	0.3768	0.2837	0.3740	0.3614
井店镇	0.3147	0.3160	0.3337	0.3337	0.2899	0.3011	0.2579
二安乡	0.3240	0.3164	0.3164	0.3164	0.2608	0.3222	0.3651
六村乡	0.2298	0.2695	0.2631	0.2631	0.1955	0.2336	0.2432
梁庄镇	0.1938	0.1938	0.1973	0.1973	0.1842	0.2207	0.2446
中召乡	0.3518	0.3518	0.3518	0.3518	0.3102	0.3203	0.3295
后河镇	2.0349	1.8301	1.8301	1.8301	1.8695	2.2461	2.3430
楚旺镇	0.4228	0.4111	0.4111	0.4111	0.3530	0.3597	0.4473
宋村乡	0.3917	0.3775	0.3773	0.3773	0.5431	0.4665	0.4357
田氏乡	0.4444	0.4444	0.4444	0.4444	0.3963	0.4805	0.4717
石盘屯乡	0.4186	0.4100	0.4100	0.4100	0.3716	0.3494	0.4491
豆公乡	0.4283	0.4281	0.4281	0.4271	0.3864	0.3682	0.4310

生态指数的高低反映了各乡镇应对灾害的反映程度的大小。

本研究根据脆弱度指数判断对本区耕地、林地、交通用地、水域、未利用地和居民点及工矿用地7种生态系统类型进行脆弱度赋值（表5-12）。

表 5-12　内黄县土地利用现状所占的权重

耕地	园地	林地	居民点及工矿用地	交通用地	水域	未利用地
5	4	3	1	2	6	7

第 j 类生态系统的生态损失度指数表示为

$D_j = \text{ECO} \times \text{FD}$ ，将上述结果代入计算，结果见表 5-13。

表 5-13　内黄县 1998～2004 年生态损失度变化表

	1998 年	1999 年	2000 年	2001 年	2002 年	2003 年	2004 年
城关镇	0.9527	0.9527	0.8824	0.8835	0.7549	1.2535	1.2163
张龙乡	1.9380	1.9380	1.9301	1.9301	1.5466	1.6426	1.7196
马上乡	1.3157	1.3596	1.3658	1.3658	1.5196	1.7898	1.9167
东庄镇	1.5758	1.5644	1.5644	1.5644	1.7165	1.6104	1.5790
高堤乡	1.2549	1.2549	1.2489	1.2489	1.2382	1.4564	1.4771
亳城乡	1.8838	1.8838	1.8838	1.8838	1.4186	1.8701	1.8068
井店镇	1.5735	1.5802	1.6685	1.6685	1.4494	1.5054	1.2894
二安乡	1.6200	1.5822	1.5822	1.5822	1.3039	1.6110	1.8253
六村乡	1.1490	1.3475	1.3154	1.3154	0.9767	1.1682	1.2158
梁庄镇	0.9689	0.9689	0.9865	0.9865	0.9212	1.1037	1.2229
中召乡	1.7589	1.7589	1.7589	1.7589	1.5510	1.6014	1.6473
后河镇	10.1744	9.1504	9.1504	9.1504	9.3477	11.2302	11.7151
楚旺镇	2.1138	2.0554	2.0554	2.0554	1.7651	1.7984	2.2363
宋村乡	1.9585	1.8875	1.8863	1.8863	2.7157	2.3323	2.1787
田氏乡	2.2220	2.2220	2.2220	2.2220	1.9816	2.4023	2.3584
石盘屯乡	2.0930	2.0498	2.0498	2.0498	1.8579	1.7468	2.2455
豆公乡	2.1417	2.1403	2.1403	2.1357	1.9321	1.8409	2.1548

由表 5-13 可知：损失度最大的为后河镇，最小的为城关镇。对比各乡镇实际粮食产量发现：单位面积平均产量越小，生态损失度越大；而单位面积平均产量越高，生态损失度相对变小。最高的豆公乡与最低的则是后河镇即如此，3 年两者平均产量相差 $2.025 \sim 2.263 \text{t/hm}^2$。实际粮食生产中，影响因素十分复杂，不仅只有自然风险的影响，同时有其他风险因素的存在。

暴露和危害分析："暴露分析"是研究各风险源在评价区域中的分布、流动及其与风险受体之间的接触暴露关系（李谢辉，2008）。例如，在水生态系统的生态风险评价中，暴露分析就是研究污染物进入水体后的迁移、转化过程，方法一般用数学或物理模型。而"危害分析"是和"暴露分析"相关联的，其目的是确定风险源对生态系统及其风险受体的损害程度。

暴露分析研究风险源在区域中与风险受体之间的接触暴露关系，危害分析则要确定风险源对生态系统及其风险受体的危害程度。洪涝、干旱、大风和病虫害等主要生态风险源所产生的危害是多方面的，它们的存在将对内黄县土地生态系统构成极大的危害，进而直接影响内黄县的粮食产量（巫丽芸，2004）洪涝灾害危害整个土地生态系统，淹没农田，毁坏作物，导致粮食大幅度减产，从而造成饥荒。而干旱是内黄县较为普遍常见的灾害。几乎每年都可能发生，干旱灾害不仅使内黄县每年经济损失巨大，而且会严重阻碍农作物的发育和生长，甚至导致农作物枯死，中断土地生态系统的物质循环和能量循环。干旱发生时还因降水不足，土地墒情下降，致使土地沙化、盐碱化。而土地沙化又使沙尘暴活动加剧。大风灾害目前在内黄县并不十分严重，但问题却日益突显。大风容易造成农作物倒伏、树木折断，造成土壤风蚀沙化，同时也影响农事活动和破坏农业生产设施，传播病虫害和扩散污染物质。病虫害灾害是内黄县一直存在的风险问题，虽经多年的治理有所好转，但仍然存在。这些风险源的存在对内黄县脆弱的生态环境是致命的威胁，严重阻碍了该县的可持续发展。

借鉴前人对于生态风险的研究和结合内黄县土地利用的实际情况，本研究选择与土地利用密切相关的生态指数、脆弱度指数、生态损失度指数作为评价指标，下面分别对各种风险源的具体情况做进一步分析（表 5-14）。

表 5-14　内黄县自然灾害风险发生概率及强度

灾害类型	起止年份	历时/（年）	灾害总频次	频率/%	特大灾害	
					频次	频率/%
干旱	1644～2000	356	50	12.95	16	4.15
洪涝	1644～2000	356	62	16.06	20	5.18
大风	1644～2000	356	27	6.99	8	2.07
病虫害	1644～2000	356	37	9.59	14	3.63

（1）干旱

从清顺治元年（1644 年），到 2000 年的 356 年中，出现 50 次旱灾，合 8 年一遇，1965 年和 1966 年，虽是大旱之年，但是由于社会主义制度的优越性和抗旱能力的不断提高，仍取得了比较好的收成。

（2 洪涝

清顺治元年至 2000 年的 356 年共出现洪涝灾害 62 次。几乎 6 年一遇。比较大的有1956 年、1963 年两个年头。1963 年遭到百年不遇的特大洪涝灾害，秋作物几乎全部绝产，93 个村庄房屋倒无余，但由于政府抢救及时，人畜几乎无伤亡。

（3）大风

从 1664 年到 2000 年共出现 27 次风灾，合 14 年一遇，新中国成立后的 50 年代末60 年代初，每年有十多万亩麦田被风沙摧毁的现象。近 20 年来，由于植被率提高，毁灭性的风灾已不多见，但每到夏季小满芒种之间，常有干热风出现，造成小麦减产。

（4）病虫害

本县历史上虫害很多，有蝗虫、黏虫、枣步曲、枣刺蛾、蚜虫、螟虫等。蝗虫为害最大，成灾次数也多。旧志"飞蝗蔽日""蝗蝻食禾尽""蝗蝻为灾""设局收买"等记载颇多。新中国成立后，经过几次群众性捕杀，特别是从 1956 年起，国家连续三年派飞机喷药灭蝗以后，再没形成过灾害。1956 年，枣树普生枣刺蛾，国家也曾派飞机杀虫，近年来枣步曲、枣刺蛾大为减少。但枣锈病、桃小食新虫仍危害很大。

现在比较常见的有麦蚜虫、红蜘蛛、玉米螟、棉铃虫、黏虫和小麦白粉病、棉花立枯病、玉米斑病等。但由于不断更新农药和杀虫药械，可抑制虫害的发生和发展，近年来未造成大的危害。

5.2.2.4　综合评价

风险综合评价是前述各评价部分的综合。

（1）风险小区的划分

区域生态风险评价的一个重要特征即受体和风险源在区域内的空间异质性。内黄县区域受 4 种主要风险源的共同作用，不同风险源在整个县域内的风险强度范围是不同的，因此，县域内不同地点所受到的综合风险也有差别。结合县域风险源的特征以及风险受体的分布情况，并考虑有关资料统计来源与范围的实际，将以全县各乡镇为单元划分为风险小区。

（2）风险值度量

风险值是区域生态风险的表征，风险值应包含风险源的强度、发生概率、风险受体的特征、风险源对风险受体的危害等信息，风险值即为这些信息指标的综合。鉴于灾害与粮食生产的密切关系，采用前述的粮食产量波动值为风险值度量的重要指标。

（3）风险分级分布图

近 10 年，研究发现内黄有 3 次明显洪涝灾害。1998 年 7 月 19 日，中召、梁庄暴雨，玉米受灾减产；2000 年 7 月 4～5 日，大暴雨，过程降水量达 265.0mm；2004 年 6 月 20 日 16 时 53 分，内黄县遭受飑风、暴雨、冰雹袭击，最大降雨量为 60mm。3 次灾害均在秋季，因此，选择秋作物玉米为灾害受体，以其产量减产量为生态终点，其值为评价综合指标。即以 1998 年内黄县玉米平均单产与各个乡镇同年实际单产对比，以及相对应和 1998～2006 年 9 年小麦单产之间的对比关系作为评价指标体系，计算出综合风险评价值。

风险综合评价是前述各评价部分的综合。它根据人们获得的记录资料，估算出区域中各风险事件发生的概率，将前面暴露分析和危害分析的结果结合起来，评估各风险源对研究区粮食产量危害作用的大小，并因此得出县域范围内的综合生态损失度（巫丽芸，2004）。

鉴于灾害与粮食生产的密切关系，根据受灾时间、受灾强度、受灾范围与实际情况，本书选取以内黄县 1998 年玉米单产与各个乡镇同年实际单产对比以及相对应和 1998～2006 年 9 年小麦单产之间的对比关系作为评价指标体系（表 5-15～表 5-21，图 5-23～图 5-29）。

表 5-15　内黄县 1998 年玉米单产与同年各乡镇玉米单产对比表

	1998 年玉米单产/（hm²/t）	差值/（hm²/t）
内黄县	6.279266	
城关镇	5.6249135	−0.6543525
井店镇	6.089955	−0.189311
张龙乡	5.970255	−0.309011
马上乡	5.6247706	−0.6544954
高堤乡	5.7309562	−0.5483098
二安乡	5.5147783	−0.7644877
中召乡	5.5505051	−0.7287609
豆公乡	4.9408138	−1.3384522
东庄镇	6.6285714	0.3493054
梁庄镇	7.26875	0.989484
后河镇	64.2	57.920734
楚旺镇	6.6816667	0.4024007
亳城乡	7.17	0.890734
宋村乡	10.822222	4.542956
六村乡	7.3777778	1.0985118
田氏乡	6.5627907	0.2835247
石盘屯	6.8218182	0.5425522

表 5-16　内黄县 1998～2006 年玉米 9 年平均单产与各乡镇对比表

	9 年玉米平均单产/（hm²/t）	差值/（hm²/t）
内黄县	6.303250788	
城关镇	6.124527247	−0.178723541
井店镇	6.574776522	0.271525734
张龙乡	6.265029842	−0.038220946
马上乡	6.030795133	−0.272455655
高堤乡	6.1154583	−0.187792488
二安乡	6.120605557	−0.182645231
中召乡	5.93625173	−0.366999058
豆公乡	6.386717221	0.083466433
东庄镇	6.555636771	0.252385983
梁庄镇	6.452400978	0.14915019
后河镇	12.43595349	6.132702702
楚旺镇	6.122806708	−0.18044408
亳城乡	6.298686867	−0.004563921
宋村乡	6.789662246	0.486411458
六村乡	6.407817892	0.104567104
田氏乡	6.200399917	−0.102850871
石盘屯	6.256000347	−0.047250441

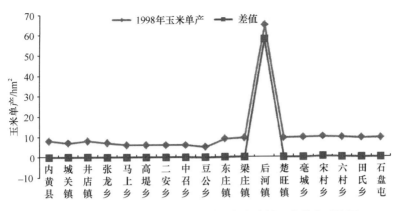

图 5-23　内黄县 1998 年玉米单产与同年各乡镇玉米单产对比图

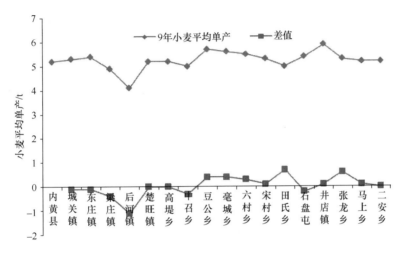

图 5-24　内黄县 1998～2006 年玉米 9 年平均单产与各乡镇对比图

2000 年 7 月 4～5 日，大暴雨过程中降水量达 265.0mm，全县 $1.836×10^4$ hm^2 农田受灾，60 个村庄被水围困、1200 间房屋、9300m 围墙倒塌、297 所小学被迫停课、18151m 公路被冲坏、7 万多只牲畜伤亡、$1.35×10^4$ kg 小麦被水浸泡，直接经济损失为 $1.5×10^8$ 元。

表 5-17　内黄县 2000 年玉米单产与同年各乡镇玉米单产对比表

	2000 年玉米单产/（hm^2/t）	差值/（hm^2/t）
内黄县	6.1615261	
城关镇	6.1761711	0.014645
张龙乡	6.244186	0.0826599
马上乡	6.4632095	0.3016834
东庄镇	6.9210526	0.7595265
高堤乡	7.2149425	1.0534164
亳城乡	6.3104925	0.1489664
井店镇	6.3168	0.1552739
二安乡	5.5339266	−0.6275995
六村乡	5.222561	−0.9389651

	2000 年玉米单产/（hm²/t)	差值/（hm²/t)
梁庄镇	5.9632813	−0.1982448
中召乡	5.8639144	−0.2976117
后河镇	4.5163043	−1.6452218
楚旺镇	5.2612994	−0.9002267
宋村乡	5.3348946	−0.8266315
田氏乡	6.1044776	−0.0570485
石盘乡	6.0169492	−0.1445769
豆公乡	5.7134545	−0.4480716

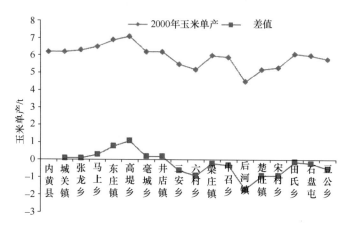

图 5-25　内黄县 2000 年玉米单产与同年各乡镇玉米单产对比图

表 5-18　内黄县 2000～2006 年（包括 1998 年和 1999 年）年玉米 9 年平均单产与各乡镇对比表

	9 年玉米平均单产/（hm²/t)	差值/（hm²/t)
内黄县	6.303251	
梁庄镇	6.452401	0.14915
石盘屯	6.256	−0.047251
后河镇	12.43595	6.132699
二安乡	6.147337	−0.155914
六村乡	6.660977	0.357726
中召乡	5.959749	−0.343502
楚旺镇	6.248152	−0.055099
宋村乡	6.957102	0.653851
田氏乡	6.222132	−0.081119
豆公乡	6.435365	0.132114
城关镇	6.124527	−0.178724
张龙乡	6.26503	−0.038221
马上乡	6.030795	−0.272456
东庄镇	6.555637	0.252386
高堤乡	6.115458	−0.187793
亳城乡	6.298687	−0.004564
井店镇	6.574777	0.271526

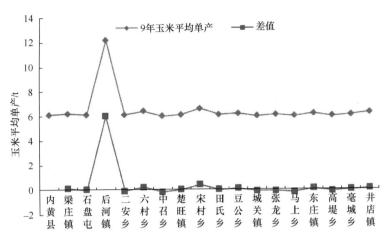

图 5-26　内黄县 2000～2006 年（包括 1998 年和 1999 年）玉米 9 年平均单产与各乡镇对比图

2004 年 6 月 20 日 16 时 53 分，内黄县遭受飓风、暴雨、冰雹袭击，局部风力达 9 级，最大冰雹 30mm，最大降雨量 60mm。风、雨、雹同时大面积、高强度袭击，造成全县 17 个乡镇、531 个行政村、$8.71×10^4$ hm^2 土地、$6.298×10^4$ hm^2 耕地不同程度地受灾，直接经济损失达 $1.59×10^9$ 元。

表 5-19　内黄县 2004 年玉米单产与同年各乡镇玉米单产对比表

	2004 年玉米单产/（hm^2/t）	差值/（hm^2/t）
内黄县	5.29420849	
城关镇	5.295	0.00079151
东庄镇	5.52	0.22579151
井店镇	5.44480171	0.15059322
楚旺镇	5.36990999	0.0757015
张龙乡	6.04518894	0.75098045
马上乡	5.7451029	0.45089441
高堤乡	5.72997127	0.43576278
亳城乡	5.29493705	0.00072856
二安乡	5.32508475	0.03087626
六村乡	5.2786689	−0.01553959
宋村乡	5.595	0.30079151
田氏乡	5.66992135	0.37571286
石盘屯乡	5.41486635	0.12065786
豆公乡	5.71526316	0.42105467
梁庄镇	4.54508671	−0.74912178
后河镇	3.80993018	−1.48427831
中召乡	4.69506726	−0.59914123

表 5-20　内黄县 2004～2006 年（包括 1998～2003 年）玉米 9 年平均单产与各乡镇对比表

	9 年玉米平均单产/（hm^2/t）	差值/（hm^2/t）
内黄县	5.296776	
梁庄镇	4.863838	−0.432938
后河镇	4.140563	−1.156213

	9 年玉米平均单产/（hm²/t）	差值/（hm²/t）
中召乡	4.993954	−0.302822
城关镇	5.347248	0.050472
东庄镇	5.386309	0.089533
井店镇	5.405573	0.108797
楚旺镇	5.26383	−0.032946
张龙乡	5.844068	0.547292
马上乡	5.332814	0.036038
高堤乡	5.280943	−0.015833
亳城乡	5.620099	0.323323
二安乡	5.405087	0.108311
六村乡	5.526327	0.229551
宋村乡	5.310934	0.014158
田氏乡	5.875765	0.578989
石盘屯乡	5.677009	0.380233
豆公乡	5.639464	0.342688

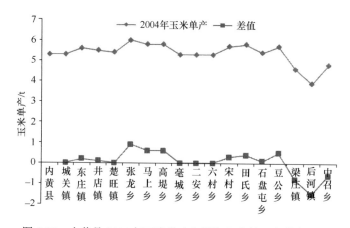

图 5-27 内黄县 2004 年玉米单产与同年各乡镇玉米单产对比图

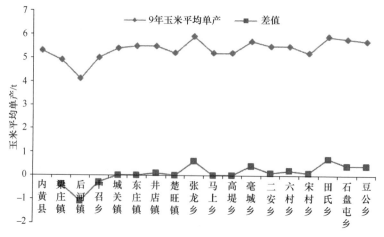

图 5-28 内黄县 2004～2006 年（包括 1998～2003 年）年玉米 9 年平均单产与各乡镇对比图

表 5-21 内黄县 1998 年、2000 年和 2004 年三年受灾玉米 9 年平均产量各乡镇差值对比表

	1998 年	2000 年	2004 年
城关镇	−0.178723541	−0.178724	0.050472
东庄镇	0.252385983	0.252386	0.089533
梁庄镇	0.14915019	0.14915	−0.432938
后河镇	6.132702702	6.132699	−1.156213
楚旺镇	−0.18044408	−0.055099	−0.032946
高堤乡	−0.187792488	−0.187793	−0.015833
中召乡	−0.366999058	−0.343502	−0.302822
豆公乡	0.083466433	0.132114	0.342688
亳城乡	−0.004563921	−0.004564	0.323323
六村乡	0.104567104	0.357726	0.229551
宋村乡	0.486411458	0.653851	0.014158
田氏乡	−0.102850871	−0.081119	0.578989
石盘屯	−0.047250441	−0.047251	0.380233
井店镇	0.271525734	0.271526	0.108797
张龙乡	−0.038220946	−0.038221	0.547292
马上乡	−0.272455655	−0.272456	0.036038
二安乡	−0.182645231	−0.155914	0.108311

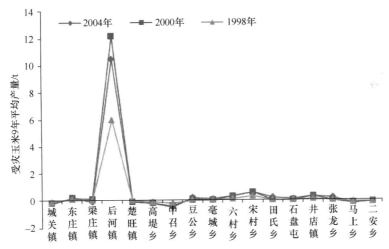

图 5-29 内黄县 1998 年 2000 年 2004 年三年受灾玉米 9 年平均产量各乡镇差值对比图

综合风险评价结果见表 5-22～表 5-25, 图 5-30～图 5-33。

表 5-22 内黄县 1998 年综合风险评价表

	1998 年玉米单产/（t/hm^2）	评价值
城关镇	5.625	−0.654
井店镇	6.090	−0.189
张龙乡	5.970	−0.309
马上乡	5.625	−0.654
高堤乡	5.731	−0.548

	1998 年玉米单产/（t/hm²）	评价值
二安乡	5.515	−0.764
中召乡	5.551	−0.728
豆公乡	4.941	−1.338
东庄镇	6.629	0.350
梁庄镇	7.269	0.990
后河镇	6.420	0.141
楚旺镇	6.682	0.403
亳城乡	7.170	0.891
宋村乡	10.822	4.543
六村乡	7.378	1.099
田氏乡	6.563	0.284
石盘屯	6.822	0.543

表 5-23   内黄县 2000 年综合风险评价表

	玉米单产/（t/hm²）	差值
城关镇	6.176	0.014
张龙乡	6.244	0.082
马上乡	6.463	0.301
东庄镇	6.921	0.759
高堤乡	7.215	1.053
亳城乡	6.310	0.148
井店镇	6.317	0.155
二安乡	5.534	−0.628
六村乡	5.223	−.939
梁庄镇	5.963	−0.199
中召乡	5.864	−0.298
后河镇	4.516	−1.646
楚旺镇	5.261	−0.901
宋村乡	5.335	−0.827
田氏乡	6.104	−0.058
石盘屯	6.017	−0.145
豆公乡	5.713	−0.449

表 5-24   内黄县 2004 年综合风险评价表

	玉米单产/（t/hm²）	评价值
内黄县	5.294	
城关镇	5.295	0.001
东庄镇	5.520	0.226
井店镇	5.445	0.151
楚旺镇	5.370	0.076
张龙乡	6.045	0.751

	玉米单产/（t/hm²）	评价值
马上乡	5.745	0.451
高堤乡	5.730	0.436
毫城乡	5.295	0.001
二安乡	5.325	0.031
六村乡	5.279	−0.016
宋村乡	5.595	0.301
田氏乡	5.670	0.376
石盘屯乡	5.415	0.121
豆公乡	5.715	0.421
梁庄镇	4.545	−0.749
后河镇	3.810	−1.484
中召乡	4.695	−0.599

表 5-25   1998～2006 年综合风险评价表

	9 年平均单产/（t/hm²）	评价值
城关镇	6.125	−0.178
井店镇	6.575	0.272
张龙乡	6.265	−0.038
马上乡	6.031	−0.272
高堤乡	6.115	−0.188
二安乡	6.121	−0.182
中召乡	5.936	−0.367
豆公乡	6.387	0.084
东庄镇	6.556	0.253
梁庄镇	6.452	0.149
后河镇	12.436	6.133
楚旺镇	6.123	−0.180
毫城乡	6.299	−0.004
宋村乡	6.790	0.487
六村乡	6.408	0.105
田氏乡	6.200	−0.103
石盘屯	6.256	−0.047

5.2.3 应用结果分析

由上图知，内黄县各乡镇土地生态风险强度的分布具有一定的规律性。总体上看，内黄县各乡镇玉米产量在 1998 年、2000 年、2004 年因自然灾害导致减产的趋势基本一致，县城西部和北部是两个高风险带，风险强度自东北向西南逐渐降低，呈带状分布，又受地形的影响，趋于复杂化。

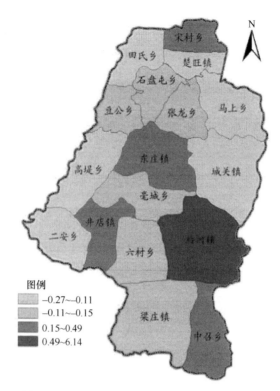

图 5-30 内黄县 1998 年综合生态风险值示意图

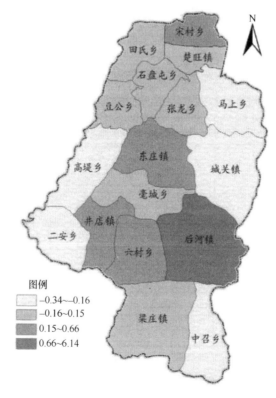

图 5-31 内黄县 2000 年综合生态风险值示意图

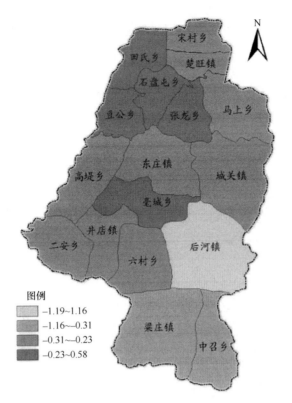

图 5-32　内黄县 2004 年综合生态风险值示意图

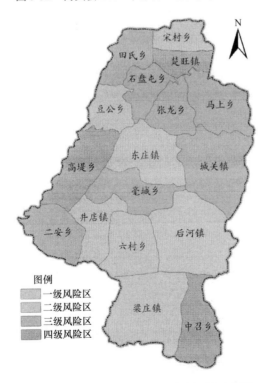

图 5-33　内黄县综合生态风险分级图示意图

一级风险区主要分布在西北和西南地区的宋村乡、豆公乡、东庄镇、井店镇以及六村乡。该区地势平坦、耕层深厚、富含有机质、土壤肥沃，面临的生态风险较小，要从合理利用土地着手，因地制宜地确定生产方向，实行农、林、渔综合发展；以中小流域为单位，实行水、林、田、路综合治理。同时要注意集中治理与连续治理相结合；工程措施与生物措施相结合、改土与培肥并举；提高农田生产能力；此外，还应搞好农田基础设施建设，并通过拦、蓄、引、提和发展井灌等措施，充分挖掘水资源潜力，逐步建设旱涝保收的高产稳产农田。

二级风险区主要分布在南部地区的梁庄镇和后河镇。该区多为沙地，应大力发展林业，主要是做好农、林用地的合理安排，治理要以生物固沙为主，着眼于增加绿色植被、植树种草、使地面有足够的植被覆盖，涵养水源调节气候、减少自然灾害、改良土壤和净化环境、减少土地污染，恢复和提高地力。同时，应该将生物固沙与工程固沙相结合，通过水利灌排工程、造田改土工程和小流域治理工程，实行综合治理，从根本上改善生产条件。对已发生流沙的地区可因地制宜，对受沙害的农田，要建立防护带、护田林网和封沙育草相结合的防护林体系。

三级风险区主要是位于县城中部、北部、西南的城关镇、亳城乡、张龙乡、马上乡、田氏乡、石盘屯乡、二安乡。该区主要为盐碱地。应因地制宜，建立完善的灌溉系统和现代化排水系统、平整土地、改良传统耕作方式、增施有机肥料、种植耐盐植物、植树造林、施用改良物质等综合治理和基本农田的保护工作。

四级风险区主要分布在县城北部、西部和南部的楚旺镇、高堤乡、中召乡，该区主要为沙地和黏土地，该地区年平均降水量少，干旱频率高，风险大。应大力建立合理的排灌系统、降低地下水位、大量增施有机肥、提高土壤肥力，掺砂改黏，平整土地、挖渠修路，使黏土地变为良田。

此外，从连续3次洪涝风险图可以看出，除了梁庄镇和后河镇的综合生态风险值是呈上升趋势的以外，其余乡镇的综合生态风险值都呈下降趋势。这是因为基数是选用内黄县各个乡镇在受灾年份1998、2000和2004的粮食产量与内黄县全县平均产量的差值，所以差值为负数的表示有风险，且变化的趋势是差值逐渐变大，表明生态风险变小；差值逐渐变小，表明生态风险变大。

5.3 孟州市土地利用的综合评价

5.3.1 选择孟州市的理由

（1）选址的代表性：河南省太行山前粮食生产核心区的代表

孟州市地处河南省西北部，北依太行，南临黄河。属暖温带大陆性季风气候。地势西高东低、北高南低。地面为全新世冲积层、晚全新世冲积层及晚更新世黄土所覆盖，厚度约10m。

（2）资源环境的代表性

地处山前倾斜平原地带，未利用地面积较多，有 10264.68hm²，占全市土地总面积的 19.66%。地表河流较多，地表水资源相对充足但地下水资源匮乏，东部和南部地形土壤特性较好，水资源较丰富。耕地种植以粮食生产为主，主要经济作物有中药材四大怀药之一的地黄。

（3）工业较发达，社会经济水平较高

孟州市三次产业结构为 9.5∶68∶22.5，工业增加值达到 $4.2×10^9$ 元，占 GDP 比重为 60.2%。"十五"末全市生产总值完成 $6.98×10^9$ 元，人均生产总值完成 $1.893×10^4$ 元（2280 美元），年均增长 23.5%。2007 年全社会固定资产投资累计完成 $7.04×10^9$ 元，年均增长 50.7%；出口总额完成 $1.0566×10^8$ 美元，年均增长 60.9%。

（4）孟州属于本次研究试点县级市

孟州市地处豫西北地区，地貌类型多样。研究孟州市土地利用问题，对基本农田保护与利用具有重要的示范作用。

5.3.2 评价步骤

5.3.2.1 乡镇土地经济评价指标体系设计

（1）指标体系的结构

本研究从乡镇土地经济评价的内涵出发，根据乡镇土地经济评价的对象和内容，遵循土地经济评价指标选取的指导思想和原则，通过对乡镇土地的投入、利用结构、产出等有关指标的调查分析，有针对性地设计了乡镇土地经济指标体系，利用乡镇土地经济综合评价指数对评价乡镇土地经济综合水平进行评价。指标体系的第一级指标为乡镇土地经济综合评价指数。第二级指标包括乡镇土地投入程度、乡镇土地利用程度与乡镇土地产出程度 3 个复合指标。第三级指标包括 8 个子指标，每个指标表述乡镇土地经济综合评价的三个子系统其中一个方面的特征。第四级指标是最基层的指标，共有 27 个。这样就构成了一个由 4 个层次组成的指标体系。

（2）指标体系的构成和内容

1）乡镇土地投入程度

乡镇土地投入程度必须能够反映目前乡镇土地投入现状、土地经济发展的现实水平等。所以指标体系包括土地生产效率均衡指标、生产资料投入均衡指标。

a. 土地生产效率均衡指标

乡镇土地生产效率均衡指标作为乡镇人民赖以生存和生活的物质基础，是影响地方经济的关键因素，一旦遭到严重破坏，很难在短期内恢复，有的甚至永远不能恢复，这会导致人民生活和地方经济的破坏，从而使其过早地衰落。因此，合理开发和提升土地生产效率，是抑制乡镇土地经济衰落的重要途径，是土地经济有序发展的前提。因此，本书选取农作物的总播种面积、粮食单产、单位土地面积的种植业收入、农作物的总产量和复种指数等作为乡镇土地经济评价的指标。

b. 生产资料投入均衡指标

生产资料投入均衡指标是乡镇土地经济发展的重要标度，如果生产资料投入较大，则土地经济发展实力比较强，则将在发展和竞争中处于有利的地位，一般具有较强的发展能力，同时也为乡镇社会进步提供了物质条件和基础。我们从单位面积耕地农药使用量、单位面积耕地化肥施用量、单位面积耕地农业机械总动力和单位面积土地用电量 4个角度来考察乡镇土地经济水平与状况。

单位面积耕地农药使用量=农药使用量/耕地面积

单位面积耕地化肥施用量=化肥施用量/耕地面积

单位面积耕地农业机械总动力=农业机械总动力/耕地面积

单位面积土地用电量=用电量/土地面积

2）乡镇土地利用程度

乡镇土地经济的发展离不开社会和环境的背景支持，乡镇土地利用水平对土地经济发展提供了物质保障和智力支持，同时影响着土地经济发展的基本能力。因此，我们把土地利用程度作为乡镇土地经济评价的一个重要组成部分，具体包括乡镇土地社会条件影响指标、乡镇土地环境条件影响指标、乡镇土地结构条件影响指标。

a. 乡镇土地社会条件影响指标

乡镇土地社会条件影响指标能够为乡镇土地经济的发展提供资金保证和物质支持，加大土地、科技人员的投资力度，促进土地经济的健康、有序、可持续发展。在此，我们选取单位面积土地的农业产值、单位面积耕地从业人员、单位农作物播种面积农村经济费用和农业收入在农村经济总收入中的比率等作为土地经济评价的土地利用程度指标。

b. 乡镇土地环境条件影响指标

乡镇土地环境条件影响指标作为乡镇土地经济发展的外部环境，其质量的好坏以及对于乡镇土地经济发展有一定的影响，良好的环境条件本身就是乡镇土地经济发展的无形资源，控制乡镇人口数量，保证乡镇规模，提高用地质量，促进土地经济的良性发展。因此，我们选取城镇化率、人口密度等指标来评价土地经济发展的环境条件。

c. 乡镇土地结构条件影响指标

乡镇土地结构条件影响指标描述了对乡镇土地经济发展的影响程度，对于乡镇土地经济发展有重要影响。均衡的土地结构比例，可以促进乡镇土地利用的良性发展，大大提高乡镇土地经济的发展度和协调度。因此，我们选取了粮食播种面积占农作物播种面积的比率、土地垦殖指数、林地面积比率、建设用地面积比率、园地面积比率指标来评价乡镇土地经济发展的土地结构条件。

3）乡镇土地产出程度

乡镇土地产出程度和乡镇土地经济的发展是相互带动的，乡镇土地产出程度能够促进乡镇土地经济的健康发展。乡镇土地产出程度反映了乡镇土地经济与乡镇经济发展的相互促进、相互制约关系，反映了乡镇土地经济与乡镇经济社会的协调程度。乡镇土地经济与乡镇经济社会发展的关联度越大，则经济社会良性循环发展更进一步促进了乡镇土地经济协调发展。它包括经济效益协调指标、经济稳定协调指标、经济技术协调指标（见表 2-2）如下。

a. 经济效益协调指标

经济效益协调指标反映乡镇土地经济在可持续性方面的协调程度。用土地创造的经济效益程度来衡量土地经济的可持续发展。我们选取了农林牧渔业总产值、单位面积土地农业收入和单位面积耕地的粮食产量指标。

b. 经济稳定协调指标

经济稳定协调指标反映土地经济发展与农业经济的相协调程度，以粮食的产值对当地土地经济发展的影响来衡量。这里我们主要选取了粮食播种面积、粮食的总产量为指标。

c. 经济技术协调指标

经济技术协调指标是描述乡镇土地经济与人均经济变化的协调关系。这一指标体系主要由人均耕地面积与人均纯收入组成，以耕地总面积与人口数的比率，以及人均纯收入来评价乡镇土地经济与土地产出方面的协调关系。

三级指标与四级指标及其取值见表 5-26～表 5-33。

表 5-26　孟州市乡镇土地生产效率指标数据表

名称	西虢镇	南庄镇	谷旦镇	化工镇	城伯镇	赵和镇	槐树乡
农作物的总播种面积 (D_1) /hm^2	6082	5425	4587	6568	5450	8085	4412
粮食单产 (D_2) / (t)	5.97	6.18	6.82	4.19	6.31	6.31	5.77
单位土地面积的种植业收入 (D_3) / (10^4元/hm^2)	2.57	4.40	3.00	5.49	0.76	2.62	5.56
农作物的总产量 (D_4) / (t)	67199	52349	44580	71932	52763	60771	34903
复种指数 (D_5) / (%)	74.2	36.9	59.5	40.6	52.8	66.7	32.6

表 5-27　孟州市乡镇土地生产资料投入指标数据表

名称	西虢镇	南庄镇	谷旦镇	化工镇	城伯镇	赵和镇	槐树乡
单位耕地面积农药使用量 (D_6) / (t/hm^2)	0.01	0.03	0.04	0.04	0.02	0.03	0.13
单位耕地面积化肥施用量 (D_7) / (t/hm^2)	0.38	1.98	1.78	1.90	2.26	2.68	3.25
单位耕地面积农业机械总动力 (D_8) / (kw/hm^2)	9.86	13.55	18.87	17.36	12.26	17.06	33.61
单位面积用电量 (D_9) / (10^4kw/hm^2)	0.30	2.30	0.60	0.26	0.46	0.09	0.26

表 5-28　土地利用社会指标数据表

名称	西虢镇	南庄镇	谷旦镇	化工镇	城伯镇	赵和镇	槐树乡
单位面积土地的农业产值 (D_{10}) / (10^4元/ hm^2)	1.54	2.36	1.48	2.20	1.30	2.13	1.76
单位面积耕地从业人员 (D_{11}) / (人/ hm^2)	1.10	2.91	4.36	5.75	3.99	3.28	7.53
单位农作物播种面积农村经济费用 (D_{12}) / (10^4元/ hm^2)	4.38	117.23	3.83	3.14	10.06	3.86	3.97
农业收入在农村经济总收入中的比率 (D_{13}) /%	66	59	52	74	58	67	56

表 5-29　土地利用环境指标数据表

名称	西虢镇	南庄镇	谷旦镇	化工镇	城伯镇	赵和镇	槐树乡
城镇化率（D_{14}）/%	58	52	48	39	24	13	22
人口密度（D_{15}）/（人/km²）	441	938	565	527	507	471	340

表 5-30　土地利用结构指标数据表

名称	西虢镇	南庄镇	谷旦镇	化工镇	城伯镇	赵和镇	槐树乡
粮食播种面积占农作物播种面积的比率（D_{16}）/%	78.0	79.8	89.8	54.3	81.6	90.5	86.0
土地垦殖指数（D_{17}）	54	45	55	38	46	69	20
林地面积比率（D_{18}）/%	13.3	0.9	0.9	0.8	0.2	3.6	14.0
建设用地面积比率（D_{19}）/%	0.2	0.7	0.4	0.11	0.3	0.1	0.3
园地面积比率（D_{20}）/%	3.2	1.2	2.9	2.9	2.0	15.7	19.0

表 5-31　土地产出经济效益指标数据表

名称	西虢镇	南庄镇	谷旦镇	化工镇	城伯镇	赵和镇	槐树乡
农林牧渔业总产值（D_{21}）/10⁴元	19467	15283	14066	20978	14204	24683	22187
单位土地面积农业收入（D_{22}）/（10⁴元/hm²）	2.59	4.83	3.42	9.43	8.25	2.63	7.03
单位耕地面积的粮食产量（D_{23}）/（t/hm²）	8.04	16.78	11.47	10.32	11.95	9.47	11.67

表 5-32　土地产出经济稳定指标数据表

名称	西虢镇	南庄镇	谷旦镇	化工镇	城伯镇	赵和镇	槐树乡
粮食播种面积（D_{24}）/hm²	4742	4327	4118	3566	4447	7283	3795
粮食的总产量（D_{25}）/t	36302	33552	31306	27517	34408	50822	25439

表 5-33　土地产出经济技术指标数据表

名称	西虢镇	南庄镇	谷旦镇	化工镇	城伯镇	赵和镇	槐树乡
人均耕地面积（D_{26}）/（6.7×10⁻²hm²）	1.83	0.71	1.46	1.08	1.35	2.20	0.90
人均纯收入（D_{27}）/元	6792	7136	6018	6030	6251	4792	4425

5.3.2.2　评价数据的标准化处理

乡镇土地经济评价是一个综合性强、关联性强的土地评价，由于乡镇土地经济的发展程度涉及城市的经济社会的方方面面，它的发展对城市的社会、经济、环境有着重要的影响，同时，乡镇的经济、社会、环境条件对乡镇土地经济产业的发展起着支撑和保障作用；乡镇土地经济评价指标体系也涉及乡镇的经济、社会、环境等各个方面，因此，我们使用综合评价模型对乡镇土地经济发展进行评价，其模型的计算步骤见第二章节，此处不再赘述。

本研究采用直线型标准化方法对指标进行处理。其公式为

$$X_i = \frac{x_i}{\max x_i} \qquad (i = 1, 2, 3, \cdots, n)$$

式中，max x_i 为 x_i 中的最大值；x_i 为无量纲化后的数值，如果数据为逆向指标，则取其倒数，然后再进行无量纲化处理。

5.3.2.3 乡镇土地经济评价发展阶段划分

评价标准是衡量指标评价值的尺度。在对指标评价值进行衡量时，借鉴国内外的相关研究，将评价值划分为几个等级作为评价标准。本书采用 0～1 的评价值衡量标准，将评价值划分为 5 个等级，每个等级包含一定范围的标准水平。孟州市乡镇土地经济综合发展状态评价标准见表 5-34。

表 5-34 乡镇土地经济评价发展评价指标体系权重表

状态	标准界限	阶段划分
理想	0.8～1	发达
好	0.6～0.8	比较发达
一般	0.4～0.6	一般发展
不理想	0.2～0.4	比较落后
差	0.2 以下	落后

5.3.2.4 评价指标权重的确定

影响土地经济评价的因素很多，对土地经济评价作用强度不一，需要确定某一指标在整体评价中的相对重要程度，以体现各因素对土地评价的贡献程度，即权重。指标权重的确定是评价工作的关键一环，直接关系到评价的成功与否，一直是土地评价定量化研究工作的瓶颈。指标的权重是评价的重要信息，应根据指标的相对重要性，即指标对评价的贡献而确定（于勇，2006）。

本研究采用层次分析法确定权重。首先，构建判断矩阵。判断矩阵的构建我们采用了以下步骤进行：我们针对所构建的区域土地经济评价的指标体系，设计了 12 个判断矩阵，并邀请了一些土地资源管理专业和从事土地评价研究的专家、教师、博士和硕士研究生对判断矩阵进行判断，并把结果进行了综合，得出一个较为合理的最终判断矩阵。其次，计算指标权重，得出各个指标的层次单排序和层次总排序。最后，得出指标体系中的指标权重。

本研究构建的乡镇土地经济评价的指标体系包括四级。第一级指标为乡镇土地经济综合评价指数。第二级指标包括乡镇土地投入程度、乡镇土地利用程度与乡镇土地产出程度 3 个复合指标。第三级指标包括 8 个子指标，每个指标表述土地经济评价的 3 个子系统其中一个方面的特征。第四级指标是最基层的指标，共有 27 个。根据层次分析法的计算过程，权重的计算过程如下。

（1）构造判断矩阵

判断矩阵表示针对上一层次某因素对本层次有关因素之间相对重要性的状况。B_1 乡镇土地投入程度、B_2 乡镇土地利用程度、B_3 乡镇土地产出程度，构造判断矩阵（表 5-35）。

表 5-35　二级指标层判断矩阵

	B_1	B_2	B_3	权重
B_1	1	2	3	0.540
B_2	1/2	1	2	0.297
B_3	1/3	1/2	1	0.163
	$\lambda_{\max}$=3.006　CI=0.0028　RI=0.58　CR=0.0048<0.1			

（2）计算判断矩阵的最大特征根及其特征向量

求解各矩阵的最大特征根和特征向量，进行归一化处理。计算结果如下。

二级指标层指标：特征向量为
$$\begin{bmatrix} 1.817 \\ 1 \\ 0.548 \end{bmatrix} \quad 归一化得 \quad \begin{bmatrix} 0.540 \\ 0.297 \\ 0.163 \end{bmatrix}$$

则代入 $\mathbf{BW}=\lambda_{\max}W$ ：
$$\begin{bmatrix} 1 & 2 & 3 \\ 1/2 & 1 & 2 \\ 1/3 & 1/2 & 1 \end{bmatrix} \times \begin{bmatrix} 0.540 \\ 0.297 \\ 0.163 \end{bmatrix} = \lambda \times \begin{bmatrix} 0.540 \\ 0.297 \\ 0.163 \end{bmatrix}$$

得出 $\lambda_{\max}$=3.006

（3）矩阵的一致性检验

为了保证层次分析法得出的结论具有合理性，有必要对判断矩阵进行检验。

$$CI=\frac{\lambda_{\max}-n}{n-1}=\frac{3.006-3}{3-1}=0.0028$$

$$CR=\frac{CI}{RI}=\frac{0.0028}{0.58}=0.0048<0.1 ，判断矩阵有满意一致性。$$

同理，可以计算其他层次指标的权重。

综合以上结果，乡镇土地经济评价指标权重及一致性检验具体结果见表 5-36～表 5-47。

表 5-36　总目标层（A）判断矩阵及权重

	B_1	B_2	B_3	权重
B_1	1	2	3	0.540
B_2	1/2	1	2	0.297
B_3	1/3	1/2	1	0.163
	$\lambda_{\max}$=3.006　CI=0.0028　RI=0.58　CR=0.0048<0.1			

表 5-37　乡镇土地投入程度（B_1）判断矩阵及权重

	C_1	C_2	权重
C_1	1	5	0.833
C_2	1/5	1	0.167

表 5-38 乡镇土地利用程度（B_2）判断矩阵及权重

	C_3	C_4	C_5	权重
C_3	1	2	1/2	0.297
C_4	1/2	1	1/3	0.163
C_5	2	3	1	0.540

λ_{max} =3.006 CI =0.0028 RI =0.58 CR =0.0048＜0.1

表 5-39 乡镇土地产出程度（B_3）判断矩阵及权重

	C_6	C_7	C_8	权重
C_6	1	1/2	1/3	0.163
C_7	2	1	1/2	0.297
C_8	3	2	1	0.540

λ_{max} =3.006 CI =0.0028 RI =0.58 CR =0.0048＜0.1

表 5-40 土地生产效率均衡指标（C_1）判断矩阵及权重

	D_1	D_2	D_3	D_4	D_5	权重
D_1	1	2	5	2	3	0.387
D_2	1/2	1	3	1	2	0.212
D_3	1/5	1/3	1	1/3	1/2	0.070
D_4	1/2	1	3	1	2	0.212
D_5	1/3	1/2	2	1/2	1	0.119

λ_{max} =5.011 CI =0.227 RI =1.12 CR =0.0024＜0.1

表 5-41 生产资料投入均衡指标（C_2）判断矩阵及权重

	D_6	D_7	D_8	D_9	权重
D_6	1	2	5	3	0.513
D_7	1/2	1	3	3	0.267
D_8	1/5	1/3	1	1/3	0.101
D_9	1/3	1/3	3	1	0.119

λ_{max} =4.116 CI =0.039 RI =0.90 CR =0.043＜0.10

表 5-42 生产社会条件影响指标（C_3）判断矩阵及权重

	D_{10}	D_{11}	D_{12}	D_{13}	权重
D_{10}	1	2	3	2	0.474
D_{11}	1/2	1	3	1/2	0.295
D_{12}	1/3	1/3	1	1/2	0.078
D_{13}	1/2	2	2	1	0.153

λ_{max} =4.143 CI =0.048 RI =0.90 CR =0.053＜0.10

表 5-43 土地环境条件影响指标（C_4）判断矩阵及权重

	D_{14}	D_{15}	权重
D_{14}	1	1/3	0.75
D_{15}	3	1	0.25

表 5-44 土地结构条件影响指标（C_5）判断矩阵及权重

	D_{16}	D_{17}	D_{18}	D_{19}	D_{20}	权重
D_{16}	1	1/3	1/2	2	2	0.387
D_{17}	3	1	2	4	2	0.212
D_{18}	2	1/2	1	3	2	0.070
D_{19}	1/2	1/4	1/3	1	1/3	0.212
D_{20}	1/2	1/2	1/2	3	1	0.119

$\lambda_{max}=5.183$ CI $=0.046$ RI $=1.12$ CR $=0.041<0.10$

表 5-45 经济效益协调指标（C_6）判断矩阵及权重

	D_{21}	D_{22}	D_{23}	权重
D_{21}	1	2	3	0.540
D_{22}	1/2	1	2	0.297
D_{23}	1/3	1/2	1	0.163

$\lambda_{max}=3.006$ CI $=0.0028$ RI $=0.58$ CR $=0.0048<0.1$

表 5-46 经济稳定协调指标（C_7）判断矩阵及权重

	D_{24}	D_{25}	权重
D_{24}	1	1/2	0.333
D_{25}	2	1	0.667

表 5-47 经济技术协调指标（C_8）判断矩阵及权重

	D_{26}	D_{27}	权重
D_{26}	1	2	0.5
D_{27}	1/2	1	0.5

（4）层次总排序

利用下层次各因素对上层次各因素的单排序权值的计算结果，用上层次各因素的组合权值加权，即可得到下一层次各因素对最高层的组合权值。依次沿递阶层次结构由上而下逐层计算，可以算出最低层因素相对于最高层因素的相对重要性的排序权值。结合上面各层次的单排序权值，可以得出层次总排序（见表 5-48）。

表 5-48 乡镇土地经济评价指标判断矩阵及权重

总目标	二级指标	权重	三级指标	权重	四级指标	权重	总排序权重
乡镇土地经济评价（A）	乡镇土地投入程度（B_1）	0.540	土地生产效率均衡指标（C_1）	0.833	D_1	0.387	0.1741
					D_2	0.212	0.0956
					D_3	0.070	0.0311
					D_4	0.212	0.0956
					D_5	0.119	0.0535
			生产资料投入均衡指标（C_2）	0.167	D_6	0.513	0.0427
					D_7	0.267	0.0265
					D_8	0.101	0.0070
					D_9	0.119	0.0138

总目标	二级指标	权重	三级指标	权重	四级指标	权重	总排序权重
乡镇土地经济评价（A）	乡镇土地利用程度（B_2）	0.297	土地社会条件影响指标（C_3）	0.297	D_{10}	0.417	0.0368
					D_{11}	0.208	0.0184
					D_{12}	0.109	0.0096
					D_{13}	0.266	0.0235
			土地环境条件影响指标（C_4）	0.163	D_{14}	0.75	0.0121
					D_{15}	0.25	0.0256
			土地结构条件影响指标（C_5）	0.540	D_{16}	0.387	0.0603
					D_{17}	0.212	0.0398
					D_{18}	0.070	0.0118
					D_{19}	0.212	0.0229
					D_{20}	0.119	0.0364
	乡镇土地产出程度（B_3）	0.163	经济效益协调指标（C_6）	0.163	D_{21}	0.540	0.0143
					D_{22}	0.297	0.0079
					D_{23}	0.163	0.0043
			经济稳定协调指标（C_7）	0.297	D_{24}	0.333	0.0161
					D_{25}	0.667	0.0323
			经济技术协调指标（C_8）	0.540	D_{26}	0.5	0.0440
					D_{27}	0.5	0.0440

5.3.3　土地利用的综合评价方法

土地经济评价，是指土地在一定的土地利用方式下对其经济效益的综合鉴定。目前国内土地经济评价研究所采用的方法一般为综合评价方法，本书主要采用专家咨询法和因子分析法来筛选区域土地经济的评价指标，指标权重确定的方法主要采用层次分析法，最后构建区域土地经济的综合评价模型。

基于德尔菲评分法（Delphi method）的层次分析法正得到人们的重视（汪鹏，2005），层次分析法给能使整个评价过程更具系统性和可操作性（Healey，1985）。

层次分析法（the analytic hierarchy process，AHP）是美国运筹学家、匹兹堡大学教授 Saaty 于 20 世纪 70 年代中期提出的一种系统分析方法。将定量与定性相结合，把人们的主观判断用数量形式来表达、处理。其特点是具有高度的逻辑性、系统性、简洁性和实用性，现已广泛用于社会经济系统的据测分析。层次分析法的基本思路和人对一个复杂的决策问题的思维、判断过程大体上是一样的。首先，把要解决的问题分层系列化，即依据问题的性质和要达到的目标，将问题分解为不同的组成因素，按照因素之间的相互影响和隶属关系将其分层聚类组合，形成一个递阶、有序的层次结构模型。然后，对模型中每一层次因素的相对重要性，依据人们对客观现实的判断给予定量表示，再利用数学方法确定每一层次全部因素相对重要性次序的权值。最后，通过综合计算各层因素相对重要性的权值，得到最低层相对于最高层的相对重要性次序的组合权值，以此作为评价和选择方案的依据。用 AHP 分析问题大体要经过以下 5 个步骤：①建立层次结构模型；②构造判断矩阵；③层次单排序；④层次总排序；⑤一致性检验。其中，后 3 个步骤在整个过程中需要逐层进行（王莲芬，1990；王绪柱，1995；徐建华，2002；孙家乐，1991）。

（1）建立层次结构模型

将问题所包含的因素按属性和支配关系不同进行分层，可以分为最高层、中间层和最低层。同一层次元素作为准则，对下一层次的某些元素起支配作用，同时它又受上一层次元素的支配，这种从上至下的支配关系形成一个递阶层次。最高层通常只有一个元素，它是问题的预定目标，称为目标层。

（2）构造比较判断矩阵

比较判断矩阵是根据层次结构中的每层中的各因素相对重要性给出判断数值列表而成，判断矩阵表示针对上一层次某因素对本层次有关因素之间相对重要性的状况，假定 A 层次中 a_k 与下层 B_1、B_2、B_3,$\cdots$,B_n 有联系，则判断矩阵如表 5-49 所示。

表 5-49　层次分析法中的两两判断矩阵

a_k	B_1	B_2	B_3	$\cdots$	B_n
B_1	b_{11}	b_{12}	b_{13}	$\cdots$	b_{1n}
B_2	b_{21}	b_{22}	b_{23}	$\cdots$	b_{2n}
B_3	b_{31}	b_{32}	b_{33}	$\cdots$	b_{3n}
$\vdots$	$\vdots$	$\vdots$	$\vdots$		$\vdots$
B_n	b_{n1}	b_{n2}	b_{n3}	$\cdots$	b_{nn}

得到一个判断矩阵 $B = \begin{bmatrix} b_{11} & b_{12} & b_{13} & \cdots & b_{1n} \\ b_{21} & b_{22} & b_{23} & \cdots & b_{2n} \\ b_{31} & b_{32} & b_{32} & \cdots & b_{3n} \\ \vdots & \vdots & \vdots & & \vdots \\ b_{n1} & b_{n2} & b_{n3} & \cdots & b_{nn} \end{bmatrix}$，式中，$b_{ij}$ 表示对因素 a_k 而言，B_i

对 B_j 相对重要性的数值。用 Saaty 提出的 1-9 标度值表示，即 B_{ij} 表示成 1、3、5、7、9，或者它们的倒数。当同一层次中两两因素比较具有同等重要性用 1 表示，一个因素比另一个因素极端重要用 9 表示，3、5、7 分别表示稍微重要、明显重要、强烈重要。若居于它们之中，可取 2、4、8 及它们的倒数。标度 b_{ij} 取值取决于被调查的土地管理学专家、从事土地管理工作以及土地管理相关行业的从业人员对各指标相对性的看法的统计值（表 5-50）。

表 5-50　判断矩阵法标度及含义表

标度	含义
1	指标 B_i 和指标 B_j 同等重要
3	指标 B_i 比指标 B_j 稍微重要，反之为 1/3
5	指标 B_i 比指标 B_j 明显重要，反之为 1/5
7	指标 B_i 比指标 B_j 强烈重要，反之为 1/7
9	指标 B_i 比指标 B_j 极端重要，反之为 1/9
2，4，6，8	介于上述指标之间

（3）层次单排序

层次单排序是根据判断矩阵计算对于上层次某因素而言本层次与之有联系的因素重要性次序的权重值。其实质是计算判断矩阵的最大特征根及其对应的特征向量。对于判断矩阵 B，计算满足 $BW=\lambda \mathrm{max} B$ 的特征根及特征向量，其中，$\lambda_{\max}$ 为 B 的最大特征根；w 为 w_i 对应的正规化特征向量；w 的分量 w_i 为对应因素排序的权重值。

$$BW = \lambda_{\max} = B = \begin{bmatrix} b_{11} & b_{12} & b_{13} & \cdots & b_{1n} \\ b_{21} & b_{22} & b_{23} & \cdots & b_{2n} \\ b_{31} & b_{32} & b_{32} & \cdots & b_{3n} \\ \vdots & \vdots & \vdots & & \vdots \\ b_{n1} & b_{n2} & b_{n3} & \cdots & b_{nn} \end{bmatrix} \times \begin{bmatrix} w_1 \\ w_2 \\ w_3 \\ \vdots \\ w_n \end{bmatrix} = \lambda_{\max} \times \begin{bmatrix} w_1 \\ w_2 \\ w_3 \\ \vdots \\ w_n \end{bmatrix}$$

B 是个逆矩阵，它的元素满足：当 $i=j$，$b_{ij}=1$，$u_{ij}=1/u_{ij}>0$。

最大特征根和其对应的特征向量的计算如下。

1）将判断矩阵每一列归一化：$b_{ij} = b_{ij} / \sum\limits_{k=1}^{n} b_{kj}$，（$i,j=1,2,3,\cdots,n$）。

2）对按归一化的判断矩阵，再按行求和：$\overline{W} = \sum\limits_{j=1}^{n} b_{ij}$，（$i,j=1,2,3,\cdots,n$）。

3）将向量 $\overline{W}\begin{bmatrix} \overline{W_1} & \overline{W_2} & \overline{W_2} \cdots \overline{W_2} \end{bmatrix}^{\mathrm{T}}$ 归一化，$\overline{W_i} = \overline{W_j} / \sum\limits_{j=1}^{n} W_j$，（$i=1,2,3,\cdots,n$），

则　$w = \begin{bmatrix} \overline{W_1} & \overline{W_2} & \overline{W_2} & \cdots \overline{W_2} \end{bmatrix}^{\mathrm{T}}$ 为所求特征向量，w_1，w_2，w_3，$\cdots$，w_n 为所求权重。

（4）层次总排序

利用下层次各因素对于上层次各因素的单排序权值的计算结果，用上层次各因素的组合权值加权，即可计算出下一层次各因素对最高层的组合权值。依次沿递阶层次结构由上而下逐层计算，可以算出最低层因素相对于最高层因素的相对重要性的排序权值，这种计算就是层次总排序。假定上一层次所有因素 A_1，A_2，A_3，$\cdots$，A_m 的层次总排序已完成，得到的权值分别为 a_1，a_2，a_3，$\cdots$，a_m，与 a_i 对应的本层次因素 B_1，B_2，B_3，$\cdots$，B_m。单排序的结果为 b_{1j}，b_{2j}，b_{3j}，$\cdots$，b_{mj}，这时 B 层次总排序权值由表 5-51 给出。

表 5-51　层次总排序表

层次 B	层次 A				B 层总排序
	A_1	A_2	$\cdots$	A_m	
	a_1	a_2	$\cdots$	a_m	
B_1	b_{11}	b_{12}	$\cdots$	b_{1m}	$b_1 = \sum\limits_{j=1}^{m} a_j b_{1j}$
B_2	b_{21}	b_{22}	$\cdots$	b_{2m}	$b_2 = \sum\limits_{j=1}^{m} a_j b_{2j}$
$\vdots$	$\vdots$	$\vdots$	$\cdots$	$\vdots$	$\vdots$
B_n	b_{n1}	b_{n2}	$\cdots$	b_{nm}	$b_n = \sum\limits_{k=1}^{m} a_j b_{nj}$

（5）判断矩阵的一致性检验。

为保证层次分析法结论的合理性，就需要对判断矩阵进行检验。层序单排序检验 $CI = \dfrac{\lambda_{max} - n}{n-1}$，其中，CI 表示层序单排序一致性检验指标；RI 是随机一致性指标；n 表示判断矩阵阶数。若 CI=0，则表示判断矩阵满足完全一致性；若 CI$\neq$0，且 CR=CI/RI＜0.1，认为判断矩阵有满意一致性；否则应调整判断矩阵的标度值（表 5-52）。

表 5-52 随机一致性指标表

n	1	2	3	4	5	6	7	8	9
CI	0.00	0.00	0.58	0.90	1.12	1.24	1.32	1.41	1.45

5.3.4 评价结果应用分析

由评价结果知：

（1）各乡镇之间土地利用的综合效益差别明显

乡镇土地利用中要特别强调因地制宜，重点扶持，输入资金、人才和技术，逐步缩小乡镇间的差距。争取多方面建设扶植资金，在道路、土地开发、水利、环境治理等方面增加投入，改善土地使用环境。

（2）加强规划制度建设与管理，提高土地利用率

根据评价结果，编制合理规划，按效益优先的原则，建设用地重点布局在高发展乡镇；农业土地资金投入，尽量安排在相对落后、比较高的乡镇。

（3）合理布局乡镇村企业，逐步向工业集聚区集中

集中布局工业企业，直接效果是集聚效益，非常利于提高土地利用效益；也有利于保护耕地，优化村镇的土地资源配置，合理确定村镇不同地区的开发强度，提高土地、交通等基础设施的使用效率。优化配置土地资源，提高土地的集约利用水平。

（4）有计划推进新农村建设，减缓建设用地压力

结合城镇化建设要求，按照"布局集中、用地集约、产业集聚"和"村镇规模化、工业园区化、就业城镇化"的原则，积极推进新农村建设，及时调整现有村镇的数量和布局，适当合并，促进土地资源集约利用，提高土地使用效率。

5.3.5 评价结果分析

通过计算孟州市各乡镇的土地经济综合发展指数，土地生产效率和生产资料投入的均衡性，乡镇土地利用的社会、环境影响以及结构之间的影响度，乡镇土地产出与经济效益、稳定、技术之间的协调性，我们可以得出以下结论。

5.3.5.1 孟州市乡镇土地经济评价总体分析及发展阶段划分

乡镇土地经济综合发展状态。由于孟州市城市化水平的提高，建设用地逐年增加；

林地、园地面积有较大扩展；耕地面积总量变化不大，质量有所下降；水域、未利用地面积不断减少。耕地、林地和园地的变化主要发生在黄土丘陵向冲积平原过渡地带的乡镇；建设用地和水域滩地面积变化主要发生在黄河沿岸的乡镇；冲积平原上的乡镇，各土地利用类型的相对变化率均较大；耕地和建设用地分布较为均衡，其他地类集中分布在部分乡镇中，整体格局保持不变。通过计算（表 5-53 和表 5-54，图 5-34），孟州市乡镇土地经济评价综合发展指数均处于 0.6~0.8 之间，其中，赵和镇土地经济评价综合指数超过 0.80，处于乡镇土地经济评价综合发展的发达阶段，西虢镇、南庄镇、谷旦镇、化工镇、城伯镇、槐树乡分别为 0.696257、0.689828、0.650703、0.663424、0.632424、0.65458，也处于乡镇土地经济评价综合发展的比较发达阶段。土地经济发展综合指数值属偏上水平，土地利用由快速发展期开始走上稳定期。

表 5-53 乡镇土地经济综合指数评价

名称	西虢镇	南庄镇	谷旦镇	化工镇	城伯镇	赵和镇	槐树乡
土地经济评价综合指数	0.696257	0.689828	0.650703	0.663424	0.632424	0.806667	0.65458
土地生产效率均衡指数（C_1）	0.372000	0.324254	0.313335	0.355758	0.318287	0.406092	0.276887
生产资料投入均衡指数（C_2）	0.010237	0.042619	0.035190	0.033819	0.030333	0.035828	0.077763
土地利用社会条件影响指数（C_3）	0.048039	0.072224	0.050577	0.072139	0.049280	0.062845	0.063975
土地利用环境条件影响指数（C_4）	0.024098	0.036418	0.025404	0.022495	0.018830	0.015560	0.013856
土地利用结构条件影响指数（C_5）	0.107024	0.105103	0.110994	0.067954	0.094754	0.136507	0.126833
经济效益协调指数（C_6）	0.015550	0.017248	0.013992	0.022740	0.018237	0.018982	0.021782
经济稳定协调指数（C_7）	0.033567	0.030901	0.029011	0.025381	0.031710	0.048421	0.024569
经济技术协调指数（C_8）	0.085866	0.061062	0.072200	0.063139	0.070992	0.082431	0.048916

表 5-54 孟州市乡镇土地经济评价综合发展阶段划分

乡镇名	土地经济发展指数	发展阶段
西虢镇	0.696257	比较发达
南庄镇	0.689828	比较发达
谷旦镇	0.650703	比较发达
化工镇	0.663424	比较发达
城伯镇	0.632424	比较发达
赵和镇	0.806667	发达
槐树乡	0.65458	比较发达

乡镇土地生产效率均衡性。在乡镇土地经济投入程度中土地生产效率均衡指数计算得分中，赵和镇得分最高，为 0.406092；其次为西虢镇，得分为 0.372；其后依次为化工镇、南庄镇、城伯镇、谷旦镇，槐树乡得分最低，为 0.276887。

乡镇土地生产资料投入均衡性。在乡镇土地经济投入程度中土地生产资料投入均衡指数计算得分中，槐树乡得分较高，分别为 0.077763，其后依次为南庄镇、赵和镇、谷旦镇、化工镇、城伯镇，西虢镇得分最低，为 0.010237。

乡镇土地利用社会影响度。在乡镇土地利用程度中土地利用社会影响度指数计算得分中，南庄镇和化工镇得分较高，分别为 0.072224 和 0.072139，其后依次为槐树乡、赵和镇、化工镇、城伯镇，西虢镇得分最低，为 0.048039。

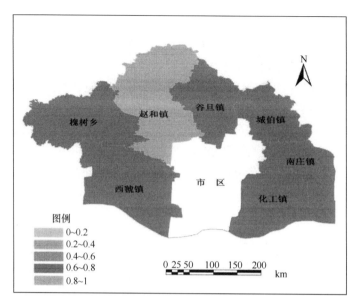

图 5-34　孟州市乡镇土地经济评价综合发展示意图

由于市区没有进行评价，所以用白色替代

乡镇土地利用环境影响度。在乡镇土地利用程度中土地利用环境影响度指数计算得分中，南庄镇和谷旦镇得分较高，分别为 0.036418 和 0.0254040，其后依次为西虢镇、化工镇、城伯镇、槐树乡，赵和镇得分最低，为 0.01556。

乡镇土地利用结构影响度。在乡镇土地利用程度中土地利用结构影响度指数计算得分中，赵和镇得分较高，分别为 0.136507，其后依次为槐树乡、南庄镇、谷旦镇、西虢镇、城伯镇，化工镇得分最低，为 0.067954。

乡镇土地产出经济效益协调性。在乡镇土地产出程度中土地产出经济效益协调性指数计算得分中，化工镇和槐树乡得分较高，分别为 0.02274 和 0.021782，其后依次为赵和镇、城伯镇、南庄镇、西虢镇，谷旦镇得分最低，为 0.013992。

乡镇土地产出经济稳定协调性。在乡镇土地产出程度中土地产出经济稳定协调性指数计算得分中，赵和镇得分较高，分别为 0.048421，其后依次为西虢镇、城伯镇、南庄镇、谷旦镇、化工镇，槐树乡得分最低，为 0.024569。

乡镇土地产出经济技术协调性。在乡镇土地产出程度中土地产出经济效益协调性指数计算得分中，西虢镇和赵和镇得分较高，分别为 0.085866 和 0.082431，其后依次为谷旦镇、城伯镇、化工镇、南庄镇，槐树乡得分最低，为 0.048916。

5.3.5.2　孟州市乡镇土地经济发展状态分析

从孟州市乡镇土地经济评价雷达图中，我们可以得出以下结论。

西虢镇土地经济状态得分构成中，土地生产效率均衡指数得分、土地利用环境影响指数得分，土地产出经济稳定协调指数得分和土地产出经济技术协调指数均高于 7 个乡镇的平均水平，其中，乡镇土地产出经济技术协调性在 7 个乡镇中最好，而生产资料投入均衡指数得分、土地利用社会影响指数得分、土地利用结构影响指数和土地产出经济效益协调指数低于 7 个乡镇的平均水平，乡镇土地利用社会影响度和乡镇土地生产资料投入均衡性较差，这对西虢镇土地经济健康协调发展不利，也为西虢镇今后加强土地利用社会影响度、土地生产资料投入均衡性的建设指出了方向。

南庄镇土地经济状态得分构成中，生产资料投入均衡指数得分、土地利用社会影响指数得分、土地利用环境影响指数得分高于7个乡镇平均水平，土地利用社会影响指数得分和土地利用环境影响指数得分在7个乡镇中较好；土地生产效率均衡指数、土地利用结构影响指数、土地产出经济效益协调指数和土地产出经济稳定协调指数得分均接近于7个乡镇的平均水平，而土地产出经济技术协调指数得分低于7个乡镇平均水平，土地产出经济技术协调性较差，这要求南庄镇在大力发展商业的同时，要注意加大土地经济技术的投入，注重土地经济的技术效应的发挥。

谷旦镇土地经济状态得分构成中，土地利用环境影响指数得分、土地利用结构影响指数得分和土地产出经济技术协调指数得分均高于7个乡镇的平均水平，其中，土地利用环境影响指数得分在7个乡镇中较好，而土地生产效率均衡指数得分、生产资料投入均衡指数得分、土地利用社会影响指数得分和土地产出经济稳定协调指数得分低于7个乡镇的平均水平，土地产出经济效益协调指数得分较差，在这方面，谷旦镇要加强土地投入和管理，注重土地产出的社会、经济效应。

化工镇土地经济状态得分构成中，土地生产效率均衡指数得分、土地利用社会影响指数得分、土地利用环境影响指数得分和土地产出经济效益协调指数得分均高于7个乡镇的平均水平，土地利用社会影响指数得分最高，生产资料投入均衡指数得分、土地产出经济稳定协调指数得分和土地产出经济技术协调指数得分略低于7个乡镇的平均得分，土地利用结构影响指数得分最低，在这方面，化工镇应注意土地利用结构调整，使得土地利用结构均衡发展。

城伯镇土地经济状态得分构成中，土地生产效率均衡指数得分、生产资料投入均衡指数得分、土地利用社会影响指数得分、土地利用环境影响指数得分、土地利用结构影响指数得分、土地产出经济效益协调指数得分、土地产出经济稳定协调指数得分均低于7个乡镇的平均水平，其中，土地利用社会影响指数得分较低，但各指标得分均比较均衡；土地产出经济技术协调指数得分均高于7个乡镇的平均水平。城伯镇土地经济综合实力有待提升。

赵和镇土地经济状态得分构成中，土地生产效率均衡指数得分、土地利用社会影响指数得分、土地利用结构影响指数得分、土地产出经济效益协调指数得分、土地产出经济稳定协调指数得分、土地产出经济技术协调指数得分均高于7个乡镇的平均水平，其中，土地生产效率均衡指数得分、土地利用结构影响指数得分和土地产出经济稳定协调指数得分为在7个乡镇中为最好；生产资料投入均衡指数得分和土地利用环境影响指数得分低于7个乡镇的平均水平；而赵和镇的土地经济评价综合指数得分远远高于其他乡镇的平均水平，说明赵和镇的土地经济情况良好，整体水平在孟州市乡镇处于前列。

槐树乡土地经济状态得分构成中，生产资料投入均衡指数得分、土地利用社会影响指数得分、土地利用结构影响指数得分和土地产出经济效益协调指数得分高于7个乡镇的平均水平，其中，生产资料投入均衡性和土地利用结构影响度最好，土地生产效率均衡指数得分、土地利用环境影响指数得分、土地产出经济稳定协调指数得分和土地产出经济技术协调指数得分处于 7 个乡镇平均水平，并且均为 7 个乡镇的最差指数，这说明槐树乡在土地经济的投入产出环节没有深入挖掘潜力，造成了土地经济综合水平低下。

根据孟州市乡镇土地经济评价雷达图和乡镇土地经济评价的结构特征，在孟州市 7 个乡镇中，赵和镇土地经济发展状态类型大体可以划分为均衡类，此类的特征是土地生产效率均衡性、土地利用结构影响度、土地产出经济稳定协调性和土地产出经济技术协调性较强，而土地利用环境影响度较差，其他类别指标较为一般；西虢镇、南庄镇和化工镇土地经济发展状态类型较为相似，可以归为比较均衡类，此种类型除土地生产效率均衡性和土地利用环境影响度较强之外，其余各个指标系统得分较为互补、平均，比较均衡，土地经济评价综合实力处于 7 个乡镇中的中间水平，发展状态较为协调；槐树乡、谷旦镇和城伯镇可以归为欠均衡类。此种类型各项指标得分相对一般，其土地生产效率均衡性、土地利用社会影响度和土地产出经济稳定协调性指标得分相对较低。总体而言，在孟州市 7 个乡镇中，赵和镇、西虢镇和南庄镇的各个指标得分较为均衡，且超过 7 个乡镇的平均水平，发展较为稳定，发展状态较为理想（图 5-35～图 5-41）。

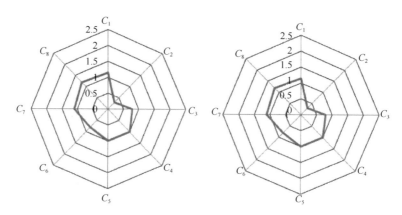

图 5-35 西虢镇土地经济评价雷达图   图 5-36 南庄镇土地经济评价雷达图

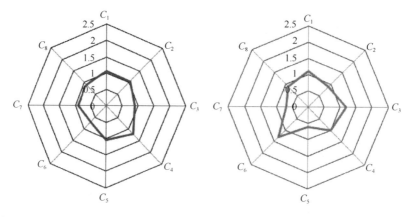

图 5-37 谷旦镇土地经济评价雷达图   图 5-38 化工镇土地经济评价雷达图

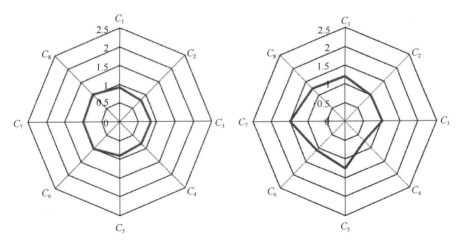

图 5-39　城伯镇土地经济评价雷达图　　　图 5-40　赵和镇土地经济评价雷达图

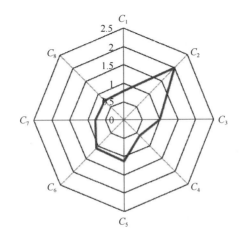

图 5-41　槐树乡土地经济评价雷达图

5.4　永城市土地可持续利用评价

5.4.1　选择永城市的理由

（1）豫东粮食生产核心区，典型的工农业强县（市）

永城市地处豫东黄淮平原粮食生产核心区，工业发达，其特有的"黑白经济"（煤炭、小麦加工），工农业共同发展。不仅使其成为河南省东引西进战略的桥头堡城市，也是豫东南重点建设的区域性中心城市，但建设用地与耕地保护矛盾突出。

（2）煤炭资源丰富，煤炭产业对耕地利用影响显著

永城市是河南省煤炭产地之一，铝铁等矿产资源丰富。然而，煤炭产业在给永城带来巨大经济效益的同时，局部采矿造成的塌陷、耕地破坏、居民房屋受损等具有一定的代表性，研究该区土地可持续利用可以为我省同类地区提供推广示范。

（3）显著的示范意义

永城市位处豫、鲁、苏、皖四省结合部，地势平坦，由西北向东南微倾，除西北有方圆 16km² 的芒砀山群外，大部分为平原地区。土地可持续利用示范影响可以扩大至周边省份。

5.4.2 生态足迹计算的关键指标

以下指标均按照第 3 章的评价原理，进行选择计算。

5.4.2.1 生态生产性土地

由地球上具有生态生产能力的耕地、建设用地、草地、化石能源用地、林地和水域（广义的土地资源）6 个部分组成。永城市 2008 年耕地面积为 $1.3721×10^5 hm^2$，人均约 $0.1 hm^2$；建设用地为 $3.4392×10^4 hm^2$，人均约为 $2.5×10^{-2} hm^2$；草地面积较少，仅 $20.17 hm^2$，人均面积微乎其微；林地面积为 $3.912×10^3 hm^2$，水域面积为 $1.248×10^3 hm^2$。从理论上来说，化石能源地是人类应该留出用于吸收 CO_2 的土地，这是因为生态平衡是土地可持续利用的基本条件，但在实际中，我们并没有保留这样的土地。

5.4.2.2 均衡因子和产量因子

本研究采用的均衡因子见表 5-55。

表 5-55 采用的均衡因子

生态生产性土地类型	耕地	草地	林地	建设用地	水域	化石能源用地
均衡因子	2.8	0.5	1.1	2.8	0.2	1.1

注：假设建设用地占用了农业用地，因此，建设用地的均衡因子和耕地的一样

本研究采用的产量因子则沿用 Wack-ernagel 计算中国生态足迹时所采用的值，见表 5-56。

表 5-56 产量因子

生态生产性土地类型	耕地	草地	林地	建设用地	水域	化石能源用地
产量因子	1.66	0.19	0.91	1.49	1	0

5.4.3 生态足迹计算方法选择

生态足迹分析法的重点是生态足迹的计算。生态足迹的计算方法有很多种，目前最主要的计算方法有综合法、成分法和投入产出法。

本书采取综合法，即利用永城市的统计资料得到计算过程中所需的各个数据。在有些数据不完整的情况下，通过发放调查问卷来得到。

5.4.3.1 永城市生态足迹计算数据来源说明

本研究过程中需要很多数据，其主要来源如下。

1）土地数据来源：土地利用现状方面的基础数据均来自永城市国土部门提供的当年的土地利用详查数据或土地利用变更数据。

2）生物资源与能源资料数据来源：生物资源与能源消费项目数据来源于《河南省统计年鉴》《永城市统计年鉴》以及永城市农业部门。

5.4.3.2 永城市消费项目的划分

根据生态足迹理论及其内涵模型，永城的生态足迹需求的计算主要包括两部分：一是生物资源的消费，二是能源的消费。

根据国内外的研究成果和永城市的实际情况，本书将生物资源的消费划分为小麦、玉米、大豆、红薯、棉花、花生、油菜籽、芝麻、糖料、烟叶、蔬菜、水果、木材、羊肉、猪肉、牛肉、鲜奶、家禽蛋类、水产品等。通过实地数据的采集及计算将永城市的各种生物资源消费转化为提供这类消费需要的生物生产性土地面积，然后用永城不同物品的消费量进一步归类合并可得到不同土地类型的生态足迹（表5-57和表5-58）。

由于数据资料不完备，能源消费选取原煤、原油、液化气、天然气、电力和热力几项。首先，采用国际标准的换算系数将永城市的这些能源消费折算成吨标煤；然后将当地能源消费所消耗的量折算成一定面积的化石燃料土地和建设土地。

表 5-57　2008 年永城市土地可持续利用生态足迹计算指标体系

消费类型	消费项目	生物生产性土地类型
生物能源消费	小麦	耕地
	玉米	耕地
	大豆	耕地
	红薯	耕地
	棉花	耕地
	烟叶	耕地
	蔬菜	耕地
	水果	林地
	油料	耕地
	猪牛羊肉	草地
	鲜蛋	草地
	水产品	水域
能源消费	原煤	化石能源用地
	原油	化石能源用地
	液化气	化石能源用地
	天然气	化石能源用地
	电力	建设用地
	热力	建设用地

表 5-58　各类能源折算标准煤的参考系数

能源名称	平均低位发热量	折算标准煤系数
原煤	20934kJ/kg	0.7143kgce/kg
液化气	47472kJ / kg	1.7143kgce/kg
天然气	35588kJ/m^3	12.143t/10^4m^3
电力		3.27t/10^4kW·h
热力		0.03412t/10^6kJ

资料来源：http：//bbs.instrument.com.cn/shtml/20060404/382952/

5.4.3.3　永城市生态足迹计算方法选择

生态足迹分析法的重点是生态足迹的计算。生态足迹的计算方法有很多种，目前最主要的计算方法有综合法、成分法和投入产出法。

成分法是一种"撒网"的方法，它基于人类的衣食住行活动，利用地区、行业、公司及家庭等详细数据，通过物质流分析得到主要消费品的消费量及废物产生情况，通过生态足迹的计算来研究物质流对环境的压力。

综合法，即自上而下法，它是根据地区性的统计资料得到研究地区各消费项目的有关消费数据，再结合人口数得到人均消费量的数据，然后按照以上生态足迹的计算步骤进行生态足迹的计算。

投入产出法是由 Bicknell 等（1998）将其应用到某一地区的生态足迹计算当中的，利用投入产出表提供的信息，计算经济变化对环境产生的直接和间接影响；利用直接土地消耗系数和完全土地消耗系数，分析不同部门、不同地区、不同企业内部的经济联系，以及不同产品和服务的供给与需求间的相互联系。利用该方法得出的生态足迹结果比综合法和成分法得到的结果要更完整和准确。

在理解能力范围内，又考虑到数据的易得性和全面性，本研究采取综合法，即利用永城市的统计资料得到计算过程中所需的各个数据。在有些数据不完整的情况下，通过发放调查问卷来得到。

5.4.3.4　永城市生态足迹计算数据来源说明

研究过程中需要大量数据，其主要来源如下。

1）土地数据来源：土地利用现状方面的基础数据均来自永城市国土部门提供的当年的土地利用详查数据或土地利用变更数据。

2）生物资源与能源资料数据来源：生物资源与能源消费项目数据来源于《河南省统计年鉴》《永城市统计年鉴》以及永城市农业部门。

3）均衡因子和产量因子取值说明：根据刘艳中（2009）的总结，不同学者和组织机构对均衡因子和产量因子的估算是不同的，在本书中，均衡因子和产量因子的取值见表 5-55 和表 5-56。

5.4.3.5　永城市 2008 年生态足迹计算

首先，根据消费项目的划分计算永城市 2008 年各个项目的年消费量，再结合永城市 2008 年的人口状况计算出各项消费项目的人均年消费量 C_i，单位为 kg。然后利用生产力数据，将各项资源或能源的消费折算为生态生产性土地的面积，即生态足迹的各项组成部分。设生产第 i 项消费项目的生态生产性土地面积为 A_i，其计算公式为：$A_i=C_i/P_i$，单位为 hm^2/人，其中，P_i 为第 i 项消费项目对应的生态生产性土地的年平均生产力（kg/hm^2）。所得的面积大小乘以均衡因子，就得到了各个消费项目的人均生态足迹，见表 5-59 和表 5-60。

计算出各个消费项目所对应的人均生态足迹数值后，求各类生态生产性土地类型的人均生态足迹的总和 ef，即 $ef = \sum r_j A_j$，用人均生态足迹乘以永城市的总人口（N），即用公式得出总生态足迹（EF）。

表 5-59　2008 年永城市生态足迹计算生物资源消费账户

消费项目	产品产量/kg	人均消费量 C_i/kg	人均生态足迹/hm²	总生态足迹/hm²	土地类型
小麦	689959000	116.2	0.046186	62485.04	耕地
玉米	279300000	206.45	0.042685	57748.54	耕地
大豆	109900000	81.23	0.028988	39217.87	耕地
红薯	22000000	16.26	0.013313	18011.16	耕地
棉花	4900000	3.62	0.010369	14028.22	耕地
烟叶	832000	0.61	0.000694	938.91	耕地
蔬菜	1182240000	162.48	0.010967	14837.25	耕地
水果	262536000	194.05	0.034112	46150.12	林地
油料	29496000	21.77	0.018482	25004.3	耕地
猪牛羊肉	65118000	48.13	0.067374	91150.28	草地
鲜蛋	46606000	34.45	0.064359	87071.29	草地
水产品	13456000	9.95	0.000185	250.29	水域

注：在生物能源消费生态足迹的计算过程中，一些消费项目由于缺乏进出口数据，在计算过程中直接用产量代替其消费，再除以人口数量得出人均消费量

表 5-60　2008 年永城市生态足迹计算能源消费账户

消费项目	人均消费量 C_i/kg	人均生态足迹/hm²	总生态足迹/hm²	土地类型
原煤	98.06	0.0000066	8.92914	化石能源用地
液化气	1.89	0.0003146	425.6223	化石能源用地
天然气	3.68	0.0002365	319.9609	化石能源用地
电力	67.45	0.0017556	2375.151	建设用地
热力	8.19	0.0007728	1045.521	建设用地

注：在能源账户计算时，都将各个消费项目折算成标准煤

将表 5-58 和表 5-59 的结果汇总，得到各类生态生产性土地的人均生态足迹（表 5-61）。

表 5-61　2008 年永城市生态足迹需求汇总

土地类型	生态足迹需求	
	人均生态足迹/hm²	总生态足迹/hm²
耕地	0.171684	232271.3
草地	0.131733	178221.6
林地	0.034112	46150.12
水域	0.000185	250.29
化石能源用地	0.0005577	754.6223
建设用地	0.0025284	3420.672
总计	0.3408001	461068.4543

5.4.3.6　永城市 2008 年生态承载力计算

根据永城市 2008 年土地利用现状分析，获取各类生态生产性土地的实际面积 a_j，再利用公式，用产量因子和均衡因子与各类生态生产性土地的实际面积相乘，得到生态

承载力的数值，计算结果见表 5-62。

表 5-62 2008 年永城市生态承载力表

土地类型	人均面积/（hm²/人）	均衡因子	产量因子	人均生态承载力/hm²	总承载力/hm²
耕地	0.101419	2.8	1.66	0.471397	637753.3
草地	2.26E-05	1.1	0.19	4.72409E-06	6.39122
林地	0.002892	0.5	0.91	0.001315989	1780.401
水域	0.000923	0.2	1	0.000184577	249.714
化石能源用地	0	1.1	0	0	0
建设用地	0.025422	2.8	1.49	0.106058691	143486.8
总计				0.578961228	783276.6

5.4.3.7 永城市 2008 年生态赤字或生态盈余计算

根据上述计算结果，利用公式得出永城市 2008 年生态赤字或生态盈余，见表 5-63。

表 5-63 2008 年永城市生态足迹和生态承载力计算结果

土地类型	生态足迹（需求）		生态承载力（供给）	
	人均生态足迹/hm²	总生态足迹/hm²	人均生态承载力/hm²	总生态承载力/hm²
耕地	0.171684	232271.3	0.471397	637753.3
草地	0.131733	178221.6	4.72409E-06	6.39122
林地	0.034112	46150.12	0.001315989	1780.401
水域	0.000185	250.29	0.000184577	249.714
化石能源用地	0.0005577	754.51234	0	0
建设用地	0.0025284	3420.672	0.106058691	143486.8
总　计	0.3408001	461068.4543	0.578961228	783276.6
生态承载力中用于保护生物多样性的面积（12%）		0.06947535	93993.192	
生态承载力供给		0.50948588	689283.408	
生态盈余		0.16868578	228214.9537	

通过以上计算，永城市生态足迹的计算流程概括见图 5-42。

5.4.4 评价结果及分析

5.4.4.1 永城市生态足迹供需总体状况

利用生态足迹和生态承载力计算公式分别计算出了 2008 年永城市的生态足迹和生态承载力。由表 4-9 可以看出，2008 年永城市总的人均生态足迹为 0.3408001 hm²，总的人均生态承载力为 0.578961228 hm²，减去 12%用于保护生物多样性的土地，可利用的人均生态承载力为 0.50948588 hm²，两者相减得到数值 0.16868578，表明 2008 年永城市的生态盈余为 0.16868578 hm²，说明永城市的土地供给能力不仅能够满足永城市社会经济发展对土地的需求，而且还有盈余，永城市的土地利用处于一种可持续状态。

其中，耕地的生态承载力远远高于其生态足迹，供给能力将近是需求的 3 倍；而草地的生态承载力却远远低于其生态足迹需求，生态赤字为–0.131728 hm²；水域的需求与

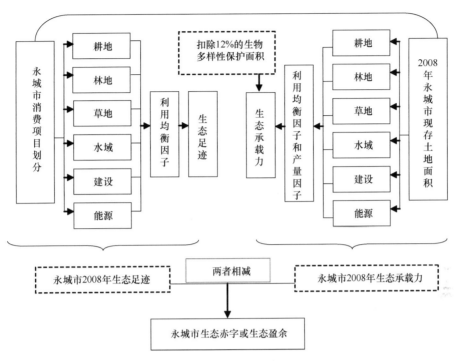

图 5-42　永城市生态足迹计算流程简图

供给几乎处于平衡状态；林地的生态足迹需求也高于其生态承载力，产生生态赤字；由于没有留出化石能源用地用以吸收排放出来的 CO_2，保护生物多样性，因此，其生态承载力为 0，产生生态赤字；建设用地的供给能力能够满足其生态足迹的需求。

5.4.4.2　永城市生态足迹需求分析

在生态足迹需求中，耕地的需求最大，其次是草地、林地、建设用地、化石能源用地和水域。在总人均生态足迹中，它们各自所占比例如图 5-43 所示。

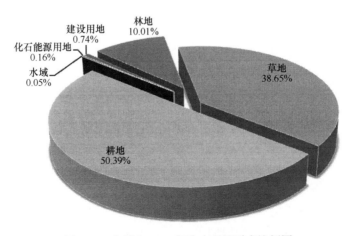

图 5-43　永城市 2008 年生态足迹需求比例图

由图 5-43 可以看出，①耕地的人均生态足迹需求最大，占总人均生态足迹的 50% 以上，是影响永城市生态足迹需求的主要因素，这说明永城市的消费以粮食消费为主；②草地占总人均生态足迹的比重也比较大，仅次于耕地，占 38.65%，反映出永城市 2008 年肉类消费比较多；③排在第三位的生态足迹需求是林地，占总人均生态足迹的 10.01%；④建设用地、水域和化石能源用地的人均生态足迹都很少，总和还不足总人均生态足迹的 1%，仅占总人均生态足迹的 0.95%，水域的人均生态足迹最少。

5.4.4.3 永城市生态承载力分析

图 5-44 反映了各类生态生产性土地占总人均生态承载力的比重。从图 5-44 中可以看出，①耕地生态承载力：在生态承载力中，耕地的生态承载力是最大的，为 0.471397 hm²，占总人均生态承载力的 81.42%，是永城市生态承载力的支柱；②建设用地生态承载力：建设用地的生态承载力仅次于耕地的，占总人均生态承载力的 18.32%；③化石能源用地生态承载力：在本书的计算中，化石能源用地的产量因子取值为 0，因此，化石能源用地的生态承载力为 0；④草地生态承载力很小，约等于为 0。由于草地实际人均占用量很小，在计算中，由于四舍五入，草地的人均生态承载力所占比例约等于 0，见图 5-44。

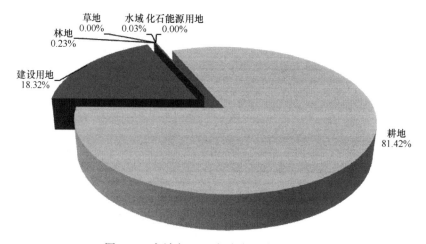

图 5-44   永城市 2008 年生态承载力比例图

5.4.4.4 永城市生态赤字或生态盈余分析

现在，将永城市的生态足迹需求和供给进行比较，得出永城市 2008 年生态足迹供需结构图（图 5-45）。根据上面对生态足迹供需状况的分析可知，永城市的生态足迹供给大于生态足迹需求，存在生态盈余，但从供需结构图中可以看出，永城市生态生产性土地供给结构与需求结构之间存在明显的不均衡性，主要表现在耕地、草地和建设用地的供需矛盾上，化石能源用地的供给为 0，但其需求也小，水域的供需基本平衡，林地的需求大于其供给（图 5-45）。

永城市生态足迹供需出现这种结构性偏差是有一定原因的。

1）耕地生态足迹供需不平衡原因分析：永城市地势平坦，阳光充足，雨量充沛，四季分明，是典型的农业大市，具有较强的粮食生产优势，是全国优质小麦和棉花的生

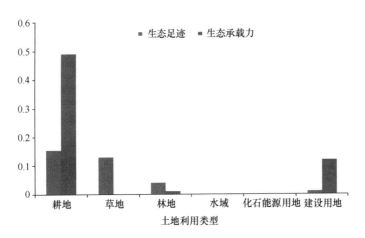

图 5-45 永城市 2008 年生态足迹供需结构图

产基地，粮棉油产量连续多年位居全国百强，充足的粮食资源是永城面粉加工业发展的基础。永城市境内有 200 多家面粉企业，被国家授予"中国面粉城"称号，产品远销国内外等地区。由此可以看出，该市的粮食生产不仅要满足永城市本地的消费需求，而且还承担着其他地区的粮食需求，从中我们不难理解永城市耕地生态足迹的供需不平衡的原因了。

2）草地生态足迹供需不平衡原因分析：随着永城社会经济的发展，人们生活水平的提高，对畜牧业的需求增加，而永城市草地分布零星，并且草场的承载畜牧发展的能力不够，导致草地的供给能力小于需求，而畜牧业发展所需的饲料又来源于粮食，因此，草地的生态赤字又转化为对耕地的生态需求。

3）建设用地生态足迹供需失衡原因分析：从上述分析可知，建设用地的生态供给远远大于其生态需求，在本书第三部分对永城市的土地利用现状进行了分析，可知永城市人均建设用地高于我国大多城市和地区，而有些建设用地占用了耕地，建设用地高于生态需求的供给削弱了耕地的生态供给能力。

4）化石能源用地生态足迹供需分析：永城市矿产资源丰富，是全国六大无烟煤生产基地之一，生产的无烟煤提供给我国大多城市使用，把化石能源生态赤字转给了其他地区，因而永城市化石能源用地生态赤字相对就变小了。

5.4.4.5 永城市生态足迹计算影响因子分析

（1）人口因素的影响

人口数量决定了对土地的需求，它对生态足迹和生态承载力都有很大的影响。人口的不断增长必然会在吃、穿、住、行等方面产生更高的要求，对土地的需求也必然增多。2008 年，永城市的人口为 135.29 万，较之 1998 年的 129.84 万人增加了 5.45 万人，平均每年增加 5450 人。永城市近 10 年来人口变化情况如图 5-46 所示。

从图 5-46 中可以看出，永城市的人口数量除了 2001 年和 2002 年有较大的浮动外，整个趋势是增加的，它决定了对土地资源的需求也在不断增加。

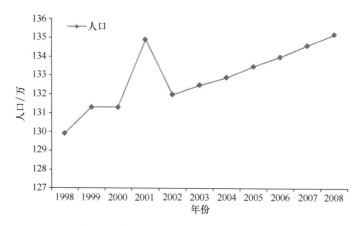

图 5-46　永城市 1998~2008 年人口变化图

（2）消费因素的影响

生态足迹的计算就是要对消费进行追踪并将其转换为现有技术条件下用于支持资源消费和消耗废弃物所需要的生态生产性土地面积，消费对生态足迹产生影响在所难免，人均消费量的大小与生态足迹大小成正相关，消费项目的消费量越大，所对应的生态足迹也越大，对土地的压力越大。恩格斯曾把人们的消费需要分为生存需要、享受需要和发展需要 3 个层次。人对物质的需要是低层次的需要，是有限度的，当这种需要得到满足后，就会追求更高层次的发展。随着永城市社会经济的发展，人们的消费需求也在发生改变，由原来的生存需要向享受、发展需要转变，甚至还出现了铺张浪费的消费观念和消费方式，一些摆阔的奢靡消费，还有过度包装的蓄意浪费等，既浪费资源又污染环境，加大生态足迹需求对各类土地的压力，不利于土地的可持续利用。

（3）生产力因素的影响

在生态足迹的计算中，为了把消费转化为所对应的生态生产性土地类型，用到生产力因子，即 P_i，生产力因素与生态足迹的大小呈负相关。在消费量不变的情况下，P_i 的值越大，生态足迹越小；相反，P_i 的值越小，生态足迹越大。根据对永城市 2008 年土地利用现状的分析可知，城乡居民点用地人均达 233.7m²，远高于国家规定的标准，严重影响土地利用效率。说明永城市的建设用地利用不充分，生产力不高；耕地方面，根据前面的描述，永城煤矿的开采严重影响耕地的质量，又加上农药、化肥和地膜的使用，造成农村生态环境污染和土地污染，也使得耕地的生产效率不高。生产力的低下，导致生态足迹变大，加大人们消费对土地的压力。

（4）土地面积因素的影响

永城市现存各类土地面积的多少是影响永城市生态承载力的主要因素之一。人类的日常消费都离不开土地的提供。各类土地面积的大小与生态承载力呈正相关，且关联度较大。所以，各类土地类型要维持一定的数量以使生态承载力能满足人们消费对各类土地的需求。但是，永城市的总面积是一定，而各类土地在空间上是互斥的，某种土地类型的面积增加必然会使其他类型的土地面积减少。根据我们对永城市 2008 年土地利用现状数据整理，在永城市的农业用地中，内部结构不合理，耕地所占比例偏大，林地和水域用地不足，许多宜林宜渔用地未得到充分利用。在非农业用地中，居民点及工矿用地面积过大，人均面积远远高于国家标准，交通和水利工程用地所占比重较小，因此，为了保证各类土地的适度面积，合理的土地利用结构就显得尤为重要。

6 村镇耕地可持续利用集成技术研究与示范效果评价

6.1 河南省耕地利用现状分析

河南省是全国粮食生产核心区之一，连续 8 年粮食总产量在 10^{11} 斤以上，占全国粮食总产量的 1/10；每年为国家至少提供 300 多亿斤的商品粮。

据河南省土地利用现状变更数据统计，2005 年全省耕地面积为 $7.9253 \times 10^6 hm^2$，占全省土地总面积的 47.88%。其中，旱地面积为 $4.0551 \times 10^6 hm^2$，占耕地总面积的 51.17%；灌溉水田、水浇地和菜地面积为 $3.8195 \times 10^6 hm^2$，占 48.19%（水浇地为 $3.0925 \times 10^6 hm^2$，占耕地总面积的 39.02%；灌溉水田为 $6.458 \times 10^5 hm^2$，占耕地总面积的 8.15%；菜地为 $8.12 \times 10^4 hm^2$，占耕地总面积的 1.02%）；望天田为 $5.07 \times 10^4 hm^2$，占耕地总面积的 0.64%。

6.1.1 空间分布特征

从耕地的空间布局分析，河南省 3/4 的耕地集中于南阳盆地及中东部的黄淮海平原，此即河南省粮食生产核心区主体范围，见图 6-1；其余 1/4 分布于中西部的丘岗山地区。

6.1.1.1 按类型分析

旱地从地区分布看，驻马店地区最多，占河南省旱地总面积的 20.63%，其次是南阳和周口两地区，分别占旱地总量的 16.99% 和 13.25%。

水浇地主要分布在豫北、豫中、豫东平原地区以及南阳盆地。豫北地区蒸发量大于降水量，干旱较多，但豫北地区经济发展水平高，农田灌溉设施齐全，因而形成了一大批旱涝保收的高产稳产田。水浇地面积占耕地面积比重较大的地市有黄河以北的濮阳市、焦作市、安阳市、新乡市和鹤壁市。

灌溉水田主要分布在淮河两岸地区和黄河背河洼地，尤以水热资源丰富的信阳市最集中。信阳市灌溉水田面积约占耕地面积的 61%，占河南省灌溉水田面积的 78%。其次在郑州、信阳、驻马店、新乡、焦作等市也分布有一定比例的灌溉水田。

菜地主要分布在河南省各级城镇周围。

6.1.1.2 按产量分析

河南省耕地中，高产田面积为 $3.2776 \times 10^6 hm^2$，仅占 41.35%；中产田面积为 $4.2658 \times 10^6 hm^2$，占总面积的 53.82%；低产田面积为 $3.829 \times 10^5 hm^2$，占 4.83%；即中、低产田约占 58.65%。说明耕地改造、整治任务艰巨。

高产田是全省粮、棉、油作物生产的主要基地。主要分布在土地肥沃、灌溉便利的焦作、新乡市的山前平原、黄河老滩区、豫东沿黄灌区，以及豫南的南阳盆地、淮河沿岸。

中、低产田主要分布在土质较差、有障碍层的土层结构差的平原区，还有灌溉水源、水利设施缺乏的山间小盆地、河谷地、黄土丘陵区等。

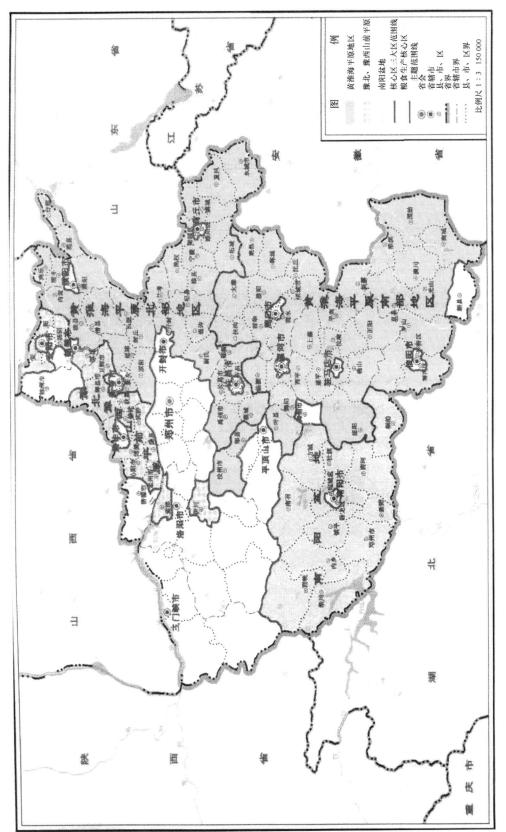

图 6-1　河南省粮食核心区主体范围示意图

6.1.2 耕地利用的影响因素分析

为全面分析耕地利用的影响因素，我们基于适宜性原理，以粮食生产为主，对影响耕地利用的主要因素进行定量分析。选取了 8 个指标，包括人口密度，城镇化率，人均生产总值，地均水资源量，复种指数，年均降水量，每公顷耕地的化肥用量，每公顷耕地的农机动力。用 1999～2008 年连续资料序列展开分析，详见表 6-1。

表 6-1　选取指标的原始数据

年份	粮食单产/（kg/hm²）	人口密度/（人/km²）	城镇化率/%	人均生产总值/元	地均水资源量/（m³/hm²）	复种指数	年均降水量/mm	每公顷的化肥用量/（kg/hm²）	每公顷的农机动力/（wkw/hm²）
1999	6231.05	562	21.8	4894	2993.16	1.85	601.8	315840	0.422
2000	5965.6	568	23.2	5450	9744.37	1.91	995.3	320251	0.4401
2001	5964.53	572	24.4	5959	3163.35	1.90	543.3	336487	0.4631
2002	5796.67	576	25.8	6487	4317.71	1.84	707.6	350926	0.4901
2003	4966.41	579	27.2	7376	9708.2	1.90	1080.4	341915	0.5081
2004	5935.21	582	28.9	9201	5664.93	1.92	807	357215	0.5448
2005	6362.85	585	30.7	11346	7752.76	1.93	797.7	372158	0.5699
2006	7018.49	588	32.5	13172	4573.89	1.97	905.8	380971	0.5857
2007	7283.11	591	34.3	16012	6458.85	1.96	774.1	404378	0.6189
2008	7449.78	594	36	19593	5158.56	1.9691	709.1	424265	0.6649

资料来源：《河南省统计年鉴 1998～2008》

为便于定量运算，采用极值法，对原始数据进行无量纲化处理。结果见表 6-2。

表 6-2　标准化数据表

年份	粮食单产/（kg/hm²）	人口密度/（人/km²）	城镇化率/%	人均生产总值/元	地均水资源量（m³/hm²）	复种指数	年均降水量/mm	每公顷的化肥用量/（kg/hm²）	每公顷的农机动力/（wkw/hm²）
1999	0.8364	0.9461	0.6056	0.2498	0.3072	0.9419	0.557	0.7444	0.6347
2000	0.8008	0.9562	0.6444	0.2782	1	0.9704	0.9212	0.7548	0.6618
2001	0.8006	0.963	0.6778	0.3041	0.3246	0.9652	0.5029	0.7931	0.6965
2002	0.7781	0.9697	0.7167	0.3311	0.4431	0.9342	0.6549	0.8271	0.7372
2003	0.6667	0.9747	0.7556	0.3765	0.9963	0.9669	1	0.8059	0.7642
2004	0.7967	0.9798	0.8028	0.4696	0.5814	0.9768	0.7469	0.842	0.8193
2005	0.8541	0.9848	0.8528	0.5791	0.7956	0.9819	0.7383	0.8772	0.8571
2006	0.9421	0.9899	0.9028	0.6723	0.4694	1.0003	0.8384	0.898	0.8809
2007	0.9776	0.9949	0.9528	0.8172	0.6628	0.9934	0.7165	0.9531	0.9308
2008	1	1	1	1	0.5294	1	0.6563	1	1

6.1.2.1　多元线性回归模型分析结果

以粮食产量为主变量，对河南省 1999～2008 年耕地利用进行分析。多元线性回归的计算公式如下。假设随机变量 y 与一般变量 X_1，X_2，…，X_k 的线性回归模型为

$$y = \beta_0 + \beta_1 x_1 + \beta_2 x_2 + \cdots + \beta_k x_k + \varepsilon$$

在此公式中，β_0，β_1，$\cdots$，β_k 是 $k+1$ 个未知参数，β_0 称为回归常数，β_1，$\cdots$，β_k 称为回归系数，y 是粮食单产，x_1 为人口密度，x_2 为城镇化率，x_3 为人均生产总值，x_4 为地均水资源量，x_5 为复种指数，x_6 为年均降水量，x_7 为每公顷的化肥用量，x_8 为每公顷的农机动力。根据数学模型，将 8 个变量与粮食单产进行回归，采用 Enter 方法，其中，Enter 表示所选变量全部进入回归方程，它是 SPSS 默认的选项。代入模型运算可得，方程相关系数 $R=0.999$，判定系数 $R^2=0.999$，方差分析表同样显示模型效果良好，说明效果回归极好。结果见表 6-3 和表 6-4。

表 6-3　模型汇总

模型	R	R^2	调整 R^2	β 标准估计的误差
1	.999[a]	0.999	0.99	0.0101404

表 6-4　模型方差分析表

模型		平方和	df	均方	F	Sig.
1	回归	0.094	8	0.012	113.829	
	残差	0	1	0		0.072
	总计	0.094	9			

方程中，各项回归系数见表 6-5。

表 6-5　变量系数表

模型		非标准化系数		标准系数	t	Sig.
		B	标准误差	试用版		
1	（常量）	41.204	4.793		8.597	0.074
	x_1 人口密度	−64.098	7.613	−10.909	−8.42	0.075
	x_2 城镇化率	4.384	0.571	5.76	7.68	0.082
	x_3 人均生产总值	−3.663	0.535	−9.117	−6.84	0.092
	x_4 地均水资源量	−0.078	0.03	−0.191	−2.575	0.236
	x_5 复种指数	8.046	1.014	1.775	7.933	0.08
	x_6 年均降水量	0.451	0.095	0.681	4.758	0.132
	x_7 每公顷的化肥用量	11.782	1.513	9.592	7.787	0.081
	x_8 每公顷的农机动力	3.088	0.839	3.632	3.679	0.169

t 表示的是回归系数检验统计量，sig. 为相伴概率值。

则回归方程为

$$y = 41.204 - 64.098 x_1 + 4.384 x_2 - 3.663 x_3 + 8.046 x_5 + 11.782 x_7$$

由表 6-5 知：人口密度、城镇化率、人均生产总值、复种指数、每公顷的化肥用量这 5 个变量通过显著性水平 0.1 的 t 检验，即它们与粮食产量关系密切。而地均水资源量、年均降水量和每公顷的农机动力对粮食单产量影响不显著，未能通过显著性水平 0.1 的 t 检验。这说明近几年的粮食生产与后 3 个因子弱相关，或者这 3 个因素近期相对稳定。

6.1.2.2 主成分分析法及结果

主成分分析法：实际上是将其分量相关的原随机向量，借助于一个正交变换，转化成其分量不相关的新随机向量，并以方差作为信息量的测度，对新随机向量进行降维处理，再通过构造适当的价值函数，进一步把低维系统转化成一维系统。具有简化分析、突出重要因素之功能。

该方法的核心就是通过主成分分析，选择 n 个主分量 x_1，x_2，$\cdots$，x_n，其中，x_i（$i=1$，2，$\cdots$，n）为第 i 个主成分的得分，以主分量 x_i 的方差贡献率 a_i 作为权数，构造综合评价函数：

$$x = a_1 x_2 + a_2 x_2 + \cdots + a_n x_n$$

利用 SPSS 软件，代入前述标准化数据，得出 KMO 检验和 Bartlett 球形度检验结果（表 6-6），总方差见表 6-7。

表 6-6 KMO 和 Bartlett 的检验

取样足够度的 Kaiser-Meyer-Olkin 度量	0.52
Bartlett 的球形度检验+近似卡方	130.465
df	28
$Sig.$	.000

表 6-7 解释的总方差

成分	初始特征值			提取平方和载入		
	合计	方差/%	累积/%	合计	方差/%	累积/%
1	5.624	70.296	70.296	5.624	70.296	70.296
2	1.911	23.893	94.189	1.911	23.893	94.189
3	0.253	3.161	97.35			
4	0.148	1.85	99.199			
5	0.055	0.693	99.892			
6	0.007	0.083	99.975			
7	0.002	0.022	99.998			
8	0	0.002	100			

即有两个特征值大于 1 的主成分，F_1 的方差贡献率为 70.296%，F_2 的方差贡献率为 23.893%，两者的累积贡献率达到 94.189%（表 6-7）。超过一般累积贡献率 85% 的要求，可以反映原变量的主要信息。

由表 6-8 可以得出，成分 1 是人口密度、城镇化率、人均生产总值、复种指数、每公顷的化肥用量和每公顷的农机动力的载荷较高，据此，成分 1 代表了社会经济条件，成分 2 中年均降水量和地均水资源量代表了自然条件。据此我们有以下推论：城镇化率是对主成分 1 的载荷贡献率最大的，达到了 0.996，这可能意味城镇化率的提高促进了耕地利用，也显现出当土地的集约度高时，耕地利用强度也就随之变大。其次是每公顷的农机动力，载荷贡献率达到 0.992，这与现实相吻合，说明现在的耕地利用大量投入了农机动力，也反映出现代技术的提高与投入，能够明显提高粮食产量。其他，人口密度、人均生产总值、每公顷的化肥用量、复种指数也都和粮食单产密切相关，他们的载荷贡献率分别是 0.979、0.975、0.972 和 0.873。主成分 2 中地均水资源量和年均降水量，它们的载荷贡献率是 0.954 和 0.955。

表 6-8　成分矩阵

指标	成分 1	成分 2
人口密度	0.979	0.018
城镇化率	0.996	−0.04
人均生产总值	0.975	−0.13
地均水资源量	0.1	0.954
复种指数	0.873	0.18
年均降水量	0.143	0.955
每公顷的化肥用量	0.972	−0.18
每公顷的农机动力	0.992	−0.064

6.1.2.3　结果分析

经过多元线性回归分析和主成分分析两种方法的验证，可以得出结果分析。

应用多元线性回归后，从数据可以看出对耕地利用，特别是对粮食单产影响比较大的因素主要是社会经济因素：人口密度、城镇化率、人均生产总值、复种指数、每公顷的化肥用量这 5 个指标。

再用主成分分析的方法进行验证，则可明显区分为两个主成分：成分 1 代表了社会经济条件，成分 2 中年均降水量和地均水资源量代表了自然条件。

经过两种方法评价可以得出，河南省粮食单产的主要影响因素是社会经济条件，因此，当前的耕地利用与各地社会经济发展水平呈正相关。而且，也与年均降水量和地均水资源量代表的自然条件密切相关。所以，耕地管理与保护必须因地制宜，选择合适的方法技术。

6.1.3　耕地集约利用水平分析

一直以来，统计部门公开资料将耕地与其他农用地数据合并发布，因此，本次分析对象为农用地。按照《土地管理法》和国土资源部颁布的《土地分类》的规定，农用地是指用于农业生产的土地，包括耕地、园地、林地、牧草地及其他农用地。河南省牧草地面积很小，仅有 $1.44 \times 10^5 hm^2$，对研究的影响基本可以忽略不计。评价分析采用多目标，逐级构建指标层的方式。具体步骤如下。

6.1.3.1　评价指标体系的确定

河南省农用地集约利用评价研究指标体系，见表 6-9。

6.1.3.2　评价指标权重的确定

借鉴前人的研究成果，根据研究区域的实际状况，在对原始数据进行标准化的基础上，采用改进的熵值法来解决指标权重的问题，确定河南省农用地集约利用各个评价指标的权重，见表 6-10。

表 6-9 河南省农用地集约利用评价指标体系

目标层	准则层	指标层	表达式	单位
农用地集约利用水平	投入强度	动力投入指数	农业机械总动力/农用地面积	kW/hm²
		劳力投入指数	乡村从业人员/农用地面积	人/hm²
		化肥投入指数	化肥施用量/农用地面积	t/hm²
		农电投入指数	农用地田间作业用电量/农用地面积	kW·h/hm²
		农药投入指数	农药施用量/农用地面积	t/hm²
		科服投入指数	农林牧渔科技从业人员/总人口	人/10⁴人
	利用程度	灌溉指数	有效灌溉面积/耕地面积	%
		复种指数	全年农作物播种总面积/耕地面积	%
		机械化指数	机耕面积/耕地面积	%
		土地垦殖率	耕地面积/土地总面积	%
		森林覆盖率	森林覆盖面积/土地总面积	%
	产出效益	劳均农林牧渔增加值	农林牧渔增加值/农林牧渔从业人员	10⁴元/人
		地均农林牧渔增加值	农林牧渔增加值/农用地面积	10⁴元/hm²
		农民人均收入	农民总收入/农村总人口	元/人
		粮食单产	(粮食总产/播种面积)×复种指数	kg/hm²
	持续状况	稳产指数	1−农用地成灾面积/农用地播种面积	%
		劳动力指数	乡村从业人员/总人口	%
		粮食安全系数	人均粮食产量/400kg	%
		平衡指数	年末耕地总面积/年初耕地总面积	%
		人均耕地	耕地总面积/总人口	hm²/人

表 6-10 河南省农用地集约利用评价指标权重

目标层	准则层权重		指标层权重		组合权重
农用地集约利用水平	投入强度	0.3754	动力投入指数	0.1441	0.0541
			劳力投入指数	0.1007	0.0378
			化肥投入指数	0.1276	0.0479
			农电投入指数	0.2762	0.1037
			农药投入指数	0.1629	0.0628
			科服投入指数	0.1841	0.0691
	利用程度	0.1545	灌溉指数	0.2570	0.0397
			复种指数	0.2828	0.0437
			机械化指数	0.1825	0.0282
			土地垦殖率指数	0.2777	0.0429
	产出效益	0.2873	劳均农林牧渔增加值	0.1612	0.0463
			地均农林牧渔增加值	0.1344	0.0386
			森林覆盖率	0.3829	0.1100
			农民人均收入指数	0.2182	0.0627
			粮食单产	0.1034	0.0297
	持续状况	0.1826	稳产指数	0.2267	0.0414
			劳动力指数	0.1731	0.0316
			粮食安全系数	0.2793	0.0510
			平衡指数	0.0953	0.0174
			人均耕地	0.2256	0.0412

6.1.3.3 评价结果

采用多目标综合评价法来测度评价单元的农用地集约利用水平，分别计算出河南省18个地市的综合分值和4个准则层的农用地集约利用水平得分值，并将其分等，见表6-11。

表6-11 河南省农用地集约利用水平分级

城市	投入强度	利用强度	产出效益	持续状况	综合分值	级别
郑州	0.0624	0.0257	0.0478	0.0304	0.1663	1
开封	0.0916	0.0377	0.0701	0.0445	0.2438	2
洛阳	0.0723	0.0298	0.0554	0.0352	0.1927	1
平顶山	0.0689	0.0283	0.0528	0.0335	0.1837	1
安阳	0.1133	0.0467	0.0868	0.0551	0.3019	4
鹤壁	0.0989	0.0407	0.0757	0.0481	0.2634	3
新乡	0.1448	0.0596	0.1109	0.0704	0.3857	4
焦作	0.1255	0.0517	0.0961	0.061	0.3342	4
濮阳	0.0972	0.0399	0.0744	0.0473	0.2588	3
许昌	0.1001	0.0412	0.0766	0.0487	0.2667	3
漯河	0.0962	0.0396	0.0736	0.0468	0.2562	3
三门峡	0.0567	0.0233	0.0434	0.0276	0.1511	1
南阳	0.0889	0.0366	0.0681	0.0433	0.237	2
商丘	0.1024	0.0421	0.0784	0.0501	0.2728	3
信阳	0.0828	0.0341	0.0634	0.0403	0.2206	2
周口	0.0966	0.0398	0.074	0.047	0.2574	3
驻马店	0.0849	0.035	0.065	0.0413	0.2262	2
济源	0.0728	0.0298	0.0557	0.0354	0.1939	1

根据农用地集约利用水平评价结果，结合河南省各地市农用地利用的现状及特点，将河南省18个地市农用地集约利用评价结果分为4个级别：Ⅰ级：集约度$Y<0.20$，农用地利用不集约；Ⅱ级：$0.20<Y<0.25$，农用地利用基本集约；Ⅲ级：$0.25<Y<0.30$，农用地利用较为集约；Ⅳ级：$Y>0.30$，农用地利用高度集约。级别越高，农用地集约利用程度越高。据此，Ⅰ级集约利用区域包括郑州、洛阳、平顶山、三门峡、济源5个城市，占比28%；Ⅱ级集约利用区域包括开封市、南阳市、信阳和驻马店地区，占比22%；Ⅲ级集约利用区域包括鹤壁、濮阳、许昌、商丘、周口、漯河6个城市，占比33%；Ⅳ级集约利用区域包括安阳、新乡、焦作3个市，占比17%。借助地理信息系统进行数据和图件的处理，得出河南省各地市农用地集约利用空间分异情况如图6-2所示。总体来看，河南省农用地集约利用程度较高，与河南省农业大省的地位基本相符。

Ⅰ级集约利用区域主要集中在山地和丘陵分布面积最大的豫西北山地，包括洛阳、平顶山、三门峡、济源市，地貌类型以山地和丘陵为主，两者面积占全区总面积的比重高达85%。该区域自然灾害频繁，水土条件差，土壤瘠、薄、瘦，保水蓄水能力差，特别是大部分地区水资源严重不足，是河南省主要的旱作农业区，土地资源开发难度大，投入产出率低，因而整体集约利用水平低。对于此类地区，建议采取如下对策：一是要加

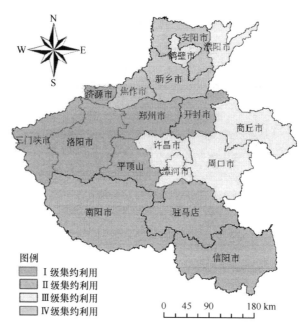

图6-2　河南省农用地集约利用综合指数空间分异图

强以水土保持为中心的减灾工程建设，大力发展水源涵养林和水土保持林，改善山区不良的生态环境。二是要强化梯田建设和水平种植，发展旱作农业，提高农田对天然降水的利用率。三是要稳定粮食种植面积，实行优质、高效、高产开发，同时要大力发展畜牧业和林业，合理调整农业林牧结构，走立体农业之路，以改善和提高农用地的产出效益。

II级集约利用区域主要分布在淮河平原和南阳盆地，主要包括南阳市和开封市，信阳与驻马店地区。该区域农用地集约利用综合分值平均值为0.2319，略低于河南省平均值0.2451。单项指标中利用程度、产出效益和持续状况得分均与河南省平均值相当，但投入强度分值明显低于河南省平均值，表明该区域虽然农业生产条件相对较好，但农业投入不足，是该区域农用地集约利用水平提高的限制性因素。此外，该区域动力投入指数、劳力投入指数均远远低于河南省平均水平，也进一步证实该区域农业投入滞后，有待于政府及相关部门加强扶持和引导。对于此类地区，今后要调整农业投入结构，重点加强农业基础设施建设，加大农业科技推广力度，努力提高农业水利化、机械化和信息化水平，以实现传统农业、自给自足农业向现代农业的转变。

III级集约利用区域主要集中在黄淮平原大部分地区，包括商丘市、许昌、漯河、鹤壁、濮阳市和周口地区。该区域综合分值、投入强度、产出效益和持续状况分值均大于河南省平均值，但利用程度分值低于河南省平均水平，说明利用程度不高是制约该区域集约利用水平进一步提高的瓶颈。建议采取必要措施，以可持续利用思想为指导，在保证生态效益和经济的前提下，加大土地开发、整理和复垦力度，提高土地垦殖率，同时改造中低产田，综合治理风沙和土壤盐碱化，防止水土流失，提升农用地的承灾、抗灾能力，提高农用地利用程度，进而实现提高集约利用水平的目标。

IV级集约利用区域包括豫北地区的安阳、新乡和焦作三市。该区域平原广布，河流纵横，土层深厚，土壤肥沃，是河南省重要的粮棉生产基地和油料作物花生的重要生产基地。三市的综合分值和单项指标分值均远大于河南省平均水平，表明该区域农用地集约利用水平很高，属于高效集约利用区，其中以新乡市最为典型，其综合分值和单项指标得分均位居河南省第一。此类地区今后应进一步巩固农业基础地位，调整农业产业结构，搞好农业综合开发，逐步形成以粮食生产为基础，林、牧、渔业全面发展的新格局，在保持农用地社会效益和经济效益的前提下，进一步提高农用地的产出效益，保持农用地利用的集约性。

6.2　河南省村镇耕地利用存在的矛盾

6.2.1　耕地保护与建设用地压力之间的矛盾

2005 年河南省人均耕地 1.22 亩，低于全国人均 1.44 亩的平均水平，人地矛盾日益尖锐。在现有耕地中高产田仅占 34.53%；中低产田占 65.47%，改造整理任务艰巨。而河南省城镇化率仅为 30.7%，远低于全国同期 43% 的平均水平。为加快小康社会建设，河南省提出到 2010 年城镇化率达到 38% 以上，2020 年达到 50% 以上的目标，城镇工矿用地需求量将在相当长时期内保持较高水平。落实南水北调、西气东输、国家干线公路、铁路客运专线、成品油输送管道、城际轨道交通等国家重点项目也需要占用大量土地，而河南出于维护全国粮食安全考虑，未来可用作新增建设用地的空间十分有限，各项建设用地的供给将面临前所未有的压力。

6.2.2　生态环境破坏与粮食安全生产矛盾

河南是全国第一人口大省，2005 年人均耕地面积仅 1.22 亩。预计到 2010 年和 2020 年，全省人口总规模将分别达到 1.01 亿和 1.07 亿。随着人口总量的增加和食物消费结构的变化，保障粮食安全的耕地需求量进一步加大。河南省虽然地处黄河中下游、淮河上中游、海河上游，但是，人均水资源不到 $600 m^3$，属于国际公认的极度缺水地区。另外，水浇地、灌区不断扩张，城市发展，工农业用水量不断增加；还有城市生活污水、大量的工业废水排放，造成了地表水体的严重污染等，加剧了水资源紧张局面，也造成地下水过量开采，地下水漏斗不断加深扩大，生态环境面临严峻的形势，直接影响了粮食的稳产、高产、优质生产。

6.2.3　耕地利用低效益与非耕地利用高效益的矛盾

据我们对河南省 3140 多户调查，耕地每年平均纯收益为 650 元/亩；高产的温县一年可达 810 多元。即使加上惠农的耕地补贴也不足 900 元。这些收益与园地、鱼塘相比仅占 1/8～1/12，相当于农民年均纯收入的 1/6～1/8。何况人均耕地 1.2 亩的严峻态势、巨大的反差造成耕地保护经济动力不足，一定程度上影响了耕地的保护、利用；局部出现撂荒、弃耕转作种植速生林地、园地等。建设用地的高效益反差更使农民愿意被征用，或私自转用途。面临新形势，必须及时调整相关政策，改变宣传方式，以耕地保护为大局，考虑长远利益，使农民真正了解认识耕地保护的重要性，自觉保护耕地。

6.2.4 巨量土地整理投资与耕地低收益之间的矛盾

自 2001 年开始实施国家投资土地开发整理项目，截至 2006 年年底，国土资源部和财政部共安排土地整理项目 8 批 2320 个，建设规模 1.6258×10^6 hm²，规划新增耕地面积 3.726×10^5 hm²，预算投资总额 2.979×10^{11} 元。土地整理作为促进土地合理利用、调整土地利用结构和土地关系的重要手段，在实现土地资源的合理配置、提高土地利用率和改善生态环境方面起到了重要作用。中国目前的土地整理项目仍以国家、省级政府作为投资主体，项目投资总量大，工程周期长，项目建设和运行的绩效如何，其效益能否持续，是土地整理政策成功与否的关键。

6.2.5 多部门投资与农村建设需求存在差距的矛盾

近几年，随着党中央国务院对"三农"问题的高度重视，扶持投资不断加大，巨量投资进入农村，多部门、多项目扶持农村发展。例如，农业部门的良种推广、耕地补助、配方施肥；农田水利工程建设、农村电网改造项目，交通道路投资、土地整理项目等极大地提高了农业基础设施水平，改善了农村生态生活环境，提高农作物产量。

但据有关专家测算，由于长期的农业扶持工业、农村支援城市的不公正政策，农村目前需要大量的资金投入。例如，近期获悉的全国农田水利建设，每年需要千亿元；还有，建立基本农田保护示范项目区，保障粮食安全生产等也需要加大投资力度。

6.2.6 耕地利用物能投入与耕地质量、生态环境破坏的矛盾

农业生产的物能投入包括农业机械、农业用电、施用化肥、耕地灌溉等。在耕地利用的各项投入中，如果没有采用科学合理的方式会对耕地质量和生态环境造成一定破坏。在施肥上存在重用地轻养地、重产出轻投入、重无机轻有机的——三重三轻的倾向，单一施用化肥的现象越来越严重。特别是不注重增施有机肥培肥地力，造成土壤板结，通透性差，有机质含量下降，土壤肥力下降。此外，大量化肥随地表径流或灌溉尾水进入地表水体，造成地表水体污染、富营养化等。据测算，化肥实际被植物吸收的仅占 1/3，地表流失、挥发进入大气中各占 1/3。不仅如此，过量使用化肥还威胁粮食品质，造成土壤微量元素普遍缺乏。2006 年调查数据显示，河南全省耕地 45% 严重缺锌，84% 缺硼，81% 缺钼，普遍缺钾。

6.3 试点区影响耕地可持续利用的问题

根据研究设计，我们对本次试点的 7 个案例区进行了调查，其中，又对新野县樊集镇、孟州市南庄镇、永城市陈集镇进行了问卷式调查。本次完成的问卷调查覆盖了 3 镇所有行政村，180 多户农民。另外，针对普遍存在的耕地利用与管理效益，又开展了涉及河南省 100 多县、3100 多户的大面积调查。经认真分析、讨论，发现存在以下 5 方面影响耕地可持续利用的问题。

6.3.1 农民仅对基本农田保护有所了解，对可持续利用知之不多

根据对新野樊集、孟州南庄、永城陈集三地 74 个行政村的走访调查情况显示，48.6%

的农户对基本农田保护政策有一定了解，渠道主要是通过基层村委会的宣传和教育，理解的层面普遍停留在基本农田保护区内禁止建房、挖土、改变土地利用用途等保护方面，对可持续利用及其技术使用缺乏科学系统认识，没有学习与掌握系统的具体技术。针对在基本农田保护区内挖沙取土、建房撂荒等行为，地方政府没有行之有效的方法进行禁止和管理。主要原因，一是国土系统政策宣传当前重点在保护耕地或基本农田用途，严惩破坏耕地者等。如罚款、恢复耕种等，有效地警示了耕地用途保护的重要性；但对可持续利用的必要性、科学思想、技术宣传不足；二是农民科学素质不高，科学种田技术缺乏。劳动者几乎全为高中学历以下，初中学历的人群为主体；老、妇、残劳动力留村劳动，强壮、高文凭劳动力外出务工，直接造成耕作技术、技术学习落后，影响高效合理技术的推广使用。

6.3.2 农村企业散布、排放达标少；点源污染、超采地下水突出

根据调查显示，农村乡镇企业普遍存在着低收益、高污染的产业不经济。在农村建设厂房多是占用农民耕地，且补偿费用很低，不仅有违国家耕地保护政策，还会产生严重的环境污染问题。散布在农村的大小企业：小化工、畜禽养殖场、水泥厂、石料厂、造纸厂、小炼油等生产过程中会产生多种污染物、废弃物等如大量污水、含酸废液、有毒和有害气体、粉尘等，未经任何处理直接排入自然环境。企业生产中过量抽取地下水资源，造成地下水位下降，农业、居民用水紧张。

面源污染中主要是大量使用化肥农药所致，据我们对河南省 3140 多户调查显示，耕地中化肥施用量达 450kg/hm² 以上，远超过 225kg/hm² 的国际公认标准。这也是造成农业面源污染的重要因素。

6.3.3 土地整理巨额投资，实施过程的低效用

现阶段，土地整理的对象多是农村的中低产田、基础设施较差的耕地、采矿塌陷耕地和工矿废弃地等。土地整理的资金基本上来自国家、省级财政，且投资巨大。但在目前整治措施方面多采取打井、通电、修路、平整土地的处置方式，且重点在增加净耕地面积。近几年，虽然不再过分强调净增耕地指标，但整理结果往往是减少了未利用或低效利用的其他农用土地，或者是生物多样性用地，如"田坎地边、边角坑塘"等实际的生物物种栖息地、生态缓冲地，被当成所谓的"废弃地"被整治为耕地，大大降低了农田耕地生态系统的抗逆能力。病虫害、洪涝灾情频出即与此导向有关。在整治过程中，"以优代整""提高投资强度"时有发生，国家拨付的资金难以全部投入到整理土地之中。有些整治工程设计规划未能因地制宜，浪费大量人力、物力，基本农田的保护投资综合绩效降低。

6.3.4 新技术推广有限，指导服务渠道有待改善

随着科技进步，耕地可持续利用新技术也得到了较大发展。测土配方施肥技术、节水灌溉技术、地膜覆盖技术、新型肥料缓释技术、人工授粉技术、反季节种植技术、间作套作和轮作技术等已广泛服务于耕地利用。但河南省内广大地区在农业推广应用上落后于国内先进省份。

（1）测土配方施肥技术

调查的 3 个地区测土配方施肥技术普及率不及 30%，而且地区差异明显，南阳新野地区普及率更低至 7.7%。

（2）节水灌溉技术

调查的 3 个地区灌溉多是采用漫灌和喷灌技术，水资源利用方式粗放、浪费严重。灌溉用水基本上是引用地下水源，造成地方地下水位持续下降。新型节水灌溉技术推广不足。

（3）其他技术

地膜覆盖技术应用比较广泛，但新型肥料缓释技术、催熟技术、间作套作和轮作技术运用有限。原因在于：一是获取技术指导的渠道相对单一，主要通过乡镇技术站和广播电视等媒体，缺乏具体的技术人员进行教授；二是乡镇基层政府没有建立和完善统一的技术指导体系，农户自发学习意识相对欠缺。

6.3.5 集成技术供给不足，缺少高新技术的整合

在实地调查中了解到，虽然一些先进的技术已经在村镇土地利用和保护中开始应用，例如，测土配方施肥技术、节水灌溉技术、土地整理技术以及先进的生产工具，这些对村镇土地的保护和高效利用提供了保证，但是在具体的应用中单项技术居多，效率不高。

提高耕地的利用效益需要综合利用各类技术方法，但是现有的技术供给满足不了广大农户对技术的需求，原因是多方面的：村镇拥有的技术人员数较少，农户缺乏必要的技术指导；在推广新技术应用上，由于资金问题受阻等。即技术供给小于相应的需求。

6.4　耕地可持续利用的集成技术体系

针对调查存在的问题，归纳现实中已经使用的先进的可持续利用技术，在与当地农民、国土、农业、水利、种子、技术、农机等有关人员、专家讨论的基础上，结合对选定技术的反复观察、实验，凝练现有技术，提出以下耕地可持续利用集成技术体系。

6.4.1 基本的动态监测技术

（1）面积边界监测

监测基本农田动态变化，监测相邻地区不同土地利用类型的边界变化、新增建设用地占用、其他地类的侵占等。需要遥感技术、现代 GIS、测绘技术。引入规划、计划方案理论。

（2）质量变化监测

监测基本农田质量动态变化，监测所在地生态环境质量变化等。需要土壤质量检测技术、土地质量评价、生态风险评价等技术。

6.4.2 基本农田可持续利用技术

（1）可持续性评判技术

对利用现状及其对基本农田质量的影响进行科学判别，鉴别当前技术的可持续性。引入土地可持续利用评价、能值评价等新理论与技术，评价当前耕地利用技术的使用结果，完善改进现有技术。

（2）基本农田生态保护技术

调查分析现在的各类实际土地利用、外部生态环境、经济发展等对基本农田利用的影响，总结探讨现有技术对农田生态的影响机制、后果，寻找解决问题的对策，提炼归纳改善现行技术，明确耕地生态经济、环境保护应当采取的保护性技术与工程措施。

6.4.3 基本农田利用管护集成技术

（1）现代高效率管理技术系统：数据库、决策支持系统等

利用成熟的 GIS 技术搜集资料，建立健全各类数据库，为办公自动化、公开查询、发布信息等提供便捷的服务，提高服务效率、决策的科学水平。

（2）现代基层管护体系：群众+国土所+警示系统

广泛动员社会力量，积极引导群众自觉保护耕地，主动参与日常的基本农田管护工作，完善村–所联动机制，结合树建的标识牌、宣传标语等，构建现代基层有效的管护系统。

6.4.4 基本农田科学利用技术

（1）科学施肥技术

测土配方施肥是以肥料田间试验、土壤测试为基础，根据作物需肥规律、土壤供肥能力和肥料效应，在合理施用有机肥的基础上，提出氮、磷、钾及中、微量元素等肥料的施用量、施肥种类、施肥时期和施用方法。其技术核心是调节和解决作物需肥与土壤供肥之间的矛盾。同时有针对性地补充作物所需的营养元素，作物缺什么元素就补什么元素，需要多少补多少，实现各种养分平衡供应，满足作物的需要，达到提高肥料利用率和减少用量、提高作物产量、改善农产品品质、节资增效的目的。

（2）灌溉节水技术

灌溉节水技术能够解决如何将田间地头的灌溉水源均匀分布到农作物的根系中去的问题。通过灌溉水进入根系的分配途径不同，目前节水灌溉技术主要有如下几种方法：喷灌、微灌、步行式灌溉等。还有输水过程中的节水技术：灌溉渠道防渗、低压管道输水、管道输水等技术。

（3）土地综合整治技术

1）投资规划引导

科学规划省、市、县、乡不同层级的区域投资建设项目、关键工程，投资步骤（计划）等。

2）健全区域组织工作整合

成立由政府领导、多部门上下联动、部门配合的工作推进机制，采取现场办公、拉练式检查等形式，加强协调指导、检查督办。

3）项目配置整合

依据规划，通过政策引导，促进土地整理、农村交通、水利、农业、林业、卫生、文教、村镇建设、农村市场体系和信息化建设等各相关部门的项目"渠道不乱、用途不变、优势互补"。

4）抓严格监管

整合投入项目多，资金量大，必须狠抓腐败风险防控体系建设，保证资金投入的高效安全运行。

（4）良种选育推广技术

要建立合理的品种更新更换制度。品种利用首先要保证安全性，对待新品种，必须坚持先试验审定、后推广利用的原则，凡是不经过正规试验或审定未通过的品种杜绝上市。同时积极地进行品种更新更换工作，品种更换是促进新品种推广利用、促进农业生产持续增产的必然要求。在品种利用上要坚持因地制宜地合理搭配，做到地尽其力，种尽其能；达到不同地区、不同地块都增产的目的。按茬口、成熟期、种植密度、用途等合理选择搭配品种，如小麦在高肥水地应选用抗病、抗倒、高产潜力大的品种为主；在旱薄地应选用抗旱、耐瘠薄的品种为主；在豫北应选择优质强筋类型半冬性品种为主；在南部应选择优质弱筋类型弱春性品种为主；在中部则选择中筋类型半冬性和弱春性品种为主。

6.5　技术集成体系在村镇示范效果分析

6.5.1　样点区67.5%的耕地处于规模报酬递增阶段，耕保成效显著

调查证实两点事实：①耕地报酬在递增。②技术对耕地效率的提高贡献大。说明耕地保护政策成效显著。

基于2010年315份农户调查问卷，运用了数据包络分析（DEA）方法分析了河南省农地利用效益的变化情况，对耕地、园地、林地、养殖水面利用情况进行纯技术效益、规模效益、综合技术效益的分析并得出相应结论。提高耕地、园地和林地生产效率的关键是提高纯技术效率。另外，林地还需要扩大规模效益；通过对养殖水面的规模报酬分析，可知调查范围内87.5%的养殖水面处于规模报酬递减阶段。河南大部分地区，已经不太适合进行大规模的水产养殖经营活动。

（1）指标选择

选取农用地产出指标时鉴于数据的可获得性，主要考虑土地资源的经济效益。经济效益指标的选取主要考虑农业产值，农业产值反映农户在一定时期内生产经营活动和服务活动的最终成果。农业生产的投入指标可以用土地、资本和劳动力投入的数量来表征。用农作物种植面积来表示土地的投入，资本的投入用土地生产经营成本来表示，主要包

括农药、化肥、种子、农业机械支出、灌溉和其他日常的服务等。劳动力投入用生产中的实际劳动人员来表示（表 6-12）。

表 6-12　投入与产出指标的选择

指标类型	投入指标			产出指标
	I_1	I_2	I_3	O_1
单位	亩	元	人	元
指标	土地投入	农户农业支出	劳动力投入	农户农业产出

（2）结果分析

运用 DEAP2.1 软件，根据 315 份农户调查数据，计算出 2009 年示范点地区的各类土地类型利用的 DEA 效率，然后将四类用地的计算结果进行汇总平均得到河南省土地利用效率的变化情况（图 6-3）。

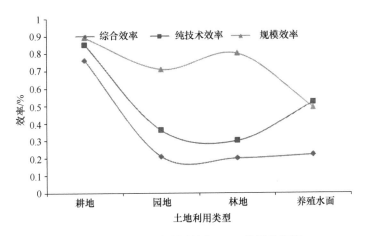

图 6-3　河南省土地利用效率 DEA 分析线状图

通过上述耕地、园地、林地、养殖水面的 DEA 效率的计算，得出的各自的纯技术效益、规模效益、综合技术效益评价结论，通过分析我们应该从以下几个方面积极着手，提高农地的利用效益。

1）农地利用分析的总结。耕地方面，通过对耕地的利用效益研究，规模效益略高于纯技术效益，样点地区 67.5% 的耕地利用都处于规模报酬递增阶段，我们认为，造成河南地区耕地利用综合效率较发达地区还存在较大差距的主要原因是纯技术效益不高，因此，提高耕地生产效率的关键是提高纯技术效率；园地方面，通过对园地的利用效益研究，规模效益略高于纯技术效益，样点地区 22.5% 的耕地利用都处于规模报酬递增阶段，由于纯技术效益不高造成河南地区园地利用综合效率较低，因此，提高园地生产效率的关键是提高纯技术效率；林地方面，纯技术效益低于规模效益，综合技术效益在四种用地类型中最低。调查范围内 30% 的林地处于规模报酬递增阶段，57.5% 的林地处于规模报酬递减阶段。因此，我们不仅仅需要提高纯技术效益，还应该积极扩大林地的规模开发利用；养殖水面方面，调查范围内 87.5% 的养殖水面处于规模报酬递减阶段，已经不再适合进行大规模的水产养殖经营活动。

2）政府方面。运用经济手段加强耕地保护的财政支付力度，政府需要积极引导农地的纯技术利用效益；完善土地流转政策，引入市场机制，探索建立以省人民政府为主导的耕地异地补充、基本农田异地代保和建设用地指标的交易平台，在市、县（市、区）之间实行有偿流转。技术方面要加快农业技术更新、农业工具的改进，并进行先进的农业技术推广；对农户的农业生产技能进行相应的培训与技术指导，提高农户对农业生产技能的把握和利用能力。法律方面要完善农地保护的法律法规，做到有法必依。此外，还应该加强土地调查统计和监测评价，加大宣传力量。

3）农户自身方面。农户应该提高自身农业生产知识，积极参与农地的规模经营。扩大农地的规模利用效益；更主要的是运行先进的生产技术，提高生产效率，配合政府先进生产技术的推广，运用滴灌的灌溉方式；积极发展集约型农业；提高依规用地、科学用地、节约用地的意识。

6.5.2　近几年的土地综合整治改善了土壤质量

以下介绍永城市试点。

根据土壤肥力分级指标（表 6-13），由于资料的可获取性，对示范点永城市陈集镇地区土壤肥力进行分析研究（表 6-14）。

表 6-13　土壤肥力分级参考指标

项目	级别	旱地	水田	菜地	园地	牧地
有机质/（g/kg）	Ⅰ	>15	>25	>30	>20	>20
	Ⅱ	10～15	20～25	20～30	15～20	15～20
	Ⅲ	<10	<20	<20	<15	<15
全氮/（g/kg）	Ⅰ	>1.0	>1.2	>1.2	>1.0	>
	Ⅱ	0.8～1.0	1.0～1.2	1.0～1.2	0.8～1.0	
	Ⅲ	<0.8	<1.0	<1.0	<0.8	
速效磷/（g/kg）	Ⅰ	>10	>15	>40	>10	>10
	Ⅱ	5～10	10～15	20～40	5～10	5～10
	Ⅲ	<5	<10	<20	<5	<5
速效钾/（g/kg）	Ⅰ	>120	>100	>150	>100	>
	Ⅱ	80～120	50～100	100～150	50～100	
	Ⅲ	<80	<50	<100	<50	

土壤肥力的各个指标，Ⅰ级为优良，Ⅱ级为尚可，Ⅲ级为较差

表 6-14　陈集镇土壤养分含量变化比较

项目	报告值	现测值	增加值	增幅/%
有机质/（g/kg）	8.07	16.12	8.05	99.75
全氮/（g/kg）	0.45	0.97	0.52	115.6
速效磷/（mg/kg）	9.1	18.22	9.12	100.2
速效钾/（mg/kg）	188	114.84	−73.16	−38.91

（1）土壤肥力状况分析

有机质含量：土壤有机质不仅是作物生长所需各种营养元素的重要来源，也是

维护土壤结构、微生物活动的重要物质。将第二次土壤普查农化分析结果与本次采样点分析结果相比较，结果表明，土壤有机质呈增加趋势。有机质含量当前数值为16.12g/kg，提高了 8.05 g/kg，增幅为 99.75%。按肥力分级评价标准，陈集镇土壤有机质含量二级的占 12.5%，三级的占 87.5%，没有一级地。但 1983 年和 2009 年依次是8.07 g/kg、16.12 g/kg，处于逐年递增状态。主要原因是作物秸秆还田对补充和缓解有机肥原不足的问题起到了一定的作用，但作物秸秆还田的数量和面积仍然有限，还需要进一步研究和开发。

全氮含量：氮是作物生长所需的大量营养元素之一，是衡量土壤肥力状况的重要指标，其含量与有机质含量呈正相关。分析资料表明，土壤全氮含量较第二次土壤普查时有所提高，平均为 0.97g/kg，提高了 0.52 g/kg，增幅为 115.6%，最低为 1983 年（0.45 g/kg）。按肥力分级评价标准，陈集镇土壤全氮含量一级的占 15.63%，二级的占37.5%，三级的占 46.87%。全氮变化趋势与土壤有机质变化基本一致，只是增减幅度比有机质的变化平稳，这与氮素在土壤中的稳定性有着明显的关系。

速效磷含量：磷在作物生长所需的大量元素中占有重要地位，分析资料表明，样点土壤中速效磷的含量变化呈上升趋势。速效磷含量平均为 18.22 mg/kg，较第二次土壤普查时提高了 9.12 mg/kg，增幅为 100.2%，最高值为 2009 年（18.22 g/kg）。按肥力分级评价标准，陈集镇土壤速效磷含量一级的占 51.56%，二级的占 20.31%，三级的占28.13%。究其原因，增施磷肥，这些年复混肥、配方肥的施用比例大幅度提高，加上多年来磷肥在土壤中的累积效应，从而使速效磷达到 18 g/kg 以上，可基本满足农作物的生长需要。近年来不少研究都说明我国土壤磷元素水平在增加，任何肥料的增产效果都随着土壤中该养分供应水平的提高而下降，直至不再增产，这对磷肥来说更是如此，因为土壤磷水平的提高速度通常高于其他养分（如氮、钾）。

速效钾含量：钾是作物生长发育所必需的营养元素之一，能增强光合作用，促进碳水化合物的代谢和合成，对氮素和磷素的吸收、代谢和蛋白质的合成亦有很大作用。速效钾含量与第二次土壤普查结果相比呈下降趋势，平均为 114.84m g/kg，降低了 73.16m g/kg，降幅为 38.91%，最高值为 1983 年的 188 g/kg。按肥力分级评价标准，陈集镇土壤速效钾含量一级的占 57.81%，二级的占 42.19%，无三级地。陈集镇土壤中钾元素含量一直很丰富，究其下降原因，主要是复种指数的增加和集约化程度的提高，增加了作物对钾素的耗竭。

（2）结论

从整个陈集镇来看，土壤有机质和速效磷属于缺乏水平，但是比 1983 年所测数据有很大提高，过去这两种元素含量都处于极度缺乏水平。全氮含量属于中等水平，比 1983年有较大提高，原先全氮含量属于极度缺乏水平。只有速效钾含量属于丰富水平，但较之 1983 年有所下降，原先速效钾含量属于极度丰富水平。从整体看，陈集镇土壤肥力状况不是很乐观，但从以往土壤资料分析，陈集镇土壤有机质、全氮、速效磷增长很快，说明其耕作方式还是有一定的可取性。

以国家环境质量标准（二级）为评价标准（表 6-15）。

表 6-15 国家环境质量标准表

重金属	农田类别	国家二级标准		
		pH＜6.5	6.5＜pH＜7.5	pH＞7.5
Cr	水田	250	300	350
	旱地	150	200	250
Pb		250	300	350
Cu		50	100	100
Zn		200	250	300
Hg		0.3	0.5	1.0
As	水田	30	25	20
	旱地	40	30	25

（3）陈集镇土壤重金属元素统计分析

陈集镇土壤 pH 全镇平均值为 8.0，属于碱性土壤，其中最高值为 8.36，最小值为 7.32。由于土壤的酸碱性和其他物理性质的差异造成土壤中的重金属具有较大差异。相对其他因素来说，pH 对于土壤中重金属含量的影响较大，直接影响作物对其吸收。从陈集镇土地土壤 6 种重金属测定数据的统计结果可以看出：平均含量 Cr 为 58.81 mg/kg，Pb 为 33.68 mg/kg，Cu 为 20.27mg/kg，Zn 为 56.58mg/kg，Hg 为 0.054mg/kg，As 为 8.97mg/kg，均小于国家土壤环境质量标准限值，表明土壤环境总体良好。研究区土壤中 6 种金属元素含量的最大值均未超过国家土壤环境质量的二级标准。从变异系数来看，陈集镇土壤中重金属元素的变异系数都不大，除 Hg 的变异系数是 55.56%，属于强变异，其他重金属的变异系数为 10%～20%，属偏弱变异，说明人为活动对土壤 As、Pb、Cu、Zn、Cr 等重金属积累的影响不大，属于自然源重金属。6 种重金属平均变异程度的排序为 Hg＞As＞Pb＞Cu＞Zn＞Cr（表 6-16）。

表 6-16 陈集镇土壤重金属统计分析

元素	样本数/个	最小值/（mg/kg）	最大值/（mg/kg）	均值/（mg/kg）	标准差	方差	变异系数/%
Cr	64	43.90	71.76	58.81	6.4	41.63	10.88
Pb	42	25.61	42.85	33.68	5.24	28.13	15.56
Cu	64	15.07	27.55	20.27	2.82	8.05	14.05
Zn	64	44.03	80.76	56.58	6.51	43.10	11.51
Hg	64	0.015	0.19	0.054	0.03	0.0009	55.56
As	64	4.27	13.37	8.97	1.48	2.22	16.5

（4）南庄镇土壤重金属元素统计分析

南庄镇土壤 pH 全镇平均值为 8.05，属于碱性土壤，其中最高值为 8.52，最小值为 7.47。从南庄镇土壤 6 种重金属测定数据的统计结果可以看出：平均含量 Cr 为 41.71 mg/kg，Cu 为 21.65mg/kg，Zn 为 59.14 mg/kg，Hg 为 0.066 mg/kg，As 为 10.33mg/kg，均小于国家土壤环境质量标准限值，表明土壤环境总体良好。研究区土壤中 5 种金属元素含量的最大值均未超过国家土壤环境质量的二级标准。从变异系数来看，南庄镇土壤中重金属元素的变异系数均不大，除 Hg 的变异系数是 45.45%，属于强变异，其他重金属的变异系数为 10%～25%，属偏弱变异，说明人为活动对土壤 As、Cu、Zn、Cr 等重金属积累的影响不大，属于自然源重金属。5 种重金属平均变异程度的排序为 Hg＞Cr＞Cu＞Zn＞As（表 6-17）。

表 6-17　南庄镇土壤重金属元素统计分析

元素	样本数/个	最小值/（mg/kg）	最大值/（mg/kg）	均值/（mg/kg）	标准差	方差	变异系数/%
Cr	53	41.71	97.09	41.71	10.43	110.94	25
Pb	0						
Cu	53	13.66	31.74	21.65	3.11	9.86	14.36
Zn	53	42.09	84.88	59.14	8.37	71.33	14.15
Hg	53	0.013	0.146	0.066	0.03	0.0009	45.45
As	53	7.02	13.84	10.33	1.16	1.37	11.2

（5）樊集乡土壤重金属元素统计分析

樊集乡土壤 pH 全镇平均值为 5.6，属于酸性土壤，其中最高值为 7.9，最小值为 4.71。从樊集乡土壤 5 种重金属测定数据的统计结果可以看出：平均含量 Cr 为 61.52 mg/kg，Cu 为 23.09mg/kg，Zn 为 59.52 mg/kg，Hg 为 0.075 mg/kg，As 为 6.61mg/kg，均小于国家土壤环境质量标准限值，表明土壤环境总体良好。研究区土壤中 5 种金属元素含量的最大值均未超过国家土壤环境质量的二级标准。从变异系数来看，陈集镇土壤中重金属元素的变异系数均不大，除 Hg 的变异系数是 80%，属于强变异，其他重金属的变异系数为 5%～20%，属偏弱变异，说明人为活动对土壤 As、Cu、Zn、Cr 等重金属积累的影响不大，属于自然源重金属。5 种重金属平均变异程度的排序为 Hg＞As＞Cu＞Zn＞Cr（表 6-18）。

表 6-18　樊集乡土壤重金属元素统计分析

元素	样本数/个	最小值/（mg/kg）	最大值/（mg/kg）	均值/（mg/kg）	标准差	方差	变异系数/%
Cr	70	50.35	72.05	61.52	5.46	30.19	8.88
Pb	0						
Cu	70	9.44	28.71	23.09	3.26	10.77	14.12
Zn	70	35.66	78.25	59.52	6.56	43.69	11.02
Hg	70	0.026	0.37	0. 075	0.06	0.0036	80
As	70	2.85	9.8	6.61	1.28	1.66	19.36

6.5.3　土地评价结果分析说明，土地利用结构与土地整理项目布局基本合理

通过土地生态风险评价结果分析说明，内乡县土地利用结构的空间布局合理，全县高风险的两个乡被规划为土地整理重点项目布局区也是合理的。

新野县土地利用能值分析说明，当前的乡镇土地利用中存在重视化肥农药机械电力等人工能投入或商品能投入，忽视有机肥、科技等投入的问题，应该引起关注，否则可能影响到区域耕地可持续发展问题。

6.5.4 耕地的粮食生产功能稳定，但耕地的生态系统服务功能也应当重视

永城市可持续利用评价发现，在生态承载力中，耕地的生态承载力是最大的，为 0.471397 hm^2，占总人均生态承载力的 81.42%，是永城市生态承载力的支柱。这一结论提醒我们，在保护耕地、保障粮食安全的同时，不能忽略对耕地的生态系统服务功能的保护，这也是平原区可持续发展的重要基础。推而广之，保护耕地有多重意义，无论近期的粮食安全、社会稳定目标，还是长远的生态系统稳定、可持续发展，耕地的可持续利用都至关重要。

7 村镇土地利用与可持续利用问题与对策

7.1 问　　题

7.1.1 村镇土地利用类型单一，土地利用浪费程度加剧

村镇人口多属于农业人口，因此，村镇土地主要以耕地为主要利用类型。由于大多数村镇的农业耕作仍为传统的农业耕作，因此，在土地开垦及利用的过程中，农业劳动者很少全方面考虑不同类型土地的开垦方式，从而采用单一的农业土地利用改造方法对不同土地进行改造。由于不同村镇所属位置存在较大差异性，不同类型村镇的土地应多样式发展。不同地区的村镇土地利用应采取科学的方法，对不同地区所属自然状况进行深度审核，选择合适的土地利用开发策略，而不是单一地追求市场效益最大化而使得土地利用效率最小化。从一定程度来看，土地利用结构的不合理代表着大量土地得不到应有开发，大量土地生产力流失，从而使得本可以高产的土地变得贫瘠，这种土地效益的下降会使得农民种粮积极性大幅度下降，从而去片面地追寻市场种植高潮。以永城市为例，从该市土地利用现状分析来看，永城市的水域和林地面积较小，草地几乎没有，不仅不利于生产和生活环境的改善，也不能满足永城市人民对水产品、林果产品和畜牧产品的需求。因此，永城市林地和草地的生态足迹需求都大于其生态承载力，这两项都产生生态赤字。永城市要调整农业内部结构，充分利用田间地头和宜林宜草荒地，大力建设农田林网，发展林果业和畜牧业。由于永城市耕地的生态承载力占永城市总生态承载力的80%以上，是永城市总生态承载力的主要支撑，因此，在发展林果业和畜牧业的同时，一定要保护耕地，保持足够数量的耕地，严格控制建设用地侵占耕地。

7.1.2 农业耕地资源保护力度不足，资源利用程度低下

对于耕地生态经济系统的开发利用来说，最基本的土地资源就是耕地。实现平原地区耕地生态经济系统的可持续发展，首先应该保证耕地面积不减少和对耕地资源的科学合理使用。随着这些年经济快速发展和城镇化战略的推进，城镇规模不断扩大，城镇建设用地和农村建设用地（主要的宅基地）形成了对耕地的双向相对侵占局面，使耕地受到夹击。这一方面造成耕地面积的巨量减少，影响了系统总能值的产出；另一方面由于有关部门把关不严造成工业企业生产对周边耕地生态系统造成面源污染，进一步恶化耕地生态系统能值产出。耕地保护是村镇土地利用规划的一项重要任务，村镇耕地的保护关乎整个地区的粮食供给稳定性，对整个地区的经济发展和社会发展具有举足轻重的作用。18亿亩耕地红线的设立更是为了对保护耕地给出实质性的政策意见。村镇土地的综合治理已开展多年，土地利用条件有了较大改观，土壤质量也有了较大的提高，但就整体村镇土地利用而言，仍广泛分布着大量"四低"（低产田、低产林、低产园、低产水面）、"四荒"（荒山、荒地、荒滩、荒水面）；由于个别工矿企业技术水平低，大量排放

污水，周围耕地土壤受到不同程度的污染；由于过去用地管理不严，存在着宽征宽用、早征晚用、多征少用、征而不用、滥占乱用的现象，造成一段时期乡镇企业、工矿企业占有大量耕地，农村宅基地任意扩大，砖瓦窑随意改建搬家的泛滥，遗留严重的土地浪费问题。因此，在目前后备资源十分有限的条件下，改造开发"四低""四荒"地，防治土壤污染，整理复垦空闲地、撂荒地，发掘生产潜力是村镇土地资源保护的重要任务。矿区是村镇土地利用发展中一个较为特殊的组成部分，采矿塌陷更是造成该区土地资源破坏的主要人为灾害。它会加大耕地保护的难度，使城乡用地供需之间的矛盾加大，更为重要的是会削弱耕地的生态承载力，因此，必须对采煤塌陷区进行有效的管理。要树立专门的管理机构，及时掌握塌陷地的状况，对这些沉陷区域及时进行程序化和多元化的复垦，土地复垦工作亟待加强。在矿区分布的村镇，应在采煤塌陷区综合治理中，根据平原地区塌陷区的特点，因地制宜，采取多种科学的土地复垦模式，让赖以生存的土地发挥出最大的效能。

7.1.3 农用地经济效益低下，劳动力流失，土地撂荒严重

近年来，第一产业产值在全国总产值中所占的比重一直处于较低位置，农业经济效益相比于工业及服务业而言仍有较大差距，并且三者之间的差距随着社会发展的不断前行而不断拉大。以西部陵区、黄河滩区为例，该地区部分村域由于自然条件限制，乡镇企业不发达，土地利用经济效益较差，农民收入较低，导致部分劳动力流失，土地撂荒、粗放经营问题突出。以孟州市为例，孟州市土地利用的经济效益存在明显的地域差异，表现为农民人均纯收入和收入构成地域差异显著。有关调查表明（孟州市科技局，2009），农民人均纯收入较高的村分布在市区周围及原村组企业和个体企业较发达的村；收入水平在中间位置的村分布在人均耕地面积较多，立体种植和畜牧养殖业较好的村；收入较低的村分布于西部岭区及部分移民村。不同区域农民收入构成特点也不同：沿黄滩区化工、西虢、南庄部分农民收入主要是靠土地经营收入，其次是养殖业及外出务工收入；南庄西部，其他乡镇企业比较发达的村，农民收入主要是务工或家庭企业经营收入，土地收入较少；西部岭区农民收入主要依靠果园和其他种植业收入；移民村农民收入主要来源于务工收入。可见，农业土地利用的经济效益相对较低，对提高农民的收入贡献较小。随着孟州市农村经济多元化的形成，非农产业收入比重将进一步上升，受经济利益驱动，这必将导致劳动力在东部平原区的进一步积聚和西部岭区的缺失，从而使东部出现工业、农业争地现象，人地矛盾进一步加剧，而西部岭区由于土地利用经济效益低，因农民弃农从工务商形成土地荒芜。目前，撂荒地广泛存在于我国村镇用地类型当中，该土地类型由于常年受到人为因素的干预，在撂荒后仍与当地自然生态系统具有较大的景观差异。撂荒地的产生，是对耕地资源的一种极大浪费，在一定程度上剥夺了土地生产力，更阻碍了耕地向其他类型用地转变的途径。

7.1.4 土地利用投入结构比失调，经济发展方式有待转变

仅靠传统农业来发展村镇经济，提高农民整体经济收入效率较低。因此，大多是村镇选择利用土地买卖或者引入大型化工企业来解决整个村镇的经济发展问题。经过调查，大多数村镇依靠这些不可更新的工业辅助能值的投入推动，这种高消耗型经济增长

模式长期施行将会严重破坏区域生态环境资源，不符合耕地可持续发展的要求。这种为了追求单位耕地的产量，而投入大量工业辅助能（化肥、农药等）的现象在农村地区普遍存在。现在已经造成了种植业对这些无机物的严重依赖，并且投入量还在不断增加，而有机能的投入主要应用在蔬菜种植中，并且投入还在逐渐减少。长期发展下去，必然会影响土壤生态环境自然更新能力，过度的人为干扰还会引起土壤侵蚀、退化，不利于土壤的自然形成。因此，必须改变这种经济增长的方式。高负荷和过度人为干预的土地利用投入结构可能会在短时间内提高土地的生产力水平，但这种做法对土地的可持续发展不利，并且会造成较高的环境生态压力，从而造成一系列不可逆的恶果。多样化的村镇土地经济发展方式对于村镇整体的经济发展具有重要意义，它可以提高村镇的经济运行安全稳定性，同时可以充分发挥村镇土地的综合利用水平，以生态和经济两方面兼顾的视角去发展村镇经济。

7.1.5 土地利用规划不合理，规划后土地实施效率低

土地利用应进行合理规划。小城镇的规划应该立足于区域的长远发展，科学安排各业用地，特别是建设用地规模必须面向当地发展的实际，科学预测控制规模，做到优化配置，适度发展。村庄的规划应该和新农村建设结合进行。首先，应该对村庄布局进行适当调整，小村并大村；其次，依据村庄现有布局进行空心村整治，严格执行一户一宅政策；最后，禁止沿公路占用耕地建新宅基地的行为，县乡有关部门必须把好审批和监督关。将这些闲置土地进行开发复垦，作为耕地占补平衡的后备资源。大多数村镇的土地利用规划已经完成，但由于村镇土地具有分散性的特点，土地利用规划的整体实施率较低，有关部门无法对每一个村镇的土地利用规划实施情况进行彻底的盘查审核。加之不同村镇政府的地域性不同，过于传统的思想或片面追求经济效益都会使得土地利用实施过程与规划初衷相互偏离，从而降低整体的土地利用实施效率。

7.1.6 农业劳动者素质有待加强，农业科技含量亟需提高

在一定的技术条件和社会背景下，人口越多，消费的就越多，对土地的需求也随之增加。人口的快速增长会对土地造成较大压力，不利于土地资源的可持续利用。我们应该重视人口这一影响土地可持续利用的重要因素，严格控制人口数量、普及教育、提高人口素质。农业劳动力是农业发展中的主要推动力之一，也是农业长足发展和存在的基本支柱。中国作为传统的农业大国，其农业劳动力素质相比于欧美国家来说具有较大差异。加之我国传统农业思维的影响，农业劳动者容易忽视科学教育对农业生产的影响，外之农业效益相比于其他行业较低，农业劳动者容易出现弃耕现象，因此，为了充分发挥土地的生产效力，劳动者素质将成为亟需提高的长足性问题。科学技术属于高能值和具有较高转换率的一种能值资源，发达国家农业产值增长的90%依靠科技支撑。这说明农业的持续发展最终必须依靠现代科学技术的进步和应用。该区域总体人力资源丰富，但是人口整体素质不高，人力资源外流严重。农业生产效益比较低下又进一步造成各乡镇青壮劳动力大量外出打工，农村中青壮年劳动力缺乏现象普遍。因此，必须改变传统的以资金、原材料和劳动力的大量投入来实现经济增长的粗放型发展模式，实行以依靠科技进步、规模化经营、降低单位产品的能值消耗，保护自然资源和耕地生态环境，提

高资源综合利用效率为目的的资源节约型、环境友好型发展模式。

7.2 对　　策

7.2.1　土地利用类型多样化，提高土地资源利用效率

土地生态安全是土地资源持续利用的核心。维护村镇土地可持续利用能力，关键还在于大力搞好村镇土地生态与环境建设。通过完善村镇土地环境监督体系，建立、健全村镇土地环境监测网络，采取有效措施使村镇土地生态环境恶化局面得到遏制，改善生态环境状况。提高生态环境恢复治理率、土地复垦率和水土保持率，要使土地复垦工作跟上，倡导"绿色"规划理念，优先保护重要生态功能区，提高土地生态服务价值与效益。从生态足迹上看，建设用地的生态足迹需求比较小，而生态承载力却远远高于其生态足迹需求，这说明其中很多土地没有得到充分利用，这样会导致土地资源的浪费。因此，村镇建设用地的发展应该主要通过盘活存量建设用地，走挖掘土地潜力、集约利用的道路，提高建设用地的土地利用效率。耕地不仅仅为人类提高粮食作物产品，人们平时食用的肉、蛋、奶也都是由耕地生产的产品转化而来的，农民生活和生存都依靠耕地，因此，村镇要采取各种措施保护耕地，改造中低产田，提高耕地的生产力。对于草地、林地和水域用地，提高其生产力也是必不可少的。乡镇土地利用中要特别强调因地制宜，防止水土流失。当地政府要给予重点扶持，输入资金、人才和技术，逐步缩小乡镇间的差距，争取多方面、专业性的建设扶植资金。尤其运用在道路、给水、水利、环境治理、土地开发等基础设施建设方面，以及文化、教育、卫生、社会、福利等公共设施建设方面。

7.2.2　加强耕地资源保护，科学合理实施耕地资源配比

耕地资源是村镇用地中占优势的一类用地，也是稳定地区及国家经济平稳发展的重要基础之一。耕地资源的保护，从根本上讲就是保障人们的粮食安全。规范建立村镇土地利用项目审批程序，加大土地利用的集约节约。对已有或已经规划的项目进行合理的布局，该布局应遵循用存量建设用地，不占或少占耕地，严格控制耕地转为非耕地，从源头上保护耕地。多种渠道汇集资金，提高资金聚集力度，积极引进土地整治、复垦、开发等项目，实施土地规划整治项目。加强全民耕地保护法治宣教，充分调动广大群众积极参与到耕地和基本农田保护中来。严厉打击占用耕地的违法行为，加大违法案件查处力度，实行耕地动态巡查。应增加耕地系统对外开发程度，广泛引入外部能值，提高能值反馈率。充分利用区域外资源，缓解本区域的耕地资源压力。充分联系和发挥多种用地的结合作用，科学合理实施耕地资源配比，建立良好的整体土地利用系统，使得各土地利用类型之间建立起稳定的联系机制。

7.2.3　提高农业经济补偿，形成农业优势吸引极

农业经济效益与其他行业经济效益间的差距仅靠各行业本身的自然发展是无法弥补的。因此，政府对耕地收益的干预将是解决农业经济效益低下的强有力措施。调整和

优化产业结构，加快经济增长方式转变；强力推进工业化，保持经济快速健康发展；加快提高农业竞争力，全面提升企业自主创新能力；促进外向型经济发展，推进开放带动战略实施；优化产业布局，促进城乡区域协调发展。提高农业经济效益补偿，加大农业特色吸引力度，以农业经济效益优势吸引外部劳动力涌入农业生产当中。总之，要坚持以可持续发展观为指导，以经济建设为中心，立足本地区的资源，大力调整产业结构，积极发展第二、三产业，为农村人口提供更多的就业机会，从而促进农村劳动力的转移，加快新农村的建设。

7.2.4 加强土地利用投入研究，积极探索多样性发展方式

土地利用资源的投入，可以对土地资源起到一定的积极作用，但作用力度又随着投入的加强而先增大后减小。因此，合理的土地利用投入配比，将可以科学、有效地提高土地生产潜力，也可以从一定程度上缓解因自然或人文因素所造成的耕地压力情况。目前，对于种植的大面积大田作物来说，化肥农药依然是作为土壤肥力的主要来源。针对这种情况，第一，应该大力推行测土配方施肥技术。先测土了解土壤供肥性能，然后结合作物需肥规律，以有机肥为基础，科学配制氮、磷、钾和微肥的适宜用量和比例，将配成肥料直接应用于农作物，这样既节约了成本又满足了作物对肥料的需求。第二，拓宽有机肥施用途径。应动员农民将一切可以利用的有机肥资源，尽力收集起来，堆沤腐熟利用，以确保农作物有机肥的投入；加大有机肥施用数量，搞好地力建设，维持地力平衡，从而达到用地养地相结合，实现肥地增产的目标。第三，推广应用农作物系列专用复合肥。农作物系列专用复合肥是配方施肥技术的物化产物，内含农作物生长所需要的氮、磷、钾、微等各种营养元素，它解决了长期以来农村广泛存在的方难配、肥难买的问题。第四，推广高效生物有机复合肥。它是由有机肥、无机肥、菌肥、增效剂复合而成的"四合一"肥料，其优点是：①提高肥料利用率；②使作物增产和提高产品品质；③能改良土壤，培肥地力；④变废为宝，减少污染，改善生态环境。第五，推广应用钾素和其他微量元素技术。除了加大有机肥的施用和推广旱地作物秸秆还田可以补充土壤钾素以外，施用化学钾肥是补充土壤钾素、供给作物钾素营养最直接、最有效的方法。如果这些技术能得到切实的推广，必将增加耕地生态经济系统单位能值产出水平，提高资源综合利用效率，改变现有经济增长方式。

7.2.5 合理规划土地利用格局，建立健全监督监管机制

合理确定城乡土地利用规模，优化土地利用的结构，积极推动存量建设用地的再开发，提高土地利用效益。在合理布局、优化用地结构的基础上，提高土地的集约利用水平。调整优化村镇的土地资源配置，合理确定村镇不同地区的开发强度，提高土地、交通等基础设施的使用效率。结合城镇化水平的提高，按照"布局集中、用地集约、产业集聚"和"村镇规模化、工业园区化、就业城镇化"的原则，调整现有村镇的数量和布局，适当合并，重点向部分基础条件好、发展潜力大的村镇倾斜，促进土地资源集约利用，提高土地使用效率。通过制定和完善建设用地定额指标和土地经济评价指标体系，推行单位土地面积的投入强度、土地利用强度、投入产出率等指标控制制度，提高产业用地的集约利用水平。创新耕地占补平衡补偿和基本农田保护机制。按照数量和质量并

重的原则，通过土地整理、复垦、开发等方式补充耕地，促进土地整理的市场化、产业化，实现耕地的占补平衡。加强农田林网及四旁绿化建设，控制人口增长，提高土地利用率。增加农业投入，加快低产田改造；发挥区域优势，加快发展乡镇企业集中发展。严格控制规划撤并村庄新建住宅，通过在公共服务设施和基础设施等方面加强配置等手段，增强规划保留村庄的集聚能力；限制村办企业的发展，村庄的工业企业要逐步向镇区工业区集中。在推进村镇建设中，在做好服务工作的同时，还注意发挥好引导工作，整合各种导向手，发挥规划、土地、环保、建设等有关部门的作用，引导村民到规划点的建设，建立健全土地违法、违规的监督力度对违法、违规的建设单位及个人，应做到严格的惩治。

7.2.6 农业劳动者继续再教育，提高农业机械化水平

改善人才结构，大胆引进外部资金和科技人才，广泛吸纳外界能量和信息；加强教育与科技转换系统与区外教育科研单位的联系和交流，先进的技术和管理经验具有很高的能值转换率，是一种特殊的能值和真正的财富，将这些无形的科技能值进行引进、消化和创新，必然会有力地促进经济社会的快速持续发展。在提高劳动者素质方面：首先，应加大对中等职业教育的投入，培养一批中高级实用型技术人才，为在种植业中推广先进技术，建立人才储备。其次，建立农业科技人员驻村指导制度，对农民农业生产的各个阶段进行培训指导，争取在几年内为每个村培养出若干名属于自己的农业技术人员。目前，除了个别乡镇刚刚发展起的特色产业，如樊集乡钢葱种植已经初见成效，区域内大部分乡镇耕地生态经济系统能值产出还主要是以小麦、玉米和棉花等作物为主，这些产品既没有明显特质，产量也不高，导致产品在市场上没有竞争力，经济效益不好。因此，在这方面，各乡镇应该调整思路，引导农民搞特色农业，加大科技投入，逐步培育自己的优势产业；实施农业品种、技术、知识的更新工程，促进农业技术在生产、加工、流通各环节的应用，推动农业产业升级，提高农业生产效益；加快农业新技术在农产品深加工、储藏、保鲜中的应用，提高产品的附加值，增强产品的市场竞争力。科技水平方面：在农业生产经营和管理中提高科技水平，加强技术推广，在测土施肥的基础上合理搭配有机肥和化肥用量，提高土壤肥力；注意氮、磷、钾各元素的配合比例，合理施肥，充分利用粮、棉、林、农副产品开展加工业，扩大资金来源。普及科学技术知识。城郊、胡集应扩大蔬菜和经济作物的种植面积，加大土地的经济投入，提高土地集约利用水平，推广农业新技术，打破传统落后的耕作方法，提高科学技术水平。

8 结论、主要创新与展望

8.1 结 论

通过研究与实地示范调研及反馈意见，认为：村镇土地评价信息系统、集成技术研发、示范点应用是当前村镇耕地利用、基本农田保护的急需技术，非常有利于国土管理部门决策。该研究在示范区取得的良好效果和效益，进一步说明了该项研究的必要性、科学性和可行性。

8.1.1 村镇土地利用理论对土地可持续利用具有重大意义

土地资源的可持续利用意味着土地的数量和质量既要满足当前社会发展状况的需要，又要能够满足不断增长的人口以及日益提高的生活水平的需求。可持续发展是一种全新的社会发展方式，要求发展过程中要追求生态效益、经济效益和社会效益的有机结合。土地可持续利用关键因子从土地生产力和社会关系两个方面，把握土地利用过程中产生的人与人、人与地、地与地之间的关系，促进系统内外部各要素之间的良性互动，从而实现土地资源的永续利用。

8.1.2 村镇土地集成技术在小尺度地区应用取得的良好效果

我国村镇土地利用存在着"建设用地极度紧张和部分村落闲置"的现象，以及土地资源短缺和粗放利用并存的问题。依据我国村镇土地利用现状，针对示范区存在的问题，使用土地利用中推广或研发的各类技术，结合动态监测技术，对示范区内的土地利用状况和影响示范区土地可持续利用的因子进行分析，对可持续利用集成技术在小尺度村镇土地利用过程中的示范效果进行分析研究，从而实现我国村镇土地的可持续利用。

8.1.3 村镇土地利用模式对全国土地利用具有重要影响

村镇土地利用是土地利用活动的重要组成部分，是在一定经济、社会和环境条件下综合作用的产物。村镇土地利用过程中会出现经济、社会和生态相冲突的现象，同时会受到人口增长速度和经济发展质量的制约，其利用结构和程度、人口与生产力的匹配程度不仅会影响村镇的发展，甚至会影响整个社会经济的可持续发展。因此，村镇土地利用的最优化利用和可持续发展，对于整个社会的自然和经济的无缝发展具有积极的意义。

8.2 主 要 创 新

8.2.1 小尺度耕地利用研究

本研究探讨的耕地保护利用、数据库、土地利用评价软件开发、集成技术体系等专题研究从基层的耕地利用单元农户开始，针对村、镇层面拓展研究，得出一些适宜基层管理的理论和技术，充分体现了小尺度研究的实用性。

8.2.2 引进了新的理论与方法

土地评价的理论和方法很多，但研究小尺度区域的理论和方法却很有限，如何解决村镇耕地利用与保护问题，我们选用了新的理论和方法，如生态学能值、风险评价与管理、可持续利用管理等理论与方法，通过探讨土地评价问题，发现了影响耕地可持续利用的问题：过量施肥、倚重外部商业能源投入、抵御自然灾害能力低等。

8.2.3 耕地管理理论的创新方向

1）土地整治应当与其他学科结合，重视保护生态系统的多样性。

现代的整治过分强调增加耕地，填平改造的许多耕地边缘的其他土地类型，减少了生物多样性，不利于耕地生态系统的长期稳定、可持续利用及提高耕地抵御外部可逆性的能力。

2）重视基层耕地管护技术与现代管理技术的集成。

基层土地利用、管护技术是长期利用耕地经验的结晶，当代技术体现了工程技术对耕地的高效利用、现代化管理等，因此，两者有机集成非常利于可持续利用。

3）应当重视环境保护，治理生态破坏、环境污染。

目前，农村生态环境存在一些环境污染因素，为了稳定提高粮食生产的产量、质量，必须重视农村生态环境保护，加强政策宣传、政府技术引导，治理农村"三废"，提高农村生态环境质量，保证耕地可持续利用。

8.3 展 望

8.3.1 合理制订耕地利用规划

在制订耕地利用规划时，要综合考虑作物布局、耕地地力水平及土壤类型差异，保护高产田。高产田需要经过长期的耕作改良和地力培育，在土壤水、肥、气、热诸多因素较好的条件下，实行重点保护，保持耕地地力不下降。

8.3.2 确保粮食播种面积稳定

近年来，各级政府采取了一系列补贴政策，提高农民种粮的积极性，减少农资投入，提高经济效益，切实保证耕地数量不减少。未来，为保持河南省的粮食基地地位，必须保证现有耕地面积不减少，严禁抛荒现象发生；合理进行农业结构调整，保持粮食作物的种植面积；推广高产优质栽培技术，提高粮食单产。

8.3.3 严格耕地保护，确保粮食生产能力

要贯彻执行《土地管理法》和《基本农田管理条例》，采用行政、经济和法律的多种手段，切实加强用地管理，严格控制各类建设用地占用基本农田，切实保护耕地的综合生产能力。加大对耕地保护的宣传和耕地培肥技术的推广，正确引导农户有效利用土地，做到用地和养地相结合，保持土壤持续肥力，保护好有限的耕地资源。

参 考 文 献

毕宝德. 2005. 土地经济学(第四版). 北京: 中国人民大学出版社

蔡运龙. 1996. 全球气候变化下中国农业的脆弱性与适应对策. 地理学报, 51(3): 202-212

蔡运龙, 李军. 2003. 土地利用可持续性的度量——一种显示过程的综合方法. 地理学报, 58(2): 305-313

曹洪法, 沈英娃. 1991. 生态风险评价研究概述. 环境化学, 10(3): 26-30

曹明兰, 李亚东. 2009. 基于能值分析的唐山市生态安全评价. 应用生态学报, 20(9): 2214-2218

曹希寿. 1994. 区域风险评价与管理初探. 中国环境科学, 14(6): 465-470

常庆瑞. 2002. 土地资源学. 杨凌: 西北农林科技大学出版社

陈百明, 张凤荣. 2001. 中国土地可持续利用指标体系的理论与方法. 自然资源学报, 16(3): 197-203

陈传康. 1983. 城市用地综合分析和分等问题. 自然资源, 6(1): 18-25

陈东景, 徐中民. 2002. 干旱区农业生态经济系统的能值分析. 冰川冻土, 24 (4): 374-379

陈东景, 徐中民, 程国栋, 等. 2001. 中国西北地区的生态足迹. 冰川冻土, 23(2): 164-169

陈峰, 胡振琪, 柏玉, 等. 2006. 矸石山周围土壤重金属污染的生态风险评价. 农业环境科学学报, 25(B09): 575-578

陈光伟. 1983. 土地资源定量评价方法探讨——以江西省波阳县土地资源评价为例. 资源科学, (3): 36-44

陈辉, 刘劲松, 曹宇, 等. 2006. 生态风险评价研究进展. 生态学报, 26(5): 1558-1566

陈理, 杨中平. 2003. 城市固态废弃物决策支持系统的研究. 西北农林科技学报, 31(6): 169-172

陈利顶, 傅伯杰. 2000. 长江流域可持续发展能力评价. 地理科学, 20(4): 301-306

陈敏玉. 2001. 浅谈城市土地经济评价因素. 上海土地, (2): 29-30

陈燕飞, 杜鹏飞, 郑筱津, 等. 2006. 基于 GIS 的南宁市建设用地生态适宜性评价. 清华大学学报(自然科学版), 46(6): 801-804

陈宇辉, 刘遂庆. 2006. 城市给水排水管网系统专用 GIS 平台开发与应用. 给水排水, 32(1): 101-104

丁荣晃. 2002. 土地利用理论与实践. 北京: 中国农业出版社

董孝斌, 高旺盛. 2004. 黄土高原丘陵沟壑区典型县域的能值分析. 水土保持学报, 59(2): 89-92

杜红悦, 李京. 2001. 土地农业适宜性评价方法研究与系统实现——以攀枝花为例. 资源科学, 23(5): 41-45

段七零. 2008. 基于能值分析的江苏省耕地生态足迹区域差异. 地理科学进展, 27(4): 96-102

付在毅, 许学工. 2001. 区域生态风险评价. 地球科学进展, 16(2): 267-271

付在毅, 许学工, 林辉平, 等. 2001. 辽河三角洲湿地区域生态风险评价. 生态学报, 21(3): 365-373

傅伯杰. 1990. 土地评价研究的回顾与展望. 自然资源, 12(3): 1-7

傅伯杰, 陈利顶, 马诚. 1997. 土地可持续利用评价的指标体系与方法. 自然资源学报, 12(2): 112-118

郭青霞. 2007. 半干旱区盆地土地利用生态风险评价——以大同市为例. 北京: 中国农业大学博士学位论文

国家土地管理局. 1998. 农用地分等定级规程(试行). 北京

韩丽, 曾添文. 2001. 生态风险评价的方法与管理简介. 重庆环境科学, 3(23): 21, 22-23

何剑刚. 2004. 大庆地区生态风险评价. 哈尔滨: 东北林业大学硕士学位论文

河南省统计年鉴. 1999~2009. 北京: 中国统计年鉴出版社

胡廷兰, 杨志峰. 2004. 农用土地整理的生态效益评价方法. 农业工程学报, 20(5): 275-280

胡文忠, 李小兰, 刘学录. 2004. 土地资源可持续利用及其评价. 甘肃农业大学学报, 39(5): 586-589

胡星池. 1984. 农用土地经济评价方法初探. 中国土地, 2(4): 12-17

黄书礼. 1993. 台湾地区都市生态系统之比较分析与永续性都市策略拟议. 中国台北: 国立中兴大学都市计划研究所

黄书礼. 1996. 生态能量观之都市系统进化研究. 中国台北: 国立中兴大学都市计划研究所

黄勇, 杨忠芳. 2008. 中国土地质量评价的研究现状及展望. 地质通报, 27(2): 207-211

黄裕婕, 赵晓丽, 香宝. 2000. 福建省的土地经济评价. 资源科学, 22(3): 66-69

姬瑞华, 康文星. 2006. 南方丘陵区县域农业生态经济系统的能值分析——以衡东县为例. 中南林学院学报, 26(6): 49-55

季奎. 2007. 基于生态足迹的大连市土地可持续利用评价研究. 沈阳: 辽宁师范大学硕士学位论文

贾丹, 延庆风. 2009. 沙区景观生态风险评价及景观格局优化. 北京: 北京林业大学博士学位论文

江业勖. 1996. 生态风险分析: Saimaa 环斑海豹案例. 人类环境杂志, 25(5): 362-364

姜志德. 2001. 土地资源可持续利用概念的理性思考. 西北农林科技大学学报, 1(4): 57-61

焦叶芬. 2006. 重庆市城市土地经济效益评价研究. 重庆师范大学学报(自然科学版), 23(1): 76-79

景宜. 2008. 流域生态风险评价与洪水资源化: 以陕西省渭河流域为例. 北京: 北京师范大学出版社

鞠强. 2005. 博斯腾湖区域生态风险评价研究. 乌鲁木齐: 新疆大学硕士学位论文

卡尔·马克思. 1975. 资本论第 3 卷. 北京: 人民出版社

蓝盛芳, 钦佩, 陆宏芳. 2001. 生态系统的能值分析. 应用生态学报, 12 (1): l29-131

李海涛, 徐学工, 肖笃宁. 2005. 基于能值理论的生态资本价值——以阜康市天山中段森林区生态系统为例. 生态学报, 25(6): 1383-1390

李海涛, 廖迎春, 严茂超, 等. 2003. 新疆生态经济系统的能值分析及可持续性评估. 地理学报, 58(5): 765-772

李海涛, 廖迎春, 严茂超. 2003. 江西生态经济系统的能值分析. 江西农业大学学报, 25(1): 93-99

李恒, 姚运生, 陈蜀俊. 2007. MapGIS 二次开发在绘制地震震中分布图中的应用. 大地测量与地球动力学, 27(F06): 129-132

李红礼, 高建华, 卢红岩. 2009. 基于 BP 神经网络的河南省土地可持续利用评价研究. 国土与自然资源研究, 1(28): 27-29

李加林, 张忍顺. 2003. 宁波市生态经济系统的能值分析研究. 地理与地理信息科学, 19(2): 73-76

李江, 邓宣凯, 刘小杰. 2008. 能值分析方法在土地可持续利用评价中的应用. 法制与社会, (3): 96

李景宜. 2008. 流域生态风险评价与洪水资源化. 北京: 北京师范大学出版社

李均, 周世财, 郑刚. 2010. 组件式 GIS 技术及应用浅析. 地理空间信息, 8(1): 125-127

李明. 2006. 上海市崇明县农田生态风险评价. 上海: 华东师范大学硕士学位论文

李双成, 蔡运龙. 2002. 基于能值分析的土地可持续利用态势研究. 经济地理, 22(3): 346-350

李双成, 傅小锋, 郑度. 2001. 中国经济持续发展水平的能值分析. 自然资源学报, 16(4): 297-304

李小燕. 2013. 土地评价相关问题研究综述. 陕西理工学院学报(社会科学版), 31(2): 76-79

李孝芳. 1986. 我国土地资源评价研究及其展望. 资源科学, 8(3): 16-20

李谢辉. 2008. 渭河下游河流沿线区域生态风险评价及管理研究. 兰州: 兰州大学博士学位论文

李占玲, 陈飞星, 李占杰. 2005. 北京市城市生态系统能值分析. 城市问题, (6): 25-29

李自珍, 何俊红. 1999. 生态风险评价与风险决策模型及应用: 以河西走廊荒漠绿洲开发为例. 兰州大学学报(自然科学版), 35(3): 149-156

栗滢超. 2009. 基于生态足迹模型的河南省耕地可持续性研究. 安徽农业科学, 37(29): 14288-14289

梁朝仪. 1992. 土地评价论. 郑州: 河南科学技术出版社

林超. 1981. 试论地理学的性质. 地理科学, 1(2): 97-104

林慧龙, 任继周, 傅华. 2005. 草地农业生态系统中的能值分析方法评价. 草业学报, 14(4): 1-7

凌海明. 2000. 浅述复垦土地经济评价. 煤矿环境保护, 14(6): 67-70

刘富刚. 2008. 基于生态足迹的德州市土地资源可持续利用评价. 湖北农业科学, 47(8): 905-908

刘贵利. 2000. 城乡结合部建设用地适宜性评价初探. 地理研究, 19(1): 80-85

刘纪远, 匡文慧, 张增祥, 等. 2014. 20 世纪 80 年代末以来中国土地利用变化的基本特征与空间格局. 地理学报, 69(1): 3-13

刘继展, 李萍萍. 2005. 江苏农业生态系统能值分析. 农业系统科学与综合研究, 21(1): 29-36

刘建军, 李春来, 邹永廖. 2001. 贵阳市区土地资源评价模型的建立. 地质地球化学, 29(2): 66-71

刘康. 2001. 土地利用可持续评价性的系统概念模型. 中国土地科学, 15(6): 19-23

刘庆, 陈利根. 2013. 长株潭地区土地可持续利用综合评价及空间分区. 农业工程学报, 29(6): 245-253

刘书楷. 2000. 土地经济学. 北京: 地质出版社

刘文新, 栾兆坤, 汤鸿霄. 1999. 乐安江沉积物中金属污染的潜在生态风险评价. 生态学报, 19(2): 206-211

刘彦琴, 郝晋珉. 2003. 区域可持续土地利用空间差异评价研究——以黄淮海平原为例. 资源科学, 25(2): 58-64

刘彦随, 陈百明. 2002. 中国可持续发展问题与土地利用/覆被变化研究. 地理研究, 21(3): 324-330

刘艳中. 2009. 基于生态足迹的耕地战略规划环境影响评价研究. 北京: 中国大地出版社

刘一苏, 刘喜广. 2006. 基于熵值法的泰安市土地可持续利用评价. 安徽农业科学, 34(12): 2625-2626

刘玉振. 2008. 基于能值的开封市农业生态系统投入产出分析. 河南大学学报(自然科学版), 38(3): 266-270

刘自强, 王德平, 李静. 2007. 干旱半干旱地区城郊农业生态系统的能值分析与优化发展——以乌鲁木齐市为例. 干旱区地理, 30(9): 721-727

卢宏玮, 曾光明. 2003. 洞庭湖流域区域生态风险评价. 生态学报, 12(23): 2521-2528

陆红生. 2007. 土地管理总论(第二版). 北京: 中国农业出版社

陆宏芳, 陈烈, 林永标. 2005. 基于能值的顺德市农业系统生态经济动态. 农业工程学报, 21(12): 20-24

陆宏芳, 蓝胜芳, 李谋召, 等. 2000. 农业生态系统能值分析方法研究. 韶关大学学报, 21(4): 74-78

陆宏芳, 蓝盛芳, 李雷, 等. 2002. 评价系统可持续发展能力的能值指标. 中国环境科学, 22(4): 380-384

陆宏芳, 蓝盛芳, 彭少麟. 2003. 系统可持续发展的能值评价指标的新拓展. 环境学报, 24(3): 150-154

陆宏芳, 蓝盛芳, 俞新华, 等. 2005. 城市复合生态系统能值整合分析研究方法. 城市环境与城市生态, 18(4): 34-37

吕晓剑, 冯长春, 郭怀成. 2005. 武汉汉阳湖区土地资源评价研究. 地理科学, 25(6): 742-747

马娅娟, 傅桦. 2004. 浅析生态风险及其评价方法的要点. 首都师范大学学报(自然科学版), 4(25): 81-83

毛小苓, 倪晋仁. 2005. 生态风险评价研究述评. 北京大学学报(自然科学版), 4(41): 648649

梅志敏. 2009. 基于生态足迹的贵州省土地可持续利用研究. 贵州农业科学, 37(8): 198-201

蒙吉军. 2005. 土地评价与管理. 北京: 科学出版社

蒙吉军, 李正国, 吴秀芹. 2004. 县域尺度土地利用/覆被变化研究——以河西走廊肃州绿洲为例. 兰州大学学报(自然科学版), 40(3): 89-94

孟东平, 张金屯. 2004. 山西省能源重工业复合生态带生态风险评价. 西北植物学报, 4(28): 1480-1484

倪绍祥. 1999. 土地类型与土地评价概论. 北京: 高等教育出版社

倪绍祥, 陈传康. 1993. 我国土地评价研究的近今进展. 地理学报, 48(1): 75-83

倪绍祥, 刘彦随. 1999. 区域土地资源优化配置及其可持续利用. 农村生态环境, 15(2): 67-71

彭里. 2006. 论我国土地资源的可持续利用. 水土保持研究, 13(2): 234-236

钦佩, 黄玉山, 风仪. 1999. 从能值分析的方法来看米埔自然保护区的生态功能. 综合考察, 21(2): 104-107

秦凯, 吴艳果. 2007. 基于 MapGIS 的气象预报分析系统的设计与实现. 地理空间信息, 5(5): 61-63

邱道持, 薛俊菲, 廖和平. 2001. 小城镇土地利用经济评价探讨——以重庆市北碚区为例. 西南师范大学学报(自然科学版), 26(5): 616-621

曲福田, 黄贤金, 朱德明. 2000. 可持续发展的理论与政策选择. 北京: 中国经济出版社

日本农林省农林水产技术会议事务局. 1985. 日本土地利用分类的程序和方法. 北京: 农业出版社

石玉林. 1982. 关于《中国 1/100 万土地资源图土地资源分类工作方案要点》(草案)的说明. 资源科学, 4(1): 63-69

史舟, 管彦良, 王援高, 等. 2002. 基于 GIS 的县级柑橘适宜性评价咨询系统研制. 浙江大学学报(农业与生命科学版), 28(5): 492-494

舒帮荣, 刘友兆, 陆效平. 2008. 能值分析理论在耕地可持续利用评价中的应用研究——以南京市为例. 自然资源学报, 23(5): 876-885

舒帮荣, 徐梦洁, 黄向球, 等. 2007. 江苏省耕地生态经济系统能值分析. 农业现代化研究, 28(6): 743-745

粟娟, 蓝盛芳. 2000. 评估森林综合效益的新方法——能值分析法. 世界林业研究, 13(1): 32-37

隋春花, 蓝盛芳. 1999. 环境价值的多角度评估. 农业环境与发展, 16(2): 7-9

隋春花, 蓝盛芳. 2001. 广州城市生态系统能值分析研究. 重庆环境科学学报, 23 (5): 4-7

隋春花, 蓝盛芳. 2003. 广州与香港的环境经济能值分析. 重庆环境科学, 25(1): 47-56

孙波, 张桃林, 赵其国. 1995. 我国东南丘陵山区土壤肥力的综合评价. 土壤学报, 32(4): 362-369

孙家乐, 蒋德鹏. 层次分析中一致性判断矩阵的构造方法[J]. 东南大学学报, 1991, 21(3): 69-75

孙心亮, 方创琳. 2006. 干旱区城市化过程中的生态风险评价模型及应用——以河西地区城市化过程为例. 干旱区地理, 29(5): 668-674

唐华俊, 陈佑启, 伊·范朗斯特. 2000. 中国土地资源可持续利用的理论与实践. 北京: 中国农业科技出版社

田冰, 贾金生, 侯喜梅. 2001. 土地可持续利用评价指标研究. 河北农业大学学报, 24(4): 90-92

万树文, 钦佩, 朱洪光, 等. 2000. 盐城自然保护区两种人工湿地模式平价. 生态学报, 20(5): 759-765

汪殿蓓, 范德群, 徐运清. 2006. 小城镇复合生态系统能值整合研究. 生态环境, 15(5): 1075-1079

汪殿蓓. 2002. 环境与经济财富价值衡量方法之比较研究. 孝感学院学报, 22(1): 82-85

汪鹏. 土地利用规划中的 AHP-GA 决策模型研究[D]. 武汉: 华中农业大学, 2005, 36-39

王枫, 董玉祥. 2015. 基于灰色关联投影法的土地利用多功能动态评价及障碍因子诊断——以广州市为例. 自然资源学报, 30(10): 1699-1731

王国强, 郧文聚. 2011. 土地质量评价研究的简要回顾与展望. 中国土地科学, 25(7): 92-96

王红红, 吴发启, 李荣标. 2008. 黄土高原中南部农户农果复合生态系统的能值分析. 干旱区农业研究, 26(5): 197-223

王克强, 韩桐魁, 刘红梅. 1998. 我国可持续发展农业土地利用评价体系研究. 生态农业研究, 6(2): 8-11

王莲芳, 许树柏. 1990. 层次分析引论. 北京: 中国人民大学出版社. 20-46

王秋兵. 2002. 土地资源学. 北京: 中国农业出版

王小兵, 孙久运. 2012. 地理信息系统综述. 地理空间信息, 10(1): 25-29

王小龙. 2006. 海岛生态系统风险评价方法及应用研究. 青岛: 中国科学院海洋研究所

王绪栓, 刘进生, 魏毅强. 1995. 模糊判断矩阵的一致性及权重排序. 系统工程理论与实践, 15(1): 28-35

文军. 2005. 千湖岛区域生态风险评价研究. 桂林旅游高等专科学校学报, 16(2): 17-22

巫丽芸. 2004. 区域景观生态风险评价及生态风险管理研究——以东山岛为例. 福建师范大学硕士学位论文

吴宝贵, 石广田. 2001. 地理信息系统 GIS 的开发系统集成及评价. 甘肃科技, 17(3): 51-52

吴传钧. 1981. 因地制宜发挥优势逐步发展我国农业生产的地域专业化. 地理学报, 36(4): 349-357

吴文友, 吴泽民, 丁增发, 等. 2004. 基于 GIS 的大山村土地资源生态经济评价. 安徽农业大学学报, 31(4): 446-451

吴玉琴, 严茂超, 许力峰. 2009. 城市生态系统代谢的能值研究进展. 生态环境学报, 18(3): 1139-1145

谢晓华, 汤江龙, 谢刚生. 2000. 土地利用经济评价方法探讨与应用. 华东地质学院学报, 23(1): 60-63

邢向荣, 袁景山, 马宏兵. 2007. 基于 GIS 的煤炭资源管理系统设计. 山西建筑, 33(31): 365-36

徐建华. 2002. 现代物理学中的数学方法(第二版). 北京: 高等教育出版社. 224-230

徐梦洁, 葛向东, 张永勤, 等. 2001. 耕地可持续利用评价指标体系及评价. 土壤学报, 38(3): 275-284

徐梦洁, 梅艳, 宋奇海. 2007. 国内基于 GIS 的土地评价研究进展. 土壤, 39(4): 503-508

徐中春, 谢永生, 王恒俊. 2008. 中国土地资源评价研究新进展. 中国农学通报, 24(3): 379-383

许学工, 林辉平. 2001. 黄河三角洲湿地区域生态风险评价. 北京大学学报(自然科学版), 1(37): 111-119

闫天龙, 曹照平. 2006. 土地估价知识问答. 北京: 机械工业出版社

严茂超, Odum H T. 1998. 西藏生态经济系统能值分析与可持续发展研究. 自然资源学报, 13(2): 116-125

严茂超, 李海涛, 程鸿, 等. 2001. 中国农林牧渔业主要产品的能值分析与评估. 北京林业大学学报, 23(6): 66-69

严茂超. 1998. 西藏生态经济系统的能值分析与可持续发展研究. 自然资源学报, 13(2): 117-125

阳文锐, 王如松. 2007. 生态风险评价及研究进展. 应用生态学报, 8(18): 1870-1872

杨娟. 2007. 岛屿生态风险评价的理论与方法——崇明三岛实证研究. 上海: 华东师范大学博士学位论文

杨开忠, 杨咏, 陈洁. 2000. 生态足迹分析理论与方法. 地球科学进展, 15(6): 630-636

杨克磊, 张建芳. 2008. 唐山市南湖生态示范区景观生态风险评价. 环境科学研究, 3(21): 105-107

姚炎明, 王英. 1999. 公路建设项目土地经济损失的定量评价. 环境污染与防治, 21(6): 25-27

殷浩文. 2001. 生态风险评价. 上海: 华东理工大学出版社

殷贺, 王仰麟. 2009. 区域生态风险评价研究进展. 生态学杂志, 28(5): 969-975

殷继勇. 2012a. 村镇土地可持续利用评价与战略研究——以河北省迁安市野鸡坨镇为例. 北京: 北京交通大学

殷继勇. 2012b. 村镇土地可持续利用系统协同发展研究. 山东社会科学, s2(137): 69-70

尹君. 2001a. 可持续土地利用内涵及其评价指标体系研究. 河北农业大学学报, 24(1): 78-81

尹君. 2001b. 土地资源可持续利用评价指标体系研究. 中国土地科学, 15(2): 6-9

于金媛. 2009. 基于生态足迹理论的西藏土地资源可持续利用研究. 重庆: 西南大学硕士学位论文

于勇, 周大迈, 王红. 2006. 土地资源评价方法及评价因素权重的确定探析. 中国生态农业学报, 4(2): 14

余海鹏, 孙娅范, 黄适富. 1998. 重庆市农业土地资源开发利用的可持续性评价. 数量经济技术经济研究, 2(4): 27-30

《中国 1:100 万土地资源图》编委会. 1990. 土地资源研究文集. 北京: 科学出版社

《中国 1:100 万土地资源图》编委会. 1997. 中国 1:100 万土地资源图. 北京: 科学出版社

《中国 1:100 万土地资源图》编委会. 1997. 中华人民共和国土地资源图. 西安: 西安地图出版社

张凤荣. 1996. 可持续土地利用管理的理论与实践. 北京: 北京大学出版社

张凤荣. 2000. 中国土地资源及其可持续利用. 北京: 中国农业大学出版社

张光宇, 刘永清. 1998. 土地可持续利用的系统性思考. 中国人口·资源与环境, 8(1): 11-14

张红旗, 李家永, 牛栋. 2003. 典型红壤丘陵区土地利用空间优化配置. 地理学报, 58(5): 668-67

张丽君, 曹红. 2005. 沈阳市土地生态适宜性初步评价. 环境保护科学, 31(5): 49-52

张梅, 尹君, 燕新程, 等. 2002. 区域土地资源可持续利用评价. 河北农业大学学报, 25(4): 255-258

张前进, 周孝. 2003. 区域持续土地利用趋势与协调性评价——以蒙城县为例. 山西农业大学学报(自然科学), 23(3): 95-99

张然和. 2015. MAPGIS 二次开发软件 Section 和 Excel 软件在编绘矿业权设置方案图件的交互应用与探讨. 测绘与空间地理信息, 38(3): 163-165

张晟途, 钦佩, 万树文. 2000. 从能值效益的角度研究互花米草生态工程资源配置. 生态学报, 20 (6): 1045-1049

张希彪. 2004. 陇东黄土高原农业生态经济系统的能值分析. 农业现代化研究, 25(5): 367-371

张晓娜. 2009. 基于生态足迹的陕西省土地可持续利用研究. 西安: 西北大学硕士学位论文

张学林, 王金达. 2000. 区域农业景观生态风险评价初步构想. 地球科学进展, 6(15): 623-626

张雪妮, 贡璐, 吕光辉, 等. 2010. 塔里木河下游农业生态系统的能值分析——以尉犁绿洲为例. 干旱区资源与环境, 24(4): 55-59

张雪萍, 郭艳清, 高梅香. 2005. 黑龙江省西部沙地生态经济系统能值分析——以泰来县为例. 经济地理, 25(5): 651-654

张耀辉, 蓝盛芳, 陈飞鹏. 1998. 海南省资源环境与可持续发展的能值分析. 生态科学, 17(2): 121-122

张友焱, 周泽福, 程金花. 2003. 黄土丘陵沟壑区土地适宜性评价研究——以山西省中阳县圪针耳流域为例. 水土保持学报, 17(1): 93-95, 99

张玉斌, 王昱程, 郭晋. 2014. 水土保持措施适宜性评价的理论与方法初探. 水土保持研究, 21(1): 47-55

章鸣. 2004. 基于生态足迹模型的土地可持续利用评价研究. 杭州: 浙江大学硕士学位论文

赵庚星. 1996. 农用土地综合经济评价方法初探. 国土与自然资源研究, (2): 22-24

赵庚星, 张万清, 高庆振, 等. 1997. 山东省土地经济评价初步研究. 国土与自然资源研究, 2(6): 24-28

赵庚星, 李玉环, 李强. 1999. GIS 支持下的定量化、自动化农用土地评价方法的探讨. 农业工程学报, 15(3): 219-223

赵世民, 房晟忠, 杨树平, 等. 2012. 滇池流域土地资源适宜性评价. 地球与环境, 39(1): 80-84

赵松乔. 1983. 中国综合自然地理区划的一个新方案. 地理学报, 38(1): 1-10

赵兴国, 潘玉君, 丁生, 等. 2014. 中国省域土地利用可持续性评价及时空格局特征. 农业工程学报, 30(3): 196-204

赵振华. 1992. 浅谈风险评价与风险管理. 环境科学, 13(1): 85-88

郑度, 陈述彭. 2001. 地理学研究进展与前沿领域. 地球科学进展, 16(5): 599-606

郑润梅, 路小仓. 2004. 城市土地分等定级有关问题探讨——太原市城市土地价格调查的思考. 中国土地科学, 18(4): 47-50

周宝同. 2004. 土地资源可持续利用基本理论探讨. 西南师范大学学报, 29(2): 310-314

周炳中, 杨浩, 包浩生, 等. 2002. PSR 模型及在土地可持续利用评价中的应用. 自然资源学报, 17(5): 541-548

周建, 张毅川, 袁德义. 2007. 河南省生态经济系统的能值分析与可持续发展研究. 干旱区研究, 24(5): 728-733

周介铭. 1995. 内陆地区城镇土地经济评价方法研究. 四川师范大学学报(自然科学版), 18(3): 53-56

周连第, 胡艳霞, 严茂超. 2006. 生态经济系统能值分析——以北京密云县为例. 地理科学进展, 25(5): 94-104

朱永恒, 濮励杰, 赵春雨. 2005. 土地质量的概念及其评价指标体系研究. 国土与自然资源研究, (2): 31-33

祖元刚. 1990. 能量生态学引论. 长春: 吉林科学技术出版社

Adam W, Wirth T. 1999. Hydroxy Group Directivity in the Epoxidation of Chiral Allylic Alcohols: Control of Diastereoselectivity through Allylic Strain and Hydrogen Bonding. Accounts of Chemical Research, 32(8): 703-710

Agostinho F, Ambrósio L A, 2010. Ortega E. Assessment of a large watershed in Brazil using Emergy Evaluation and Geographical Information System. Ecological Modelling, 221(8): 1209-1220

Ashmore M H, Nathanail C P. 2008. A critical evaluation of the implications for risk based land management of the environmental chemistry of Sulphur Mustard. Environment International, 34(8): 1192-1203

Auer R N, Coulter K C. 1994. The nature and time course of neuronal vacuolation induced by the N-methyl-D-aspartate antagonist MK-801. Acta Neuropathologica, 87(1): 1-7

Bakshi B R. 2000. A thermodynamic framework for ecologically conscious process systems engineering. Computers, Chemical Engineering, 24(2): 1767-1773

Ballou R H. 1981. Estimating and auditing aggregate inventory levels at multiple stocking points. Journal of Operations Management, 1(3): 143-153

Bastianoni S, Marchettini N. 2000. The problem of coproductional accounting by emergy analysis. Ecological Modelling, 129(2-3): 187-193

Berg J I C. 1996. A guide to research. London: Psychology Press

Bergman H L, Kimerle R A, Maki A W. 1986. Environmental hazard assessment of effluents. NewYork: Pergamon Books Inc., Elmsford

Bibby J S, Mackney D. 1969. Land use capability classification. Harpenden, UK: Rothamsted Experimental Station

Bicknell K B, Ball R J, Cullen R, et al. 1998. New methodology for the ecological footprint with an application to the New Zealand economy. Ecological economics, 27(2): 149-160

Blume H P. 2000. Towards sustainable land use. Geoderma, 96(1-2): 155-157

Boekhold A E. 2008. Ecological risk assessment in legislation on contaminated soil in The Netherlands. Science of the Total Environment, 406(3): 518-522

Bouman B A M, Jansen H G P, Schipper R A, et al. 1999. A framework for integrated biophysical and economic land use analysis at different scales. Agriculture, Ecosystems and Environment, 75(1): 55-73

Bourne R. 1931. Regional survey and its relation to stocktaking of the agricultural and forest resources of the British Empire. Oxford: Clarendon Press

Broderius S J, Kahl M D, Hoglund M D. 1995. Use of joint toxic response to define the primary mode of toxic action for diverse industrial organic chemicals. Environmental Toxicology and Chemistry, 14(9): 1591-1605

Brown L R, Brian H. 1998. China's water shortage could shake world food security. World Watch, 11(4): 10-21

Brown M T, McClanahan T R. 1996. Emergy analysis perspectives of Thailand and Mekong River dam proposals. Ecological Modelling, 91(1): 105-130

Brown M T, Ulgiati S. 1997. Emergy-based indices and ratios to evaluate sustainability: monitoring economies and technology toward environmentally sound innovation. Ecological Engineering, 9(1): 51-69

Buranakarn V. 1998. Evaluation of recycling and reuse of building materials using the emergy analysis method. Gainesville: University of Florida

Campbell D E. 2000. Using energy systems theory to define, measure, and interpret ecological integrity and ecosystem health. Ecosystem Health, 6(3): 181-204

Cavalett O, De Queiroz J F, Ortega E. 2006. Emergy assessment of integrated production systems of grains, pig and fish in small farms in the South Brazil. Ecological Modelling, 193(3-4): 205-224

Committee for Medicinal Products for Human Use. 2006. Committee for Medicinal Products for Human Use (CHMP) guideline on the choice of the non-inferiority margin. Statistics in Medicine, 25(10): 1628

Cook E P, Johnston D. 1999. Voltage-dependent properties of dendrites that eliminate location-dependent variability of synaptic input. Journal of Neurophysiology, 81(2): 535-43

Cousins B, Hoffman M T, Allsopp N, et al. 2007. A synthesis of sociological and biological perspectives on sustainable land use in Namaqualand. Journal of Arid Environments, 70(4): 834-846

Cuadra M, Rydberg T. 2006. Emergy evaluation on the production, processing and export of coffee in Nicaragua. Ecological Modelling, 196(3): 421-433

CVMP E. 2004. Guideline on environmental impact assessment for veterinary medicinal products phase II. London: European Medicines Agency, Committee for Medicinal Products for Human Use

David R G. 1996.A theoretical framework for land evaluation. Geoderma, 72(3): 165-190

Efroymson R A, Murphy D L. 2001. Ecological risk assessment of multimedia hazardous air pollutants: estimating exposure and effects. Science of the Total Environment, 274(1): 219-230

English J, Tiffen M, Mortimore M. 1994. Land Resource Management in Machakos District, Kenya, 1930-1990. World Bank Publications, 17(3): 41-49

FAO. 1976. A framework for land evaluation. Rome: FAO Soil Bulletin

FAO. 1993. An International Framework Evaluating Sustainable Land Management. Rome: World Soil Resources Report

Forbes S A. 1984. Forbes's Statistical Study of the Mid-Summer Bird Life of Illinois. Journal of Economic History, 44(2): 381-391

Franzese P P, Rydberg T, Russo G F, et al. 2009. Sustainable biomass production: a comparison between gross energy requirement and emergy synthesis methods. Ecological Indicators, 9(5): 959-970

Gentile J H, van der Schalie W H H, Wood W P. 1991. Summary report on issues in ecological risk assessment. Eastern Research Group, Inc., Arlington, MA (United States)

Groenemans R, Ranst E V, Kerre E. 1997. Fuzzy relational calculus inland evaluation. Geoderma, 77(77): 283-298

Guillen Trujillo H A. 1998. Sustainability of ecotourism and traditional agricultural practices in Chiapas, Mexico. Gainesville: University of Florida

Haas B M, Bergström E, Jamous A, et al. 1996. The inter rater reliability of the original and of the modified Ashworth scale for the assessment of spasticity in patients with spinal cord injury. Spinal Cord, 34(9): 560-564

Hall L W, Anderson R D. 1999. A deterministic ecological risk assessment for copper in European saltwater environments. Marine Pollution Bulletin, 38(3): 207-218

Healey, P. 1985. The Zmplemontation of planning polieies and the Role of Develofment plans. Published with the premission of the conlwller of her majostys stationery offiee

Hill R A, Chapman P M, Mann G S, et al. 2000. Level of detail in ecological risk assessments. Marine Pollution Bulletin, 40(6): 471-477

Hoogmoed W B, Oenema O, Perdok U D. 2006. Potential effect of conservation tillage on sustainable land use: a review of global long-term studies. Pedosphere, 16(5): 587-595

Horn R, Fleige H. 2009. Risk assessment of subsoil compaction for arable soils in Northwest Germany at farm scale. Soil and Tillage Research, 102(2): 201-208

Huang S L, Odum H T. 1991. Ecology and economy: emergy synthesis and public policy in Taiwan. Journal of Environmental Management, 32(4): 313-333

Hubert W, Claus D, et al. 2006. Indicators for multifunctional land use-Linking socio-economic requirements with landscape potentials. Ecological Indicators, 1(6): 238-249

Huffman W E, Fukunaga K. 2008. Sustainable land use: landlord-tenant contracting in the United States of America. NJAS-Wageningen Journal of Life Sciences, 55(4): 379-396

Hunsaker C T, Graham R L, Suter II G W, et al. 1990. Assessing ecological risk on a regional scale. Environmental Management, 14(3): 325-332

Hurni H. 2000. Assessing sustainable land management (SLM). Agriculture, Ecosystems and Environment, 81(2): 83-92

John E, Tiffen M, Mortimore M. 1994. Land Resource Management in the Machakos District, Kenya 1930-1990. World Bank Environment Paper, 17(3): 41-49

Jones P A, Laird P W. 1999. Cancer epigenetics comes of age. Nature Genetics, 21(2): 163-167

Karman T V, Duwez P. 1950. The propagation of plastic deformation in solids. Journal of Applied Physics, 21(10): 987-994

Kleiber M, Dougherty J E. 1934. The influence of environmental temperature on the utilization of food energy in baby chicks. The Journal of general physiology, 17(5): 701-726

Klingebiel A L, Montgomey R H. 1961. Land capability classification. Wisconsin: USDA Handbook

Lan S F. 1995. Emergy synthesis of the agricultural resource base and economy of China. In: modern resource environment and economy development. Wuhan: Hua Zhong University of Science and Technology press

Lefroy R D B, Bechstedt H D, Rais M. 2000. Indicators for sustainable land management based on farmer surveys in Vietnam, Indonesia, and Thailand. Agriculture, Ecosystem and Environment, 81(2): 137-146

Lei K, Wang Z. 2008. Emergy synthesis of tourism-based urban ecosystem. Journal of Environmental Management, 88(4): 831-844

Li P, Wang X, Allinson G, et al. 2009. Risk assessment of heavy metals in soil previously irrigated with industrial wastewater in Shenyang, China. Journal of Hazardous Materials, 161(1): 516-521

Lindeman R L. 1942. The trophic-dynamic aspect of ecology. Ecology, 23(4): 399-417

Lipton J, Galbraith H, Burger J, et al. 1993. A paradigm for ecological risk assessment. Environmental Management, 17(1): 1-5

Luo Q, Catney P, Lerner D. 2009. Risk-based management of contaminated land in the UK: Lessons for China. Journal of Environmental Management, 90(2): 1123-1134

Macieira-Coelho A, Ponten J, Philipson L. 1966. The division cycle and RNA-synthesis in diploid human cells at different passage levels in vitro. Experimental Cell Research, 42(3): 673-684

Mackay D. 2001. Multimedia environmental models: the fugacity approach. Boca Raton: CRC press

Mackay D J C. 1999. Good error-correcting codes based on very sparse matrices. IEEE Transactions on Information Theory, 45(2): 399-431

Marchettini N, Panzieri M, Niccolucci V, et al. 2003. Sustainability indicators for environmental performance and sustainability assessment of the productions of four fine Italian wines. The International Journal of Sustainable Development and World Ecology, 10(3): 275-282

Martin J F. 2002. Emergy valuation of diversions of river water to marshes in the Mississippi River Delta. Ecological Engineering, 18(3): 265-286

Mather P M, Koch M. 2011.Computer processing of remotely-sensed images: an introduction. America: John Wiley, Sons

Meillaud F, Gay J B, Brown M T. 2005. Evaluation of a building using the emergy method. Solar Energy, 79(2): 204-212

Naito E, Roland P E, Ehrsson H H. 2002. I Feel My Hand Moving : A New Role of the Primary Motor Cortex in Somatic Perception of Limb Movement. Neuron, 36(5): 979-988

Naito H, Hayashi S, Abe K. 2001. Rapid and specific genotyping system for hepatitis B virus corresponding to six major genotypes by PCR using type-specific primers. Journal of Clinical Microbiology, 39(1): 362-364

Nelson M, Odum H T, Brown M T, et al. 2001. "Living off the land": resource efficiency of wetland wastewater treatment. Advances in Space Research, 27(9): 1547-1556

Novotny V, Witte J W. 1997. Ascertaining aquatic ecological risks of urban stormwater discharges. Water Research, 31(10): 2573-2585

Odum E P, Barrett G W. 1971. Fundamentals of ecology. Philadelphia: Saunders

Odum H T. 1971. Environment, power and society. New York: Wiley-Interscience

Odum H T. 1975. Energy quality and carrying capacity of the earth. Tropical Ecology, 16(1): 14

Odum H T, Arding J E. 1991. Emergy analysis of shrimp mariculture in Ecuador. The center

Odum H T, Odum E C, Bisect M. 1987. Ecology and Economy: Emergy Analysis and Publicly in Texas. Texas: The office of Natural Recourse and Department of Agheuhure, 23(5): 163-171

Odum H T, Odum E P. 1955. Trophic structure and productivity of a windward coral reef community on Eniwetok Atoll. Ecological Monographs, 25(3): 291-320

Osinski E, Meier U, Büchs W, et al. 2003. Application of biotic indicators for evaluation of sustainable land use—current procedures and future developments. Agriculture, ecosystems, environment, 98(1-3): 407-421

Pátzay G, Stáhl G, Kármán F H, et al. 1998. Modeling of scale formation and corrosion from geothermal water. Electrochimica Acta, 43(1-2): 137-147

Pieri C J M G. 1995. Land quality indicators. Washington: World Bank Publications

Pieri C, Dumanski J, Hamblin A, et al. 1995. Land quality indicators. Washington: World Bank Discussion Papers

Rees W E. 1996. Revisiting carrying capacity: area-based indicators of sustainability. Population and Environment, 17(3): 195-215

Rees W, Wackernagel M. 1996. Urban ecological footprints: why cities cannot be sustainable and why they are a key to sustainability. Environmental impact Assessment Review, 16(4): 223-248

Rodale R. 1992. Breaking New Ground: The Search for a Sustainable Agriculture. Futurist, 17(1): 15-20

Rossiter D G. 1995. Economic land evaluation: why and how. Soil Use and Management, 11(3): 132-140

Rossiter D G. 1996. A theoretical framework for land evaluation. Geoderma, 72(3): 165-190

Rost M, Krug J. 1995. Anisotropic Kuramoto-Sivashinsky equation for surface growth and erosion. Physical Review Letters, 75(75): 3894-3897

Sadiq R, Husain T, Bose N, et al. 2003. Distribution of heavy metals in sediment pore water due to offshore discharges: An ecological risk assessment. Environmental Modeling and Software, 18(5): 451-461

Sampson R N, Sampson R W. 2005. Application of hazard and risk analysis at the project level to assess ecologic impact. Forest Ecology and Management, 211(1): 109-116

Seminars, organized by Faculty of Science and Technology, University of Macau. http: //www.fst.umac.mo/ news/semi/sem 20040503. htm. [下载 2004-05-03]

Solomon K R, Sibley P. 2002. New concepts in ecological risk assessment: where do we go from here?. Marine Pollution Bulletin, 44(4): 279-285

Sorvari J, Antikainen R, Kosola M L, et al. 2009. Eco-efficiency in contaminated land management in Finland–Barriers and development needs. Journal of Environmental Management, 90(5): 1715-1727

Stöckle C O, Donatelli M, Nelson R. 2003. CropSyst, a cropping systems simulation model. European journal of agronomy, 18(3): 289-307

Stockle C O, Martin S A, Campbell G S. 1994. CropSyst, a cropping systems simulation model: Water/nitrogen budgets and crop yield. Agricultural Systems, 46(3): 335-359

Storie R E. 1933. Index for rating the agricultural value of soils. University of California Agricultural Experiment Station

Suter B, Lakshman T V, Stiliadis D, et al. 1999. Design considerations for supporting TCP with per-flow queueing. Proceedings - IEEE INFOCOM, 1: 299-306

Suter G W. 1993. A critique of ecosystem health concepts and indexes. Environmental toxicology and chemistry, 12(9): 1533-1539

Sydelko P J, Hlohowskyj I, Majerus K, et al. 2001. An object-oriented framework for dynamic ecosystem modeling: application for integrated risk assessment. Science of the Total Environment, 274(1-3): 271-281

Thinh N X, Arlt G, Heber B, et al. 2002. Evaluation of urban land-use structures with a view to sustainable development. Environmental Impact Assessment Review, 22(5): 475-492

Tilley D R. 1999. Emergy basis of forest systems. Gainesville University of Florida

Tilley D R, Swank W T. 2003. Emergy-based environmental systems assessment of a multi-purpose tempera mixed-forest water shed of the southern Appalachian Mountains, USA. Journal of Environmental Management, 69(3): 213-227

Tisdell C. 1996. Economic indicators to assess the sustainability of conservation farming projects: an evaluation. Agriculture, Ecosystems and Environment, 57(2): 117-131

Transeau E N. 1926. The accumulation of energy by plants. The Ohio Journal of Science, 26(1): 1-10

Tsvetnov E V, Shcheglov A I, Tsvetnova O B. 2007. Approaches to the environmental and economic assessment of agricultural lands. Moscow University Soil Science Bulletin, 62(3): 107-113

Tsvetnov E V, Shcheglov A I, Tsvetnova O B. 2009. Eco-economic approach to evaluation of agricultural lands polluted by chemicals and radionuclides. Eurasian Soil Science, 42(3): 334-341

Tsvetnov M A, Khabalov V V, Kondrikov N B. 2001. Sorption of Amino Acids from Aqueous Solutions by a Polarized Carbon Adsorbent. Colloid Journal, 63(2): 248-252

Ulgiati S, Brown M T. 2002. Quantifying the environmental support for dilution and abatement of process emissions: the case of electricity production. Journal of Cleaner Production, 10(4): 335-348

Unstead J F. 1933. A system of regional geography. Geography, 18(3): 175-187

Urzelai A, Vega M, Angulo E. 2000. Deriving ecological risk-based soil quality values in the Basque Country. Science of the Total Environment, 247(2): 279-284

Valiela I, Foreman K, LaMontagne M, et al. 1992. Couplings of watersheds and coastal waters: sources and consequences of nutrient enrichment in Waquoit Bay. Massachusetts. Estuaries, 15(4): 443-457

Vassallo P, Bastianoni S, Beiso I, et al. 2007. Emergy analysis for the environmental sustainability of an inshore fish farming system. Ecological Indicators, 7(2): 290-298

Walter C, Stutzel H. 2009. A new method for assessing the sustainability of land-use systems (I): Identifying the relebant issue. Ecological Economics, 68 (5): 1275-1287

Walter C, Stützel H. 2009. A new method for assessing the sustainability of land-use systems (II): Evaluating impact indicators. Ecological Economics, 68(5): 1288-1300

Wang X B, Cai D X, Hoogmoed W B, et al. 2006. Potential effect of conservation tillage on sustainable land use: a review of global long-term studies. Pedosphere, 16(5): 587-595

Wang X H. 2006. Implications for development of grain-for-green policy based on cropland suitability evaluation in desertification-affected north China. Land Use Policy, 5(5): 1-7

Wang X, Lu C, Fang J, et al. 2007. Implications for development of grain-for-green policy based on cropland suitability evaluation in desertification-affected north China. Land Use Policy, 24(2): 417-424

Whitfield D F. 1994. Energy basis for urban land use patterns in Jacksonville, Florida

Wiggering H, Dalchow C, Glemnitz M, et al. 2006. Indicators for multifunctional land use—Linking socio-economic requirements with landscape potentials. Ecological Indicators, 6(1): 238-249

Wooldridge S W, Linton D L. 1955. Structure, surface, and drainage in south-east England. Geographical Journal, 122(1): 1-124

Xu X, Lin H, Fu Z. 2004. Probe into the method of regional ecological risk assessment a case study of wetland in the Yellow River Delta in China. Journal of Environmental Management, 70(3): 253-262

Yu G, Feng J, Che Y, et al. 2010. The identification and assessment of ecological risks for land consolidation based on the anticipation of ecosystem stabilization: A case study in Hubei Province, China. Land Use Policy, 27(2): 293-303

Zhang H, Shan B. 2008. Historical records of heavy metal accumulation in sediments and the relationship with agricultural intensification in the Yangtze–Huaihe region, China. Science of the Total Environment, 399(1): 113-120

Zucchetto J, Jansson A. 1985. Resources and Society. New York: Springer-Verlag